《西藏赋》校注

[清] 和宁 原著
池万兴 严寅春 校注

齊魯書社

图书在版编目(CIP)数据

《西藏赋》校注／池万兴，严寅春校注．—济南：齐鲁书社，2013．1

ISBN 978－7－5333－2750－7

Ⅰ．①西…　Ⅱ．①池…②严…　Ⅲ．①西藏—地方史②《西藏赋》—注释　Ⅳ．①K297．5

中国版本图书馆 CIP 数据核字(2013)第 003199 号

《西藏赋》校注

池万兴　严寅春　校注

出版发行	齊魯書社
社　　址	济南市英雄山路 189 号
邮　　编	250002
网　　址	www.qlss.com.cn
电子邮箱	qilupress@126.com
印　　刷	山东新华印务有限责任公司
开　　本	850mm×1168mm　1／32
印　　张	9.75
插　　页	3
字　　数	227 千
版　　次	2013 年 1 月第 1 版
印　　次	2013 年 1 月第 1 次印刷
标准书号	ISBN 978－7－5333－2750－7
定　　价	**36.00 元**

序

赵逵夫

听万兴来电话说《〈西藏赋〉校注》项目完成，我十分高兴。这无论从哪一个方面来说，都是很有意义的一件事。它大大拓展了赋研究在地域上与题材上的关注范围，对于广大读者在文学欣赏的同时了解西藏的山水原隰、文物古迹、宗教信仰、生活风俗等也提供了便利。而且，《西藏赋》作者和宁思想中一些卓越的见解，也突显到了广大读者面前。

在1992年我同有关同志商定《历代赋评注·明清卷》选目，和2006年调整旧稿选目的时候，都曾考虑过是否选《西藏赋》的问题，终因篇幅太大，原注文字又多，而且有些地方注释确有些困难，而未能选入。而就在我们修订《历代赋评注》旧稿期间，万兴联合严寅春同志向国家民委申报"《西藏赋》校注"的研究课题获得立项。可以说，万兴同志的这个项目弥补了我们的《历代赋评注·明清卷》的一个缺憾，为广大读者提供了一篇有特殊意义的赋作的今注本，也为赋学研究者提供了一个便于引用的文本。

和宁为蒙古镶黄旗人，完全接受中原传统文化的教育，深研经书，于《易》理探究尤深，然而在他的学问和思想方面最值得称赞的还不在这里。我以为在他身上可以看出明末清初顾炎武和乾道间思想家林则徐、魏源的一些思想特征。顾炎武参加抗清活动失败后离乡北游，往来于鲁、燕、晋、陕、豫诸省，遍历关塞，实地考察，搜集资料，访学问友，著之于书，以为后世守华夏故土之资。他一生强调学以经世，自一身以至天下国家之事，都应探究原委，提出"保天下者，匹夫之贱，与有责焉耳已"（《日知录》卷十三）。顾炎武的思想虽起于明亡、满族入主中原时期，但无论其思想还是具体做法，都对嘉道间西方列强觊觎中国之际的思想家林则徐、魏源等以影响。可以说，林则徐、魏源等在新的爱国观念上继承和弘扬了顾炎武的思想精神。林则徐任湖广总督、两广总督期间厉行禁烟、整顿海防，而被诬陷革职、发配伊犁后，曾自备斧资到南疆查勘垦田，遍历八城，写了《回疆竹枝词三十首》，其中不时嵌用维吾尔语，生动地描绘南疆的民族风情。魏源在两江总督幕中曾参与浙东抗英斗争，因中英《南京条约》的签订，感愤而著《圣武记》，并受林则徐的委托编《海国图志》。和宁生当乾嘉之际，却并不同于很多乾嘉派学者只注意传世文献的考订，而是留意于现实，关心民生，思考边疆防务、民族和睦等。他在西藏八年，曾多次赴前后藏巡防；刻印了《西藏志》，参与编撰了《卫藏通志》、《回疆通志》、《三州辑略》、《续水经》、《藩疆揽要》等①。他诗才甚高，而"诗述诸边风土，

① 参《清史稿》卷三五三《和瑛传》。和宁因避宣宗讳改名和瑛，正史以"和瑛"入志。然其本名和宁，万兴校注《西藏赋》署其作者名作"和宁"，是也。

可补舆图之阙"(符葆森《国朝正雅集》)。可以说,他更早地将顾炎武的学术精神体现于新的边疆开发与防卫的思想之中,体现于学术研究与文学创作之中,而他的一篇《西藏赋》,更使他彪炳于文学史册。

《西藏赋》是用了汉大赋中最典型的体"骋辞大赋"的形式。骋辞大赋成熟和兴盛于汉代不是没有原因的,它是统一、强盛的大汉帝国积极上进时代精神的体现。和宁不是一时兴来,一般地表现某一景观或某一场面,或抒发某一个人的感怀。从《西藏赋》的内容,可以看出作者体现在这一鸿篇巨制中的用心,他要内地的人更多地了解西藏、熟悉西藏,为内地人士到西藏提供了一个带有艺术感染力的"遍览"材料。全赋依次介绍了拉萨、介绍了西藏的山川河流、介绍了自西向东的重要程站及路途情况,而作者随文自注的方式,更体现着这一用心。

《西藏赋》在材料的选择及详略轻重的掌握上,也表现出一位卓越思想家的水平。如其中写到西藏佛教时说:

> 其寺则两昭建自唐朝,丰碑矗矗;万善兴于公主,古柳娟娟。

佛教在西藏无论从政治、经济、文化、教育、民俗等的哪一个方面说,都起着主导的作用,渗透在西藏社会不同阶层的各个方面。如何写西藏的佛教,从何下笔,写哪些方面,一百人会有一百样写法,而和宁的这四句,可抵得住很多宏文丽辞。一般学者认为佛教的传入西藏,自松赞干布(617?~650?)的曾祖父时期(相当于中原南北朝时期的梁代)便已开始。而在西藏的兴起,则在松赞干布之时。松赞干布平定内乱,兼并孙波、羊同等部,定都逻些(今拉萨),建立官制、军制,制定法律,划分行政区域,统一度量衡和课税制度。他迎娶了文成公主和尺尊公主，两位公主各带了一尊佛像，因而修了大昭寺、小昭寺，派子弟入长安学习汉文化和生产知识。赋中点出“唐朝”，是特别指出文成公主在发展文化和导人向善方面的历史功绩。

关于赋的内容的分析，《〈西藏赋〉校注 · 前言》中有详细论述，这里不多说。我这里主要谈两点：

一、作者面对这个前人未曾涉猎过的题材，无现成的语料，缺乏能随意联系的意象关系可以利用，但仍然能自由奔放地驾驭语言，生动形象地为读者展现了一幅幅奇异美丽的画面。所谓“合纂组以成文，列锦绣而为质。一经一纬，一宫一商，此赋之迹也”（《西京杂记》卷二），此赋完全地体现出了传统赋的风味，有不少段落行文轻巧灵动，充满了诗情画意。如：

> 若夫达赖之居于布达拉也，丰冠山之层硐，奥转螺之架阁。浩劫盘空，埤堄错落。路转千迷之道，心入摩提；人登百丈之梯，神栖般若。妙高峰顶，远著声闻；离垢幢前，近销魔恶。

又如：“填海架梁，西开梵宇；背山起阁，东望云天。”“沙明远岸，雪冒连冈。智水环流，浪纡徐而练净；幻峰囿野，形岝崺以绵长。”由这几节文字即可以看出《西藏赋》富丽的文采与宏达的气派。它无“假象过大”、“逸辞过壮”、“辩言过理”、“丽靡过美”之病①。正是刘勰所谓“铺采摛文，体物写志”（《文心雕

① ［晋］挚虞《文章流别论》中说：“夫假象过大，则与类相远；逸辞过壮，则与事相违；辩言过理，则与义相失；丽靡过美，则与情相悖。此四过者，所以背大体而害政教。是以司马迁割相如之浮说，扬雄疾辞人之赋丽以淫。”

龙·诠赋》),真正地写出了作者之“志”。

二、这篇赋在体制上学习谢灵运的《山居赋》,而且篇幅比《山居赋》更为宏大(《山居赋》并注约8800字)。但《山居赋》只是写了他的始宁庄园,庄园中的田地山川、河流湖泊、虫鱼鸟兽之景、渔猎耕牧之乐等等,表达了因祖荫承受这份私产的快乐,抵消着由于辞官归隐造成的失意,多少体现着对重新被起用的愿望。作者对此祖业的留恋,反映着潜意识中对失去它的担心。而和宁的《西藏赋》却是真正的大胸怀、大手笔,是从国家的安定、和睦方面立意,体现着对多民族文化的认同、赞赏,以及对清朝广阔地域与奇异多彩文化的自豪。谢灵运为自己的《山居赋》作注,仅仅是为了对他这个庄园中的记载做得更加详细,就像有的人将自家马上要失去之物先照相留影以便将来缅怀回味或认领;而和宁为《西藏赋》作注,则一是因为内地到过西藏的人少,赋限于体制及语言特征不能详述;二是因为其中有些山名、水名等出于藏语的音译,不加注不明其本意,会显得干枯无味。可以说,和宁在这篇赋的体制选择和艺术构思上是很动了脑筋的。

这里我想特别说说专名词在文学作品的译文中如何处理的问题。专名词采取音译的办法,这是近代以来学者们的共识,也是当今世界的通例,这叫“名从主人”(个别已经约定俗成的传统译名,如日本、韩国部分地名的汉译名称等是例外)。和宁于西藏山水风物中的一些名称全用音译,这是符合现代科学思想的。但是,如果一篇赋中尽堆上一些“僧格”、“扎拉”、“色拉”、“调葛”、“脚孜”、“奔巴”、“冈底斯”、“阿耨达”、“淖尔济”、“陀罗尼”、“喀巴普”、“玛卜伽”、“聂拉木”、“沙伽吐巴”、“江来孜格”、“雅满达噶”之类的词，会让人莫名其妙，无法读下去，有的又可能会望文生义，产生误会，如“根柏”、“聂党”（皆藏语山名）。《西藏赋》有时在赋正文中就中原人们熟悉的事物的译名也有些介绍，以显示出藏语的独特，也增加一点谐趣，如：“达木珠而朗卜切兮，象与马之番语；僧格喀而玛卜伽兮，狮孔雀其译言。”但如全是这类句子，则会变成同清末民初张慎仪的《方言别录》一样的工具书①。所以，作者用了加注的办法。前人也已经注意到和宁这种赋作体制的特殊作用，如清末姚莹《康辅纪行》卷九《中外四大水源》引述赋后半部分写山川的一段注：

冈底斯之东有泉流出，名达木珠喀巴普。达木珠者，马王也。喀者，口也。巴普者，盛糌粑木盒也。以山形似马口，故名。冈底斯之南有泉流出，名朗卜切喀巴普。朗卜切者，象也。以山形似象，故名。此东南二大水之源也。僧格喀而玛卜伽兮，狮孔雀其译言。冈底斯之北有泉流出，名僧格喀巴普。僧格者，狮子也，以山形似狮名也。冈底斯之西有泉流出，名玛卜伽喀巴普。玛卜伽者，孔雀，以山形似孔雀名也。此西北二大水之源也。

这一下便增加了赋文的意趣。闻一多先生说，诗有音乐美、色彩美、建筑美。此言是也，这个看法也大体上可用于对赋的考量。唯赋在音乐美、建筑美上不似诗那样要求严格，可押韵可不押

① 张慎仪《方言别录》所采大多为汉语，但也收有吐蕃语和僚语、壮语、苗语、瑶语、羌语、西夏语、南诏语、匈奴语、鲜卑语、突厥语、蒙语、满语、朝鲜语以至于阇婆语、梵语、波斯语、拂林语、拉丁语、英语，而不同于清杭世骏的《续方言》。

韵,韵散结合;可以有整齐的排比句,但也时时以散文句提起或为收束,甚至整段的散文句。但色彩美为赋之所必备,所谓“铺采摛文”,是赋的最主要的特征。那些不熟悉西藏山川风物、不懂藏语的人看起来毫无意义的词语,经此一注,便具有了极美的蕴含,极富艳的色彩。我由此想到《红楼梦》的少数民族译本和外语译本,不知书中那些“春梅”、“秋菊”、“紫鹃”、“雪雁”之类的名字是怎么译的,想来都应用音译。但全书尽是些莫名其妙的译名,叫读者也很难分别,难免会混同。如果采用加注说明其原意或象征意,可能既利于不通汉文的读者记忆,也多少有利于显示特定的文化氛围。这自然是题外话。但我觉得由此也可以看出和宁创作《西藏赋》时在这个问题上的深入思考。

对《西藏赋》的评价不能完全照搬以往赋评的一套,只看其结构、语言、意境。这些也应看,但同时还应看到作者开阔的胸怀和不凡的政治远见,看到他面对一个完全陌生的题材、较特殊的地域文化时在作品体制方面的细致考虑,以及在反映这种新的题材上高超的艺术手腕。

2010 年 11 月 7 日

前　言

一

和宁，道光元年避宣宗讳改名和瑛，字润平，号太庵①，姓额尔德特氏，蒙古镶黄旗人，乾隆六年(1741)七月二十七日生，道光元年(1821)六月二十九日卒于北京，赠太子太保，谥简勤，乾隆、嘉庆时代重要的思想家、文学家和学者，著名封疆大吏、政治家。

和宁于乾隆十二年(1747)跟随绍兴俞敦甫先生学习，十八年(1753)读完五经，二十二年(1757)，投到名士何嵩堂门下学习，在学习时文的同时开始了诗歌等文学创作②。三十三年(1768)以顺天府廪生参加科举，考中举人。三十六年(1771)参加会试、殿试，考中进士。签分户部，寻补广东司主事。四十年(1775)升为浙江司员外郎，不久调山西司员外郎。四十七年

① 赵尔巽等《清史稿》卷三百五十三《和瑛传》作"太葊"，《西藏图考》作"泰安"。

② 参见米彦青《清代蒙古族诗人和瑛与他的〈易简斋诗钞〉》，《内蒙古社会科学(汉文版)》2006年第4期。

(1782)充张家口税务监督,四十九年(1784)充理藩院内馆监督。五十一年(1786),京察为一等,六月授安徽太平知府,十二月调任颍州知府。五十二年(1787)擢任庐凤道观察,五十三年(1788)四月升任四川按察使。五十五年(1790)二月,擢为安徽布政使,未到任,三月调为四川布政使,九月调为陕西布政使。

乾隆五十八年(1793)十一月甲午,赏和宁副都统衔,命赴西藏办事。五十九年(1794)三月自成都进藏,继成德为帮办大臣。不久,又授内阁学士兼礼部侍郎衔、兼副都统衔。六十年(1795)春间,会同驻藏大臣松筠,奏准豁免前后藏百姓本年应交粮石及旧欠钱粮,捐白银四万两,抚恤失业百姓,并亲自督率办理前藏东南各部抚恤事宜,四月三十日办理完成。嘉庆五年(1800)正月,英善革职后,继任为驻藏办事大臣。和宁在藏八年,曾多次赴前后藏巡防。

嘉庆五年(1800)七月,召为理藩院右侍郎,十月兼正白旗蒙古副都统,十一月交代回京。六年(1801)正月,调为工部右侍郎,四月转为左侍郎兼正白旗满洲副都统,七月调户部左侍郎,九月调仓场侍郎,十月授安徽巡抚,十一月授山东巡抚。七年(1802)四月,坐金乡皂役之孙张敬礼冒考、隐匿蝗灾等事,后被发配乌鲁木齐效力,十一月,赏蓝翎侍卫,充叶尔羌帮办大臣。八年(1803),擢三等侍卫,调喀什噶尔参赞大臣。九年(1804)七月,赏三品顶戴,授理藩院侍郎,九月转右侍郎,仍留喀什噶尔办事。十年(1805)十二月,兼任正红旗汉军副都统。十一年(1806)正月,奉召回京,调任吏部右侍郎、镶黄旗满洲副都统,五月调仓场侍郎,十月授乌鲁木齐都统。十三年(1808)十月,应召回京。十四年(1809)正月,授陕甘总督,五月实授,六月坐前在仓场失察盗米事降为五品京堂。十五年(1810),补大理寺少卿。十六年(1811)三月,擢任盛京刑部侍郎,十一月调为盛京将军。十九年(1814)正月,坐事革职留任,二月调任热河都统,闰三月奉召回京任礼部尚书兼镶红旗满洲都统,三月调兵部尚书,四月坐盛京将军任失察事降为盛京副都统,五月任热河都统。二十一年(1816)七月,回京任工部尚书兼正黄旗汉军都统,九月充翻译乡试正考官,赏紫禁城骑马,十二月,赴甘肃按察仓库亏缺,得西宁道总督先福徇庇及贪纵状,依律治罪。二十二年(1817)六月,调兵部尚书,加太子少保衔,七月调礼部尚书,兼镶蓝旗满洲都统,十一月又调兵部尚书。二十三年(1818)二月,受命在军机大臣上行走,五月充文颖馆总裁官,八月充崇文门监督,九月授正黄旗领侍卫内大臣、阅兵大臣,十月充上书房总谙达。二十四年(1819)正月,调任刑部尚书,罢军机大臣任。道光元年(1821)六月,卒于任,晋赠太子太保,谥简勤。道光皇帝谕旨:“刑部尚书和瑛,服官五十馀年,抚绥封圻,内擢正卿,总理部务,老成勤慎,宣力三朝。骤闻溘逝,深为轸惜。著加恩晋赠太子太保,其任内降罚处分悉予开复,所有应得恤典,该衙门察例具奏。”①寻赐祭葬,予谥简勤。

和宁生长于中原汉族地区,从小接受了传统的汉文化教育,具有较高的汉文化素养,六十馀年笔耕不辍,醉心于学术研究和文学创作。吴慈鹤称其“书破万卷,学穷百家,强识博闻,敦行不怠”,又谓:“公挺河岳之英,应玑衡之曜,有楷模之范,为宗栋

① [清]李桓《国朝耆献类征初编》卷一百,广陵书社2007年版,第39页。

之资。孜孜穷年,娓娓好学。其始也,虽名胄华阀而惟事缥缃;其继也,虽南北东西而必携铅椠;其允升也,虽高牙大纛不废雅歌;其耆艾也,虽黄发儿齿犹事绨素。可谓聿修厥德,终始于学者矣。"①他精通经术,娴于掌故,对传统文化有较深的研究,著述颇丰,曾著有《读易拟言》(内外篇)、《经史汇参》(上下篇)、《读易汇参》(十五卷)、《易贯近思录》(四卷)、《风雅正音》、《孔子年谱》等学术著作②,对中国传统文化多所阐释与发挥。他留心于地志编纂,刻印了《西藏志》,参与编撰了《卫藏通志》③,编撰了《回疆通志》十二卷、《三州辑略》九卷、《续水经》、《藩疆揽要》十二卷等地志,这些都是研究地方历史、地理、社会、政治、宗教信仰、风物山川的重要著作。他雅好吟咏,以诗赋为纪,创作了《西藏赋》、《易简斋诗钞》等作品,有 1100 多首诗歌传世。吴慈鹤推崇备至,谓:"平居所学,邃于韦编,著有易说,弆藏家弆。若夫城名小录,地理新书,等桂海之虞衡,拟铎椒之梼机,皆可备隶首之纪,缀山海之图。至于范水模山,感时体物,灏绢雅颂,撷掖风骚,乃欧梅之替人,夺苏黄之右席,既能思精体大,亦复趣远旨超,自成一家。"④

二

和宁在藏任职达八年之久,《西藏赋》完成于嘉庆二年

① [清]吴慈鹤《易简斋诗钞·序》,道光三年刻本。

② 孙玉溱、陈胜利、高毅江《清代蒙古族作家汉文著作目录》,《内蒙古大学学报》(哲学社会科学版)1985 年第 1 期。

③ 参见曹彪林《〈卫藏通志〉作者辨析》,《西藏研究》2009 年第 4 期。

④ [清]吴慈鹤《易简斋诗钞·序》。

(1797)五月,全文并自注长达29000馀字。这是我国文学史上唯一的一篇以赋体文学的形式铺陈西藏的地形地貌、风土人情、历史文化、宗教寺庙、山水物产、民族官制、体育竞技等方面内容的地舆大赋。

乾隆五十九年(1794)七月,松筠接替和琳充任驻藏大臣,乾隆谕旨称:"卫藏地方,经和琳悉心整顿,定立章程,一切驾驭各部落、训练番兵,所办俱有条理。仍着和琳再向松筠将巨细事宜面为告知,俾得循照成规经理,倍臻妥协,以副委任也。"①西藏疆域遥远,道路险阻,信息阻隔,因此乾隆叮嘱和琳再次向松筠交待清楚已制定施行的各项有关治理西藏的条例、规章,以便松筠遵照办理。有清一代,驻藏大臣等进藏官员大多有着编纂、刻印西藏地方志书的习惯和传统。他们根据自己的所见所闻,编修西藏地方志书,记述西藏的疆域、山川、寺庙、天时、物产、边防、粮台、程站、规章等,以资皇帝及朝廷大臣决断藏事,以供后任者了解西藏的风俗民情。

和宁在四川任职时曾经刻印过《西藏志》,较早就留心藏事,熟悉藏事,也正因为此,他被派往西藏办事。在藏时,他又参与了《卫藏通志》的材料收集、编纂整理等工作,较为详细地记载了西藏风土人情和朝廷制订施行的各项有关治理西藏的条例、规章。据曹彪林《〈卫藏通志〉作者辨析》一文研究,《卫藏通志》一书属于官修志书,其目的正在于"供驻藏大臣检查成例、照章程办事",即乾隆谕旨所说的"俾得循照成规经理"。《西藏赋》的内容与体例都具有方志的特点,自注更是大量直接采用

① 《清实录》卷一千四百五十七。

或节用《卫藏通志》的材料,其目的当也是供阅读的人了解藏事,熟悉藏事。因此,当《西藏赋》问世后,很快就在社会上广为流传,成为进藏人员的重要参考资料。嘉庆间,四川官署将《西藏赋》视为入藏必读之书予以刊刻。黄培翘在《西藏图考》卷八《西藏赋》题下自注中谓文硕进藏任驻藏大臣时途径成都,曾向作者出示其携带的《西藏赋》。姚莹《康辎纪行》卷九《〈西藏赋〉言疆域》亦称《西藏赋》"其于藏中山川风俗制度,言之甚详,而疆域要隘,通诸外藩形势,尤为讲边务者所当留意,不仅供学人文士之披寻也"。

《西藏赋》常见版本主要有以下几种:

一、嘉庆二年刻本(简称"嘉庆本")

嘉庆二年(1797)刻本,一卷一册,半页八行,行二十字,注文小字双行。白口,四周双边,单鱼尾。四十七页。无序跋,末署"嘉庆二年岁次丁巳五月卫藏使者太菴和宁著"。国家图书馆、西北师范大学图书馆、复旦大学图书馆等地收藏。

二、张丙炎《榕园丛书》(简称"榕园本")

《西藏赋》收于第二十五册之末。半页十行,行二十一字,注文小字双行。白口,无鱼尾。三十六页。中缝印"西藏赋卷"字样,版心下有"榕园丛书"字样。赋尾署名与嘉庆本同,仅"岁"字缺笔。末附李光廷同治甲戌八月跋。国家图书馆、甘肃省图书馆等收藏。

三、华阳王秉恩《元尚居汇刻三赋》(简称"元尚居本")

光绪八年、九年间,王秉恩汇刻《卜魁城赋》、《新疆赋》、《西藏赋》三赋为一册。《西藏赋》前有牌记"光绪壬午八月元尚居校刊 华阳徐道宗署检"。半页十行,行二十一字,注文小字双行，白口，单鱼尾，版心署有“西藏赋”、“元尚居校刊”字样。三十六页，与榕园本字体、版式相同。全国图书馆文献缩微复制中心《中国边疆史志集成》第一部第七本影印《西藏赋》即用此本。国家图书馆、湖南省图书馆、山西大学图书馆等收藏。

四、黄沛翘《西藏图考》（简称“图考本”）

光绪十二年（1886）成书。半页十行，行二十二字，小字双行，黑口，四周单边，单鱼尾。版心有“西藏图考卷之八 艺文考下”字样。二十七页。题作“和宁西藏赋注”。黄氏题下自注谓：“公号泰安，改名瑛，乾隆五十九年驻藏。此赋刊于嘉庆二年，川省有赋无注，屡访不获，拟注亦不果。适文大臣硕奉命驻藏，道出成都。与谈甚洽，出此见示。亟录以付梓。注内间有增减，一是集已载即不重出；一原注有未详者，兹引佛经、《字典》增注之，非敢臆断也。”1982 年，西藏人民出版社出版印行了吴丰培先生校订《西招图略 · 西藏图考》。西藏民族学院图书馆等收藏。

五、盛昱《八旗文经》（简称“八旗本”）

《八旗文经》一书光绪二十七年（1901）八月刊于武昌，华文书局有影印本，《中华文史丛书》之九十八据光绪刊本影印，《西藏赋》见收于卷四赋丁集中。半页十二行，行二十三字，小字双行，黑口，四周单边，双鱼尾。版心著“八旗文经卷四□赋丁”字样及页码。二十七页。

六、《四川通志》（简称“通志本”）

《四川通志》，嘉庆二十一年重修。《西藏赋》收于该书第 5570 ~ 5573 页。半页九行，行三十八字，双行。无注。

三

丁实存《驻藏大臣考》谓：和宁“在藏著《西藏赋》一篇，于西藏之地理、历史、气候、物产、风俗等均有叙述，加以丰富之注释，中具不经见之材料甚多。”①李光廷在《西藏赋·跋》中说：“凡佛教、寺庙、官制、风物、物产、地界，无一不详。”②《西藏赋》对西藏地理、历史、气候、物产、风俗等进行了全方位、多层次、多角度的铺陈与描绘，作者自注中保留了大量历史资料，内容非常丰富，既具有“西藏志”的方志特征，又具有资料汇编的科学文献特点。

一、描写西藏山川

作者开篇便写道：“粤坤维之奥域，实井络之南阡。”自注谓：“西藏距京师一万三千里为前藏，由前藏至后藏又千里，由后藏至西南极边又二千馀里，乃坤维极远之地。按《星经》井宿三十度，为二十八宿中度数最多者。以陕西、四川分野推之，当在井宿之南。”作者以京城为坐标，详细叙写了西藏的地理方位，使读者对西藏的边疆位置有一个总体的了解。

随后，作者又着眼于拉萨，铺叙了拉萨周围独特的山川地貌：“其阳则牛魔僧格，搴云蔽天；札拉罗布，俯麓环川。其阴则浪荡色拉，精金韫其渊；根柏洞噶，神螺现其巅。左脚孜而奔巴，仰青龙于角箕之宿；右登龙而聂党，伏白虎于奎觜之躔。夷庚达乎四维，羌蛮兑矣；铁围周乎百里，城郭天然。藏布衍功德之水，

① 丁实存《驻藏大臣考》，蒙藏委员会1943年10月印行，第76页。
② 李光廷《反约篇·西藏赋·跋》，刻本。

机楮涌智慧之泉。池映禄康插木于后，峰拥磨盘笔洞于前。普陀中突，布达名焉。”布达拉山在拉萨城的中间，前面有磨盘山、招拉笔洞山，后面有龙王潭。拉萨城的南面有牛魔山、僧格拉山、札拉山，拉萨河环绕其下，北面有浪荡山、色拉山、根柏山、洞噶拉山，东边有脚孜拉山、奔巴拉山，西边有登龙冈、聂党山，四面群山环绕，俨然天然城郭，如同佛教的铁围山。

在赋的后半部分，作者又列专节介绍西藏的山川河流：“其山川，冈底斯郁其岧嶤兮，西条山之祖脉；阿耨达淼其滥漫兮，南干水之真源。达木珠而朗卜切兮，象与马之番语；僧格喀而玛卜伽兮，狮孔雀其译言。通拉之罡风烈烈兮，弥勒之神通具现；帕甲之石洞杳杳兮，达摩之骭迹犹存。紫日、彭楚，径协噶尔而环绕；达结、佳纳，穹聂拉木而洀桓。纳汝克喀袤其连冈兮，维定日之保障；杏撒热卡嵚其叠嶂兮，乃定结之屏藩。甘坝登洛纳而雪消兮，帕里上支木而日暄。擦木卡之煦妪兮，暖谷人烟簇簇；甲错岭之岸汥兮，炎天雪瘴昏昏。巩汤、萨尔、江纳、常桑之迤逦兮，由宗喀之元仗；浪卡、日蚌、拉古、硕布之络绎兮，周后藏之四垠。冈坚兮天王剑耀，拉耳兮罗汉经翻。札什纳雅之踔踸兮，彭错岭之险奇鸑鷟；札洞日洞之拱伏兮，甘布拉之名著昆仑。噶如路转于宜椒兮，望多尔济帕姆之寺；甘坝岭踰于巴则兮，直洋卓雍错海之门。嘛里噶布之抝折兮，巴图鄂色之高扪。墨羽拉兮雪窖，克里野兮沙屯。沙羽克冈兮，连喇根拉之北障；乳牛郎路兮，接噶勒丹而东奔。札洋宗兮札古，锅噶拉兮奈园。”作者自西向东，以冈底斯山为起点，叙写了从阿里到日喀则再到山南沿途的主要山峰；以冈底斯山中的阿耨达池为中心，介绍了从阿耨达池发源的四条河流。按照自西向东的顺序，作者还依次介绍了雅鲁藏布江、澜沧江、金沙江的源头、支流、流向等情况，使读者对西藏境内的主要河流有了深入了解。

“盐池兮浩浩，陆海兮沄沄。澎湃澄泓兮凹渟海淀，氤氲沸燠兮野突泉温。”西藏有大小湖泊 1500 多个，湖泊总面积达 24183 平方公里，占全国湖泊总面积的三分之一。赋中，作者特意提及了西藏的盐池和温泉。

在赋的最后，作者自西向东，依次介绍了拉里、瀼拉等重要程站。“喇里险滑，瀼拉峥嵘，鲁工雪顶，丹达冰城，朔马风烈，铁凹霄撑，鼻奔足窘，瓦合魂惊。乍丫雨撒，寒瘴交并。阿足石板，夹坝狰狞。黎树江卡，恶跍吞声。古树莽里，毒阱岩坑。大朔鬼哭，三坝山鸣。阿拉柏桑，银海迷盲。折多提茹，药气如酲。飞越穿云，筇笮悬霙。”作者在自注中直接引用《卫藏通志》的材料，详细介绍了各个重要程站的路程方位、路途状况、山川形势和风土人情。

二、描写藏传佛教

西藏是藏传佛教的故乡，拉萨被称为佛教的“圣地”，佛教影响无所不在，随处都可以看到佛教的痕迹。乾隆二年(1737)，西藏地方政府申报清政府理藩院时，便有藏传佛教格鲁派寺庙 3477 所，僧侣 30 馀万人。这只是格鲁派的寺庙、僧侣数，尚不包括其他教派的情况，西藏佛教之盛、寺庙之多、僧侣之众可见一斑。和宁任职西藏时，藏传佛教已经蔚为大观，格鲁派政教合一的地方政权已经建立，金瓶掣签的活佛认定制度已经确立。和宁在《西藏赋》及其自注中对西藏藏传佛教的盛况多有描述。

《西藏赋》中，作者在简单交待西藏地理方位后，即以布达拉为中心对藏传佛教的圣地拉萨进行了描绘,用佛教铁围山的典故形容拉萨的地理形势。同时,还沿用康熙谕旨的说法,指出布达拉与普陀的关联,认为藏语布达与普陀音相近,布达拉就是佛教中三个普陀山之一,是观世音菩萨化现的地方,进一步拉近布达拉与佛教的关系,为布达拉增添佛教色彩。

佛教传入西藏,一般来说从松赞干布的曾祖父时期便已经开始。但是佛教在西藏兴起,则要到松赞干布时期了。自从松赞干布迎娶了文成公主和赤尊公主后,两位公主各自带来了一尊释迦牟尼像,并修建了大昭寺、小昭寺,藏传佛教进入了“前弘期”。和宁称“其寺则两招建自唐朝,丰碑矗矗;万善兴于公主,古柳娟娟”。大昭寺、小昭寺的兴建是藏传佛教兴起的标志,凝聚了文成公主的心血和智慧,佛教的种种善德也都是文成公主开端的。矗矗丰碑,娟娟古柳,都在诉说着文成公主的善缘。在描写佛教圣地拉萨后,作者紧接着便开始叙述藏传佛教的发展:“四十二章流传震旦,三十二相化本修罗。遂有宗喀巴雪窦潜修,金轮忏悔……”和宁认为,佛教从天竺传入中原后,再由中原传入西藏,才有了大师宗喀巴的修行,才有了格鲁派的出现。

藏传佛教从“后弘期”开始直到宗喀巴时代,出现了众多教派。各个教派以寺院为据点,依恃僧众和信徒的拥护,树立旗帜。但各派之间,涉及权利利益矛盾,往往彼此倾轧斗争,造成社会动荡,百姓苦难。在这样的背景下,宗喀巴登上历史舞台,创立了格鲁派,也称黄教,逐步确立了在藏传佛教和西藏的统治地位。“宗喀巴雪窦潜修,金轮忏悔;无上空称,喇嘛缁改。持团堕之盔,披忍辱之铠。紫裓韬光,黄冠耀采。萨迦开第一义天，拉萨涨其三昧海。龙象遴于沙门，衣钵传诸自在。此达赖传宗，班禅分宰。拟北山之二圣，化西土于千载也。”宗喀巴（1357～1419）出生于青海西宁，幼年出家为僧，16岁时前往西藏深造，遍访名师，学习佛教经典。25岁时，已深入研究了“弥勒五论”、《俱舍论》、《量释论》、《入中论》及律藏、五明等，并在寺院立宗答辩，产生了一定影响。31岁时，他为振兴戒律，改戴持律者所戴的黄色僧帽。以后弟子们也随着戴黄帽，因此被称为黄帽派。36岁开始讲经收徒，先后在各地讲《现观庄严论》、因明、《中论》、《俱舍论》等。同时系统地研习密法，研究萨迦派的“道果法”、噶举派的“大手印法”等；学习噶当派的教法及《菩提道灯论》等要籍，终于通达显密各派教义。42岁时，宗喀巴在阿喀宗举行正月初一至十五的法会，这是他宗教革新的开端。他以中观为正宗，月称为依止，以噶当派教义为立说之本，综合大小乘各派显密教法，结合自己的见解，以实践和修证为主，建立体系。同时从倡导戒律入手，进行宗教改革，主张显密教僧人均须恪守戒律、住院，严禁娶妻生子，规定学经次第，严密寺院组织。并著书立说，复建寺庙，广收门徒，创立法会，讲经说法，宣传自己的主张，终于形成一代宗风，正式创立了格鲁派。同年，宗喀巴接受了被明朝册封为阐化王的扎巴坚赞的邀请，长期驻锡拉萨传法授徒。经过两年的准备，在札巴坚赞等人的大力资助下，宗喀巴又在拉萨大昭寺发起大祈愿法会。此后，法会被一直延续下来，成为藏传佛教中最为盛大的宗教活动。从此宗喀巴被公认为西藏佛教界的领袖，格鲁派成为西藏第一大教派。宗喀巴圆寂后，他的几位著名弟子采取了由噶玛派黑帽系所推行的一种藏传佛教所特有的活佛转世制度，形成了自己的转世系统。在宗喀巴众多弟子转世系统中,最重要的就是达赖和班禅两支。在赋中,和宁用了较大篇幅,铺陈了达赖和班禅的生活。

宗喀巴创立格鲁派后,为了扩大教派影响,大力兴复寺院,广收僧徒。和宁简要介绍了格鲁派的大昭寺、小昭寺以及"桑鸢色拉,别蚌甘丹,垂仲神巫,木鹿经坛"等重要寺庙的来历和特点。寺庙中供奉着名目繁多的佛像,"金妆宝像,玉缀珠联。示相如来,本今皆觉。现身菩萨,普济为缘。拈花仗剑之殊观,金刚救度;五台二嵋之异品,曼殊普贤。德木楚克,乃阴阳之秘密;雅满达噶,实心性之真筌。桑堆满座,天王接肩,盖奇颜谲状,累万盈千,名不可以殚述,义不可以言传也"。众多的僧人生活在寺庙里面,诵经拜佛,"沙弥班第,尊者阿难。骈头猡犹,钉坐团圞;醍醐夕瓮,麸麨朝盘。礼雪岩之弥勒,拜海屿之旃檀。鐭锁阿闳,宝供珠龛;玉耶阿魃,雨集云昙。""不尽灯,铜缸酥点;无导香,鹊尾螺煎。禅关寂寂,梵呗渊渊。佛心无漏于恒沙,奚止九百六十;法会皈依于狮座,能容三万二千。"

金瓶掣签制度是1793年清朝乾隆皇帝为杜绝大活佛转世中族属转袭的流弊,防止弄虚作假而制定的在活佛转世最后认定阶段实行签选的一种制度。[1]《钦定藏内善后章程二十九条》的第一条就是制定金瓶掣签制度:

达赖喇嘛和班禅额尔德尼为黄教教主。蒙古和西藏地区活佛及呼图克图转世灵童时,依照西藏旧俗,常问卜于四

① 参见陈庆英《清代金瓶掣签制度的制定及其在西藏的实施》,《西藏民族学院学报》2006年第3期。

大护法神，因依口传认定，未必准确。兹大皇帝为弘扬黄教，特颁金瓶。嗣后认定转世灵童，先邀集四大护法神初选灵异幼童若干名，而后将灵童名字、出生年月书于签牌，置于金瓶之内，由具大德之活佛讽经祈祷七日后，再由各呼图克图暨驻藏大臣于大昭寺释迦佛尊前共同掣签认定。如四大护法神初定仅一名，则须将初定灵童名字之签牌，配一无字签牌置于瓶内，若掣出无字签牌，则不得认定为初选之灵童，须另行寻访。……掣定灵童须以满、汉、藏三种文字书于签牌上，方能公允无弊，众人悦服。大皇帝如此降谕，旨在弘扬黄教，以免护法神作弊，自当钦遵执行。金瓶应净洁不污，常供于宗喀巴佛尊前。①

金瓶掣签制度制定时，和宁尚在西藏任职，对这一制度出台的前因后果了解比较清楚。因此在《西藏赋》中特意提到了金瓶掣签制度，并给予了很高评价。"至于牙简书名，根尘寂静，金瓶选佛，意想空无。"通过金瓶掣签制度，有效地防止了活佛认定过程中的流弊，从而认定出真正的活佛。

格鲁派兴起后，大力兴复寺庙，广收僧徒，又提倡僧人不娶妻和从事生产劳动。寺庙和僧侣逐渐成为普通百姓供养的特殊阶层。和宁在藏期间比较关心百姓疾苦，关注过当地百姓的沉重负担，赋中写道"头会箕敛，累及牛驴；屋粟口钱，祸延妇子。布帛、粟米、力役，扑地齐征；氐土、雁户、凶年，弥天追比。税及鹅卵杨花，波逮月华雨水"。而造成百姓的这种沉重负担原因

① 《钦定藏内善后章程二十九条》，廖祖桂等《〈钦定藏内善后章程二十九条〉版本考略》，中国藏学出版社 2006，第 17～18 页。

之一就在于藏传佛教。和宁在《西藏赋》中对深刻揭露了藏传佛教带来的种种弊端，揭示了达赖的奢侈，寺庙的豪华和百姓的苦难。他描写达赖在布达拉宫的起居，“若夫达赖之居于布达拉也，丰冠山之层碉，奥转螺之架阁。浩劫盘空，埤堄错落。……食则麦屑毡根，饮则鸩盘牛酪，衣则黄毳紫驼，居则彩甍丹雘。优钵净瓶，玉盂金杓。三旛比以离离，百玩灿其愕愕”。达赖宴请僧俗官员时，“展金渠之榻，开花罽之帷。幢悬幔折，衲卷尘离。罗阇粥、傧荼波，烂盈釦器；菴摩果、伊蒲馔，粲设雕椸。排舍卫之笼官，魁头膜拜；进犁轩之嘔末，合掌思维。搥干莲而唵葡萄，感骍乳猊糖之惠；噉牢丸而噏粔籹，答狸奴白牯之施。腥瓯腻椀，羊脊牛臆，么龠大嚼，掬溢归遗。吹颡人之云箫，声喧兜率；舞侲童之月斧，乐奏侏儒”。寺庙建筑则是“鸟革翚飞，范金作瓦”，“莫不画花刻楮，镂蛤雕蚶”。达赖的奢侈，寺庙的豪华，与此相对应的则是“十户养僧”的艰辛。

三、描写西藏的物产

和宁在《西藏赋》中较为详尽地罗列了西藏的主要物产：“其物产则天藏女池，盐晶泻卤；仙山宝矿，金屑流华。藏香贵盛安贡恰；木椀重札木札鸦。铜铁铅锡，硫磺硇砂。松脂檀末，苦库唵巴。草则吉祥书带，紫茜红花，马蔺牛舌，羊草芦葭。木则松柏珍贵，杨柳杈枒，胡桃结核，火榴绽葩。花则牡丹傲雪，桃杏铺霞。剪秋罗，幽芳露滴；虞美人，妙舞风斜。罂粟盘，盛玉盂之云子；万寿菊，披金粟之袈裟。石竹映文章之草，蜀葵开旌节之花。果则长生竞掬，百合纷拏。毛桃流液，酸橘软牙，苹婆似卵，哀梨比樝。谷则青稞大麦，秈稻香秔。麻乌米扁，蚕绿豌頳。蔬则菠蕿夏脆，菘叶秋荣。王瓜架缀，莴苣畦盈。葱挺蒜抱，韭带荽英。芹钗茴穗，茄瘠芃瑛。辣冰莱菔，甜玉蔓菁。禽则曲水宿鸿，南山翔鹤。羊卓鹅凫，济咙雕鹗。寺住黄鸳，顶巢鸠鹊。乌鬼号空，鸽王栖阁。洋鸡味朱，云鸡羽皭。象鼻鹰裙，雉头鸭脚。蛰燕遁藏，雄鸡劣弱。鹦鹉蛮声，鹧鸪客恶。林杪听鸠，门前罗雀。兽则獂羊猘犬，蕃马牦牛。骑驴禅觅，跨骡神留。狼豹为贽，鹿豕与游。獐狍猎获，猞猁生囚。野饶狐兔，家畜猫猴。狮闻风于西海，象负法于神州。鱼则慈音喷浪，白小随流。虫则蜻蜓闹夏，斑毛卜秋。”这里先后写了藏西北阿里的盐池、阿里与色拉山的金矿、盛安贡恰的藏香、札木札鸦能解毒的木碗、铜铁铅锡矿产以及工布产的硫磺、巴勒布产的硇砂等；草则有吉祥藏草、紫茜、红花、牛舌、羊草、芦葭；树木则有济咙、工布的松柏，各种杨柳树、胡桃树、火榴树等；花则有傲雪的牡丹，色拉寺、哲蚌寺山沟中艳丽的桃花杏花，剪秋罗、虞美人迎风摇曳，发出阵阵幽香，此外还有罂粟花、万寿菊、石竹花、蜀葵花等；在铺陈西藏所特有的各种水果之后，作者又依次铺陈了西藏出产的各种粮食作物、蔬菜、瓜果以及西藏特有的各种飞禽走兽。在铺陈的过程中，可以看出，作者在极力地求全，尽可能地将西藏所特有的各种动植物尽量铺陈齐全，同时在铺陈的过程中，作者能够抓住各种动植物的特点与特性，不仅写出其形状、特征，而且能够交代其产地、种类等等，具有很高的文献价值。

四、描写西藏风俗

西藏地处相对封闭的青藏高原南部，风俗习惯与中原地区多有不同。神奇迥异的风俗习惯，吸引了中原文人士大夫的关注。和宁在其《西藏赋》中对西藏的风俗便做了深刻细致地描写。

藏历新年正月初二在布达拉宫前表演飞绳戏，这既是藏族人民喜爱的娱乐活动，也是西藏传统的体育竞技项目。和宁细致描写了飞绳戏的表演情景：“挺身缒险，撒手飞绳。落风鸢之一线，博霜鹘于千层。百尺竿头，谁进无穷之步；九重天上，今超最上之乘。”自注谓：“正月二日作飞绳戏，从布达拉最高楼上系长绳四条，斜坠至山下，钉桩拴固，一人在楼角，手执白旗二，唱番歌毕，骑长绳俯身直下。如是者三。绳长三十馀丈。后藏花寨子番民专习此技……内地缘竿、踏绳，不足观也。”和宁还描写了西藏赛马、摔跤、抱石、长跑等传统体育竞技项目。“复有平原驰骋，角力争能。狪狖花骢，喜与驽骀争道；渥洼名产，肯输款段骁腾。抵戏翘关，五指之神狮出现；御风追日，万回之脚马先登。”这些描写，丰富了西藏传统体育运动项目文献，成为后人了解西藏传统体育运动的重要参考资料。

和宁在西藏长期生活，亲历了西藏一年中的各个重要节日。在《西藏赋》中，和宁从除夕的“跳布扎”开始写起，对西藏各个重要节日的习俗都做了详细记录。和宁描写藏历除夕“跳布扎”驱鬼除邪的情景：“伏腊岁时，演甘露化城之会；普门佛顶，会瞿摩行像之期。天神降而山鬼藏，穷野人之伎俩；冈洞鸣而巴陵送，夸幻术之离奇。”自注：“除夕前一日，布达拉众喇嘛妆诸天神佛及二十八宿像，旋转诵经。又为人皮形，铺天井中央。神鹿、五鬼及护法神往捉之。末则排兵甲、幡幢，用火枪送出布达山下，以除一岁之邪。”描写正月十五上元节的盛况：“厥惟元夕，竟尚燃灯。煎万户之馋膏，星流月偃；耀百华之宝树，霞蔚云蒸。青鸾彩凤，灵鹫仙鹏。法象吼狮，神光夜炳。木牛泥马，业火宵兴。琉璃世界，点长明大千活佛；坚固菴罗，传不昧十万高僧。烟煤彻于重霄，云间沃雪；灰烬馀于徼道，地上销冰。”描写驱逐牛魔王的风俗：“乃有克马魔王，厥号罗公甲布。鲜毒龙之技，角抵触而虚骄；乏醉象之能，鼻拗转而不悟。弃田庐之讹寝，欲登摩竭之城；逞狼虎之鸱张，思斫菩提之树。昧羊跪之生全，枉鹿趋之保护。鸡卵呼大士之音，雀巢避金刚之塑。投之六花皆赤，卓锡如飞；答以再掷全么，输山不住。观者齐手揶揄，力者合声攫捕。无患之棒若林，无孔之椎如注。雷轰轰兮火炮冲霄，尘麽麽兮童山隐雾。”描写夏秋之交的沐浴节：“爰修祓禊，厥兆初秋。南依江涘，北望山陬。担夯行脚，匒合前驺。拂庐星布，支炷云稠。盈箱麦豆，比栉维娄。严更夜警，称娖外游。祇园精舍，大士瀛洲。帛和挂锡，乞士巢鸠。霞天绣幄，锦地花沟。清凉入榭，大愿维舟。意树心花，岁进佛桑之供；喜园忍草，人欣衣影之留。即此悟因，处泥滓而不染；本来无垢，入浊水以何求。一指头禅灌顶心，则渊源彻底；四大海水入毛孔，则宇宙浮沤。”这些活动，虽然具有浓郁的宗教色彩，但已经超越佛事，成为民众共同参与的、喜闻乐见的节庆活动。

赋中，和宁专列一节叙述了西藏独特的风俗习惯。“减凶辰而闰日，甌历真奇；别正朔以为年，梵书考最。”谓西藏历法在借鉴中原历法的基础上，又有自己的特点，减去不吉祥的日子用闰日补足，正朔与内地不同，重视定望，不重视定朔，“望”必须在每月的十五日，“朔”不一定在每月的初一。“贵少贱老，沿成罗汉之名；厌死轻生，误堕尸陀之害。”谓重视年轻人，忽视老年人。《新唐书·吐蕃传》：吐蕃习俗，“贵壮贱弱，母拜子，子倨父，出入前少而后老”。① “出家则荼毗成灰，在家则碎刲成脍。”谓西藏僧人实行火葬，普通百姓则实行天葬。“三男共女，罔有后先。”谓西藏还保留着“一妻多夫”的婚姻关系，弟兄几个共娶一妻。

和宁在其《西藏赋》及自注中，引用了大量的文献资料，并对这些文献材料进行了认真仔细的辩证，力求详尽科学，简洁明了，具有极高的文献价值与方志意义。因此清代姚莹在其《康辅纪行》卷九中称赞该赋说：“其于藏中山川风俗制度，言之甚详，而疆域要隘，通诸外藩形势，尤为讲边务者所当留意，不仅供学人文士之披寻也。”

四

《西藏赋》是中国文学史上唯一一篇用赋体文学的形式描绘西藏风光的作品，全赋既具有我国传统大赋的共同特征，又典型地体现了清代盛世疆舆赋的独特风貌，体现了赋家为封疆增色、为盛世歌唱的豪迈激情，具有极高的艺术价值。

一、展示康乾盛世的文治武功，体现了清代盛世的文化精神。

众所周知，清军入关后，随着疆土的开拓与治国经验的积累，清王朝逐渐采取了文治与武功兼行、高压与怀柔并使的策略，受到广大人民的逐渐拥护。至康熙、乾隆时代，出现了所谓的“康乾盛世”的繁荣局面，达到了中国封建社会发展的顶峰。

① 欧阳修等《新唐书》卷二百一十六《吐蕃传》，中华书局 1975 年，第 6072 页。

因此,清人的自豪感与爱国热情空前高涨。《清史稿·地理志》记载:"逮于高宗,定大小金川,收准噶尔、回部,天山南北二万馀里毡裘湩酪之伦,树颔蛾服,倚汉如天。自兹以来,东极三姓所属库页岛,西极新疆疏勒至于葱岭,北极外兴安岭,南极广东琼州之崖山,莫不稽颡内向,诚系本朝。于皇铄哉!汉唐以来未之有也。"这种因疆域的拓展所带来的疆域意识的扩大与爱国激情的高涨,非常清晰地体现在当时的地理学家与赋学家的创作之中,显示出空前的大一统的广阔胸襟与豪迈气概。如当时的地理学家顾祖禹著有《读史方舆纪要》,刘献庭著有《广阳杂记》,都是著名的地理学著作。在这种时代精神与大一统豪迈激情鼓舞下,赋学家笔下描写祖国大好河山的作品层出不穷,如乾隆皇帝的《盛京赋》,全祖望的《皇舆图赋》,朱筠、纪昀创作的多篇《平定准噶尔赋》,徐松的《新疆赋》,英和的《卜魁成赋》以及和宁的《西藏赋》等最能反映边疆舆地雄浑壮丽的自然风貌与安详融洽的人文精神。

二、极尽铺陈之能事。

《西藏赋》连自注达两万九千馀字,对西藏边陲的岁时、风物、礼俗、物事、人情作了纤屑毕载而又宏博雄肆的描写,反映了盛清疆域的扩大和文士"为封疆增色"的心态。铺陈盛世文化气象,规模宏大,气势磅礴,深得汉、唐大赋体式精神。如描写拉萨城的一节文字,作者仿汉大赋东西南北全方位铺陈的方式,多层次地描写西藏的宗教文化、寺院建筑、风俗习惯,极尽铺陈之能事,以充分展示异域的独特风光。"粤坤维之奥域,实井络之南阡。风来阊阖,日跃虞渊。斗杓东偃,月窟西联。三危地广,五竺名沿。吐蕃种别,突厥流延。乌斯旧号,拉萨今传。其阳则牛魔僧格，搴云蔽天。扎拉罗布，俯麓环川。其阴则浪荡色拉，精金韫其渊；根柏洞噶，神螺现其巅。左脚孜而奔巴，仰青龙于角箕之宿；右登龙而聂党，伏白虎于奎觜之躔。夷庚达乎四维，羌蛮兑矣。铁围周乎百里，城郭天然。藏布衍功德之水，机楮涌智慧之泉。池映禄康插木于后，峰拥磨盘笔洞于前。普陀中突，布达名焉。”这里采取了上下左右、其南其北的传统铺陈特点，全方位、多层次、多角度地描写拉萨周围的环境，然后逐渐过渡到对拉萨城以及布达拉宫的具体描写。在描写拉萨的宗教文化、寺院建筑之后，然后重点描写两大宗教领袖——达赖与班禅分居的布达拉宫与扎什伦布寺。“若夫达赖之居于布达拉也，丰观山之层碉，奥转螺之架阁。浩劫盘空，埤堄错落。路转千迷之道，心入摩提。人登百丈之梯，神栖般若。妙高峰顶，远著声闻。离垢幢前，近销魔恶。食则麦屑毡根，饮则鸠盘牛酪。衣则黄毳紫驼，居则彩甍丹艧。优钵净瓶，玉盂金杓……”这里依然是全方位的铺陈。至于扎什伦布寺的描写亦是如此，“班禅之居札什伦布也，招提结蟹螯之穴，祖山依龙背之阳。沙明远岸，雪冒连岗。智水环流，浪纡徐而练净。幻峰囿野，形岉嵷以绵长。金刹青鸳占仍仲宁翁之脉，石门宝塔韫额尔德尼之光。月昼隐而故躔留，寸丝不挂。树秋凋而真实在，拳枣应尝……”其描写部分，情景飞动，精光摇曳，一方面充分显示出作者的文学修养和杰出的才华，另一方面又体现出作者亲历其地，考察宗教，对其寺院、金塔、教义信仰的熟谙与赞美。

三、知识性与趣味性、艺术性的统一。

《西藏赋》可谓一部赋体的地方志，具有很强的知识性。作者在对亲历之异境、目睹之奇景进行介绍时，运用了大量的神话传说和民间故事,增强了作品的趣味性。如“风来阊阖,日跃虞渊”两句运用了太阳的神话传说。“填海架梁,西开梵宇”两句运用了文成公主修建大昭寺的民间传说。“天王剑跃”句则运用了骡子天王的传说。这些神话传说、民间故事增强了作品的趣味性。同时,作为一篇赋作,作者也非常重视作品的艺术性,用神奇的笔触和优美的诗意展示西藏的风土人情,使读者在领略独特的异域风光和物事风情之后,又能欣赏到一幅幅罕见的风俗画。作者描写大昭寺、小昭寺时谓“两招建自唐朝,丰碑矗矗;万善兴于公主,古柳娟娟。填海架梁,西开梵宇;背山起阁,东望云天。”矗矗丰碑,娟娟古柳,东望云天的古寺,构成一幅美丽的风情画。“沙明远岸,雪冒连冈。智水环流,浪纡徐而练净;幻峰囿野,形岁葹以绵长。”则是用诗一般的语言描写扎什伦布寺周围的自然风光。作者将知识性与趣味性、艺术性有机地统一起来,极大地增强了作品的可读性。

四、大量使用藏语词汇。

和宁本系蒙古人,会蒙语,又在西藏生活了相当长的时间,对藏语也比较熟悉。他在创作赋这种汉语特有的文体时,有意融入了大量蒙语、藏语词汇,使赋作戴上了浓郁的民族色彩。赋中使用的蒙语词汇有呼毕勒罕、诺们罕、鄂博、腾格里诺尔、克里野、布哈、喀刺乌苏、木鲁乌苏等,使用的藏语词汇有拉萨、僧格、色拉、洞噶、奔巴、哈达、沙伽吐巴、江来孜格、绰尔济、陀罗尼、德木楚克、雅满达噶、桑堆、苦库、达木珠、喀巴普、朗卜切、玛卜伽、杂楮、色楮、濯拉等。由于作者高超的驾驭语言的能力,虽然融入了大量蒙语、藏语词汇,但不见斧凿之痕迹,反而显得圆润生动。

《西藏赋》在体式上继承了汉大赋铺陈体物的传统，题材上关注中原士人笔触较少触及的西藏，语言上骈散结合、长短交错、融入蒙藏语汇，知识性、趣味性、艺术性融为一体，具有很强的审美效果，是清代蒙古作家汉语作品的典范，清代疆域大赋的著名代表作。张丙瑛高度评价该赋，称"缉僸佅兜离之音，成黄绢幼妇之词……洵不可无一，不能有二之作也。"①

① 转引自荣苏赫等《蒙古族文学史》（第三编），内蒙古人民出版社 2000 年版，第 757 页。

目　录

凡 例

一、《西藏赋》大多收入各种丛书当中，单行本仅见嘉庆二年刻本（简称“嘉庆本”），这也是目前所见最早的刊本，故本书校注以嘉庆本为底本，以《反约篇》丛书（作者不明，简称“反约篇本”）、《榕园丛书》（张丙炎编，简称“榕园本”）、《守约篇》（李光廷编，简称“守约篇本”）、《元尚居汇刻三赋》（华阳王秉恩编，简称“元尚居本”）、《西藏图考》（黄沛翘编，简称“图考本”）、《八旗文经》（盛昱编，简称“八旗本”）、《四川通志》（简称“通志本”）等收录的《西藏赋》为校本。

二、正文中黑体为赋文，宋体为和宁自注，原注中○符号保留。

三、本书对《西藏赋》及和宁自注的校勘列于正文之后，以【校】标目，以〔一〕、〔二〕、〔三〕等序号标明，标号列于出校文字之后。凡底本与校本有异者均予出校；少数底本原文可判定是讹误者，径改，并在本条校记中予以说明；底本、校本原文疑误者，也在该条校记中加以说明。

四、《西藏赋》及和宁自注中的俗体字、异体字，在不影响本意的情况下径改为通行简化字。

五、和宁自注中引用各书文字尽量用通行本进行对勘，直接引用者用“”标明；未能对勘原文或非直接引用者，则不用“”标明。和宁自注中直接引用文字与通行本有异者，出校记说明。

六、本书对《西藏赋》赋文以及和宁自注都进行了注释，今注统一用【注】标目，以〔1〕、〔2〕、〔3〕等序号标明，标号列于每句之后。注释力求详明，对一些生僻字标注了拼音。

七、为便于理解赋文，在注〔1〕中对赋文进行了简要串讲。

八、《西藏赋》问世以来，学者偶有论及，相关评论资料的汇集附录于本书正文之后，评论资料排序大体按时间先后排列。

西藏赋

和　宁

粤坤维之奥域〔1〕**，实井络之南阡**〔2〕。西藏距京师一万三千里为前藏〔3〕，由前藏至后藏又千里〔4〕，由后藏至西南极边又二千馀里，乃坤维极远之地。按《星经〔一〕》井宿三十度〔5〕，为二十八宿中度数最多者。以陕西、四川分野推之〔6〕，当在井宿之南。

【校】

〔一〕经，榕园本作"极"，当误。

【注】

〔1〕此段总叙西藏特别是前藏地理形势。这两句意为：西藏在西南极远的边疆，井宿分野的最南边。粤：语气词。坤维：《周易》坤卦为西南之卦，故借指西南。奥域：腹地。

〔2〕井络：即井宿，为南方七宿之一，对应的区域为雍州，约相当于今陕西、甘肃、青海之地。我国古代天文学家把天空中可见恒星分成二十八组，称二十八宿，东西南北四方各七宿。东方

苍龙七宿是角、亢、氐、房、心、尾、箕;北方玄武七宿是斗、牛、女、虚、危、室、壁;西方白虎七宿是奎、娄、胃、昴、毕、觜、参;南方朱雀七宿是井、鬼、柳、星、张、翼、轸。同时,人们还将天空二十八宿与中原地区各区域相联系,以不同星宿指称不同区域,使两者相对应。这种划分,在天称"十二分星",在地称"十二分野"。南阡:南边的边界。

〔3〕京师:这里指清代都城北京。前藏:西藏境内的区域名,也称卫、乌斯,以布达拉宫所在地拉萨为中心。

〔4〕后藏:西藏境内区域名,也称藏,以札什伦布寺所在地日喀则市为中心,大致上相当于今日喀则地区。

〔5〕《星经》:即《甘石星经》,春秋战国时期著名的天文学著作。[宋]赵希弁《郡斋读书后志》卷二:"《甘石星经》一卷。右汉甘公、石申撰,以日月、五星、三垣、二十八宿恒星图象次舍,有占诀,以候休咎。"

〔6〕分野:划分的范围。这里指我国古代星占学根据二十八宿将地上的州、国划分为若干个区域,使两者相对应。

风来阊阖〔1〕**,日跃虞渊**〔2〕。八风,西南曰阊阖风。今藏地西南风最多。若东风,非雨即雪。○《淮南子》:日在虞渊,是为黄昏。今藏地日西垂〔3〕,景最长〔4〕。

【注】

〔1〕这两句意为:西藏地方经常刮西南风,夕阳长久挂在天空。阊阖(chāng hé):八方之风中的西南风为阊阖风。《说文

解字》:“风,八风也。东方曰明庶风,东南曰清明风,南方曰景风,西南曰凉风,西方曰阊阖风,西北曰不周风,北方曰广莫风,东北曰融风。”

〔2〕虞渊:神话传说中的日落之处。《淮南子》卷三《天文训》:“日……至于虞渊,是谓黄昏。”

〔3〕西垂:西落。

〔4〕景:通“影”,影子。

斗杓东偃〔1〕**,月窟西联**〔2〕。四时观北斗,只〔一〕见其半,人在其右〔3〕。通南海、西洋各部落〔4〕,西北通叶尔羌〔5〕。

【校】

〔一〕只,图考本作“祇”,当误。

【注】

〔1〕这两句意为:北斗星勺柄朝东斜挂,月亮连接着西方。斗杓(biāo):即北斗星的斗柄。东偃(yǎn):向东倾斜。

〔2〕月窟(cuì):月窟,比喻最偏西的地方。《文选》颜延之《宋郊祀歌》之一:“月窟来宾,日际奉土。”吕延济注:“窟,窟也。月窟,西极。”

〔3〕右:西边。

〔4〕南海:南部大海,这里指印度洋。西洋:这里指西方欧洲各国。

〔5〕叶尔羌:地名,即今新疆自治区莎车县。这里泛指新疆各部。一为河流名,在今新疆塔里木盆地西南,源出喀喇昆仑山北麓,流入塔里木河。

三危地广〔1〕**,五竺名沿**〔2〕。《禹贡》:"导黑水,至于三危。"旧注:三危,山名,不知其地。今考三危者,犹中国之三省也。察木多为康〔3〕,布达拉为卫〔4〕,札什伦布为藏〔5〕,合三地为三危,又名三藏〔6〕。"窜三苗于三危〔7〕",故其地皆苗种〔8〕。○《南州异物志》:"天竺国地方三万里〔9〕,佛道所生〔一〕。"《括地志》:"天竺国有东、西、南、北、中央五天竺〔10〕,大国隶属者二十一,在昆仑山南。"今考康、卫、藏在天竺之东,为东天竺。

【校】

〔一〕生,司马迁《史记》卷一百二十三《大宛列传》:"其东南有身毒国。"张守节《正义》引《南州异物志》作"出"。《艺文类聚》卷七十六引《南州异物志》作"上"。

【注】

〔1〕这两句意为:西藏地域广袤,沿袭了东天竺的名号。三危:上古地名。《尚书·禹贡》:"导黑水,至于三危。"自汉代以来,历代学者对其具体方位说法不一,不能确指。大体上有西裔说、敦煌说、鸟鼠山之西说、河关县西南说、天水说、宕昌说、叠州说、滇池说、丽江说、云龙州说、四川说等说法。和注以三藏释三

危，当承袭了康熙五十九年(1720)的谕旨。《清圣祖实录》卷二百九十康熙谕旨称："《禹贡》：'导黑水，至于三危。'旧注，以三危为山名，而不能知其所在。朕今始考其实。三危者，犹中国之三省也。打箭炉西南，达赖喇嘛所属，为危地；拉里城东南，为喀木地；班禅额尔德尼所属，为藏地。合三地，为三危耳。哈拉乌苏，由其地入海，故曰：导黑水至于三危，入于南海也。"李光廷《〈西藏赋〉跋》谓：和宁"以三藏为三危、为东天竺，俱不免于传会。"地广：幅员辽阔。

〔2〕五竺：古代印度分为东天竺、南天竺、西天竺、北天竺、中天竺五部分，故称。和注以三藏为东天竺，黄沛翘《西藏图考》卷八《艺文考下·和宁西藏赋注》谓"此公之讹也"。名沿：名称沿袭。

〔3〕察木多：地名，即昌都，属于康区。察木多藏语为"水会"的意思，地当札曲、昂曲两河汇合之处舌状河原。四周大山环绕，位于喀木正中，为西藏与青海、甘肃、四川、云南四省的交通中枢和商业总汇。康：又称夺康、喀木，俗称康区、康巴地区，包括现西藏昌都地区、云南迪庆藏族自治州、青海玉树藏族自治州、四川甘孜藏族自治州在内的广大地区。

〔4〕布达拉：梵语"普陀罗"的音译，意为"佛教胜地"。这里指布达拉宫，始建于公元7世纪松赞干布时期，后毁于战火。顺治二年(1645)，五世达赖喇嘛受清朝册封后重建布达拉宫，历时三年建成白宫；五世达赖喇嘛圆寂后，总管第巴桑杰嘉措又建红宫、达赖灵塔等。后历代达赖不断整修，十三世达赖喇嘛时期扩建为现在的规模。

〔5〕札什伦布：即扎什伦布寺，全称"扎什伦布巴基德钦却

唐杰南巴杰娃林”,在日喀则市南尼玛山麓,格鲁派六大名寺之一,自四世班禅后为历代班禅驻锡地。明正统十二年(1447年),宗喀巴弟子、第一世达赖喇嘛根敦主巴主持修建,并任第一任法台。后经历代班禅扩建,成为今天的规模。

〔6〕三藏:康、卫、藏的合称。

〔7〕三苗:古代部族名。司马迁《史记》卷一《五帝本纪》:“三苗在江淮、荆州。”《正义》:“吴起云:‘三苗之国。左洞庭而右彭蠡。’”

〔8〕苗种:即苗族后裔。

〔9〕《南州异物志》:地理学著作,一卷,三国东吴丹阳太守万震撰。

〔10〕《括地志》:唐代分道计州的地志,魏王李泰命著作郎萧德言、秘书郎顾胤等撰。全书五百五十卷,序略五卷,书已亡佚。今人贺次君有《括地志辑校》。司马迁《史记》卷一百二十三《大宛列传》:“其东南有身毒国。”张守节《正义》引《括地志》作“天竺国有东、西、南、北、中央天竺国,国方三万里,去月氏七千里。大国隶属凡二十一。天竺在昆仑山南,治城临恒水。”

吐蕃种别〔1〕**,突厥流延**〔2〕。《唐类函》:吐蕃在吐谷浑西南〔3〕,不知国之所由。或云秃发利鹿有子樊尼〔4〕,其主为傉檀,为乞伏炽盘所灭〔5〕。樊尼率馀种依沮渠蒙逊〔6〕。其后子孙西魏时为临松郡丞〔7〕,甚得众心。魏末招抚群羌,日以强大,遂改姓为窣勃野〔8〕。始祖赞普自言天神所生[9]，号鹘堤悉补野，因以为姓。其国都号逻逤城[10]，雄霸西羌。隋开皇中[11]，其主罗卜藏索赞普都牂牁西匹播城[12]，已[一]五十年[二]。国西南与婆罗门接[13]。今考前藏名拉萨藏，旧有石城，即古逻逤城也。藏布江即古赞普名也[14]。又考青海所属七十族并四川打箭炉明正司迤西各土司至西藏附近各部落[15]，其语言文字皆同，名唐古特[16]。唐古特者，即唐突厥之遗种也。其名突厥者，以其先世居西域之金山，工于铁作。以金山状如兜鍪，俗呼兜鍪为突厥，因为国号。今考唐古特及青海各番其帽状如铁釜，高屋短沿，上缀红缨，与兜鍪同，是其证也。明成化时[17]，乌斯藏大宝法王来朝[18]。今称卫藏，盖乌斯二字合读[三]，与卫字合音。又前藏地名拉萨者，番语：拉，山也；萨，地也，盖山中之平地，俗云佛地也，古所云逻逤，云罗娑，云乐些者，与拉萨音相近耳。

【校】

〔一〕已，原本作"以"，据《通典》校改。

〔二〕年，原本无此字，据《通典》补入。

〔三〕读，反约篇本、榕园本作"之"，当误。

【注】

〔1〕这两句意为：吐蕃一族，突厥后裔。吐蕃：也作吐番、土

番、土蕃,公元七至九世纪,藏族先民所建地方政权。据有今西藏地区全部,盛时辖有青藏高原诸部,势力达到西域、河陇地区。吐蕃地方政权崩溃后,宋、元、明史籍仍沿称青藏高原及当地土著族为吐蕃。种别:种族,属别。

〔2〕突厥:古代民族。公元六世纪时游牧于阿尔泰山以南,因阿尔泰山形似古代战盔,俗称“突厥”,遂为族名。公元552年建突厥汗国,全盛时疆域广阔,东至辽海,西达今里海,南到阿姆河南,北过贝加尔湖,控制着中西交通及丝绸贸易商路。谓吐蕃是突厥的后裔,是藏族族源“羌源说”的代表性意见。《清圣祖实录》卷二百九十康熙谕旨谓:“今之土伯特,即唐之突厥。”和宁沿用杜佑《通典》、康熙谕旨的说法,并从青海藏族各部的服饰加以印证附会。流延:绵延流传。

〔3〕《唐类函》:明俞安期编。书取唐人类书,删除重复,汇为一函,分四十三部,二百卷。每部皆列《艺文类聚》于前,而《初学记》、《北堂书钞》、《六帖》次之,又兼取韩鄂《岁华纪丽》、杜佑《通典》,以补所阙。和注所引内容,系《唐类函》录自《通典》卷一百九十《边防六·西戎二·吐蕃》,文字多有删节。吐谷浑:古鲜卑族的一支。本居辽东,西晋时在首领吐谷浑的率领下西徙至甘肃、青海间,至其孙叶延时,始号其国为吐谷浑。隋初,夸吕称可汗,建都伏俟城。唐时,为吐蕃所吞并。

〔4〕秃发利鹿:《通典》作“秃发利鹿孤”,十六国时期南凉国君主,河西鲜卑人,秃发乌孤之弟。南凉太初三年(399)秃发乌孤死,秃发利鹿孤继立,并迁都西平。建和二年(401)称河西王。第二年去世,传弟秃发傉檀。秃发傉檀继位,自号凉王,定都乐都。嘉平七年(414),秃发傉檀率兵向西进攻吐谷浑的乙

弗部，西秦乞伏炽盘乘虚进占乐都，南凉灭亡，秃发傉檀投降，不久被毒死。樊尼：秃发利鹿孤之子，为安西将军。傉檀被灭后，樊尼率馀众依附沮渠蒙逊，又归于魏。樊尼之子后为临松郡丞，招抚群羌，甚得众心。

〔5〕乞伏炽盘：陇西鲜卑人，乞伏乾归长子。乾归死后，自称大将军、河南王，改元为永康。五年五月，闻秃发傉檀西征，偷袭乐都，并有南凉。十月，自立为秦王。史称“西秦”。建宏九年(428)去世。

〔6〕沮渠蒙逊：匈奴人，北凉的建立者。北凉天玺三年(401)五月，沮渠蒙逊计杀段业，六月自任大都督、大将军、凉州牧、张掖公，改元永安。永安三年(403)八月灭后凉，十年(410)三月击败南凉，十一年(411)二月攻占姑臧，十二年(412)十月迁都姑威，称河西王。

〔7〕临松郡：郡治在今甘肃张掖南。

〔8〕窣勃野：吐蕃王族自称，也作悉勃野，又称鹘堤悉补野、鹘提悉勃野。自聂赤赞普以下各代赞普皆沿用“鹘提悉补野”的称号，故《通典》等文献以其为姓氏。王忠《新唐书吐蕃传笺证》：“‘鹘提’为光明。钵教以为上天有一充满光明之处，其下有一小孔，日、月、星即自此处受光明，此充满光明之天界，即称‘悉补野’，为至贵天神所居。”

〔9〕始祖赞普：即聂赤赞普。聂赤也作聂墀、聂弃。他为雅隆琼结一带雅隆悉补野部首领，统一了六牦牛部，做了所有这些地区的首领，号称“鹘提悉补野”。藏族传说中聂赤赞普为天神之子，降临在羌脱神山，后被十二位牧民发现，并以肩为舆，以颈为座，抬回家，拥立为六牦牛部落的首领，故称“聂赤赞普”，也

作“颈座王”、“肩舆王”。赞普是吐蕃君长的称号。《新唐书》卷二百一十六《吐蕃传》:“其俗谓强雄曰赞,丈夫曰普,故号君长曰赞普。”王忠《新唐书吐蕃传笺证》:“赞普,义为‘男子’‘丈夫’。不得分别解释。逐字训释,似泥于汉文训诂之法,于兄弟民族语文往往不尽相合。……吐蕃以男子为王……此即称王为‘雄强丈夫’之义。”

〔10〕逻逤:亦作“逻娑”、“逻莎”、“逻挲”、“罗娑”、“乐些”,即逻些,意为山羊驮土,吐蕃王城,今西藏拉萨市。

〔11〕开皇:隋文帝年号,581年至600年。

〔12〕罗卜藏索赞普:当即第三十一代赞普囊日论赞。《通典》卷一百九十《边防六·西戎二·吐蕃》:“其赞普弄赞雄霸西域。隋开皇中,其主论赞率弄赞都牂牁西疋播城,已五十年矣。”王忠《新唐书吐蕃传笺证》谓论赞率弄赞“似为论赞率弄囊之讹”。牂牁(zāng kē):地名,汉武帝元鼎六年(111)置牂牁郡,治所且兰,在今贵州凯里西北。匹播:《通典》作“疋播”,即今西藏琼结县。吐蕃历代赞普陵墓都在琼结。

〔13〕婆罗门:印度种姓制度中最高种姓或僧侣的一员,其主要职务是诵经、传经并主持宗教各种仪式。亦称“婆罗门教徒”。这里借指印度。

〔14〕藏布江:和宁在后文注中谓“又西名罗布岭冈,藏布江绕其下西流。江北岸平野丛林,开砌池沼……”则藏布江当即拉萨河,《西藏志》称“藏江”。藏布,藏语意为江河的意思。

〔15〕七十族:当为四十族之误。雍正九年(1731),清朝新抚南称、巴彦等处番民七十九族,地居四川、西藏、西宁间。十年(1732)夏,川、藏暨西宁分遣专官会同勘定,近西宁者四十族归

西宁管辖,近西藏者三十九族隶属西藏。打箭炉:地名,在今四川康定炉城镇,清代改名为康定,明清时期为川藏间商贸重镇。明正司:即明正土司,清代康区四大土司之一。元世祖忽必烈南征大理途经木雅时,色乌绒酋长便接受招抚,被授予"长河西安抚使",为元初川康六安抚使之一。明成祖永乐五年(1407),世居色乌绒的阿旺坚参被授予"四川长河西、鱼通、宁远宣慰使",领有木雅13锅庄。康熙五年(1666)明正土司投诚清廷,三十九年(1700)被昌侧集列争权杀害,四十年"西炉之役"后,清廷立其后裔为正土司,将6个安抚司、1个土千户及48个土百户划归明正管辖,史称"复设明正司",明正土司的官寨遂从色乌绒迁到打箭炉,领地包括现今的康定、九龙、泸定北部、丹巴南部、雅江和道孚东部的广大地域。土司:元明清时期在西南、西北地区设置的由少数民族首领充任并世袭的官职。有文职和武职之分。按等级以土知府、土知州、土知县等官隶吏部,以宣慰使、宣抚使、安抚使等官隶兵部。迤西:往西,向西。

〔16〕唐古特:元时蒙古人称党项人及其所建的西夏政权为唐兀或唐兀惕,后渐用于泛称青藏地区及当地藏族诸部。清初曾沿用此称,作为青藏地区及当地藏族的称谓。今蒙古语仍称青藏地区及当地藏族为唐古特。特,亦作"忒"。任乃强《西康图经》第一篇《境域》第二章《辨名·唐古特解》:"唐古特,青海南方羌族部落名。亦作'唐兀惕',见《元秘史》。明末世,以之称呼青海住牧之羌族全体。厄鲁特侵入青海,唐古特尽受约束,仿佛满清之入主中土。厄鲁特无国号,故中土每以唐古特呼之。雍正二年(1724),年羹尧奏陈《青海善后十三条》谓:'青海、巴尔喀木、藏、危为唐古特四大部落'是也。当时尚多称羌、番两

族为‘土伯特’，故此名不甚通用。乾嘉之世，土伯特名渐废，此称始大通行。《乾隆一统志》尚并存图伯特（即土伯特）与唐古特二名，嘉庆初，驻藏大臣和琳，撰《西藏赋》遂曰：‘土伯特其旧名，唐古特其今号。’嘉庆以后，概称藏文为‘唐古特文’，藏兵为‘唐古特兵’矣。”

〔17〕成化：明宪宗年号，1465 至 1487 年。

〔18〕乌斯藏：元明时期对乌斯、藏的合称，又称卫藏、前后藏。大宝法王：永乐四年（1406），明成祖召请噶玛噶举派黑帽系第五世活佛得银协巴到南京，封为“如来大宝法王西天大善自在佛”，俗称“大宝法王”。《清圣祖实录》卷二百九十：“明成化中，乌斯藏大宝法王来朝。辞归时，以半驾卤簿送之，遣内监护行。内监至四川边境，即不能前进而返，留其仪仗于佛庙。至今往来之人多有见之。此载于《明实录》者。”和宁沿袭康熙之说将大宝法王入朝时间误为成化年间。

乌斯旧号，拉萨今传〔1〕。其地四围皆山，南北百馀里，东西百五六十〔一〕里。

【校】

〔一〕六十，反约篇本、榕园本、元尚居本作“十六”。

【注】

〔1〕这两句意为：这里以前称作“乌斯”，现在叫做拉萨。

其阳则牛魔僧格[1]，搴云蔽天[2]；札拉罗布[3]，俯麓环川[4]。前藏南面山高二百馀丈，名牛魔山。连岗环抱者名僧格拉山。唐古特谓狮曰僧格，以山形似狮，故名。与僧格拉相连者名札拉山，又西名罗布岭冈。藏布江绕其下西流，江北岸平野丛林，开砌池沼[5]。达赖喇嘛岁于伏后秋初下山澡浴于此[6]。住月馀乃还山。此清凉胜境也[7]。

【注】

〔1〕这四句意为：拉萨城的南面，有牛魔山、僧格山，高耸入云，遮天蔽日；达赖的夏宫罗布林卡为河流环抱。阳：即阳面，南面。

〔2〕搴(qiān)：拔取，抓取。

〔3〕札拉罗布：即罗布林卡，在拉萨市西郊，又称罗布岭冈、隆布岭卡。始建于18世纪40年代七世达赖时期，后经历代扩建并成为达赖的夏宫。每年藏历四月至九月，达赖在这里处理政事，举行庆典。

〔4〕俯麓：俯视山脚。环川：河流环抱。

〔5〕开砌：开挖修砌。池沼：池塘，大型水池。

〔6〕达赖喇嘛：藏传佛教格鲁派中地位最高的两大转世活佛之一。宗喀巴最年轻的弟子根敦主巴圆寂后转世为根敦嘉错，根敦嘉错转世为索南嘉错。明万历六年(1578)，明封顺义王的蒙古土默特部落首领俺答汗赠予索南嘉错"圣识一切瓦齐尔达喇达赖喇嘛"尊号，于是有了"达赖喇嘛"称号，省称"达

赖”,并且追溯根敦主巴为第一世达赖,根敦嘉错为第二世达赖。“达赖”为蒙古语音译,意为“大海”;“喇嘛”为藏语的音译,意为“上师”。崇祯十四年(1642),厄鲁特蒙古和硕特部首领固始汗统兵入藏,打败藏巴汗,将藏区全部收入掌握,并尊奉第五世达赖阿旺洛桑嘉错为全区宗教领袖。顺治十年(1653),敕封达赖喇嘛金册金印,封号为“西天大善自在佛所领天下释教普通瓦赤喇怛喇达赖喇嘛”。自此,达赖喇嘛的封号和其在西藏的政教地位被正式确定下来。

〔7〕胜境:景色优美的地方。

其阴则浪荡色拉〔1〕**,精金韫其渊**〔2〕**;根柏洞噶**〔3〕**,神螺现其巅**〔4〕。前藏北面山名浪荡山,平险参半。其东名色拉山。唐古特谓金曰色,山曰拉,以山产金,故名。又根柏山为布达拉北屏障,其西北三十里相连,名洞噶拉山,耸峭冲霄,巉岩如削〔5〕,高四百馀丈。唐古特谓海螺曰洞噶,以山形似海螺,故名。上旧设碉卡〔6〕,为前藏西之关隘也〔7〕。

【注】

〔1〕这四句意为:拉萨城的北面,有浪荡山、色拉山,山中蕴藏着金矿;还有根柏山、洞嘎山,洞嘎山山顶显现着一只神螺。阴:背面,这里指北边。浪荡:也作朗塘、浪岩,在林周县。《西藏志》:“由拉萨北行十里,向色拉寺东,过郭拉至浪岩。”色拉:即色拉乌孜山,在拉萨市北,山下有色拉寺。色拉,藏语意为野

玫瑰。和宁谓“以山产金”得名，系将“色拉”分为二字训释的结果。

〔2〕精金：纯金。韫（yùn）：蕴藏，包含。

〔3〕根柏：即棍巴俄则山，也作根培吾孜山、更丕乌孜山、格培吴则，在拉萨市区西北，南坡有哲蚌寺。

〔4〕巅：山顶。

〔5〕巉（chán）岩：陡峭隆起的岩石。

〔6〕碉卡：碉堡哨卡。

〔7〕关隘：险要的关口。

左脚孜而奔巴〔1〕**，仰青龙于角箕之宿**〔2〕；前藏东北脚孜拉山极高峻，山背建呼正寺〔3〕。东南奔巴拉山，高耸〔一〕群山。唐古特谓瓶曰奔巴，以山形似瓶，故名。山势起伏相连。东面〔二〕东方七宿曰：角、亢、氐、房、心、尾、箕。**右登龙而聂党**〔4〕**，伏白虎于奎觜之躔**〔5〕。前藏西三十里名登龙冈，过大桥折西南名聂党山，山势陡峻，有通后藏大道。西方七宿曰：奎、娄、胃、昴、毕、参、觜。

【校】

〔一〕耸，图考本作“出”。

〔二〕东面，图考本无此二字。

【注】

〔1〕这四句意为：拉萨城的东边是脚孜拉山和奔巴拉山，仰

望着空中东方七宿的角、箕二星;西边则是陡峭的登龙冈和聂党山,俯视着西方白虎七宿的奎、觜二星。左:即东边。脚孜:即脚孜拉山,在林周县。奔巴:即奔巴拉山,也作奔巴日,今名碰巴日,意为宝瓶山,在拉萨市东面城关区蔡公堂乡境内,拉萨桥南端,主峰海拔 4424 米。

〔2〕青龙:即苍龙,二十八宿中东方七宿的总称,也代指东方。角箕(jī):东方七宿中的角宿、箕宿。

〔3〕哷(liè)正寺:即热振寺,西藏著名寺庙之一,在林周县境内。

〔4〕右:即西边。聂党:也作业党、聂塘、聂唐、涅当,山名,在拉萨市西南曲水县。松筠《丁巳秋阅吟·业党》题下自注:“前藏至此七十里。”

〔5〕白虎:二十八宿中西方七宿的总称,也代指西方。奎觜(kuí zī):西方七宿中奎宿、觜宿。躔(chán):行迹,足迹。

夷庚达乎四维〔1〕**,羌蛮兑矣**〔2〕**;**西南通江孜赴后藏大道〔3〕,西北通羊八井草地〔4〕,东北通喀喇乌苏赴西宁大道〔5〕,东南通江达、拉里赴打箭炉大道〔6〕。○《左传》:“以塞夷庚。”注:“往来要〔一〕道也。”**铁围周乎百里**〔7〕**,城郭天然**〔8〕。四面崇山峻岭,不施草木,耸矗如城垣,故俗名铁山〔9〕。○《艺林伐山》云:“铁围山〔10〕,佛经所称,不知的在何处。”唐初宋昱诗云:“梵宇开金地〔11〕,香龛凿铁围。”今以前藏大小招、布达拉考之〔12〕,即铁围山也。

【校】

〔一〕要,榕园本、反约篇本、元尚居本作“大”。

【注】

〔1〕这四句意为:平坦的大道通达四方,可以直达羌蛮各部;铁围山方圆百里,城郭浑然天成。夷庚:平坦大道。《左传·成公十八年》:“今将崇诸侯之奸而披其地,以塞夷庚。”杜预注:“夷庚,吴、晋往来之要道。楚封鱼石于彭城,欲以绝吴、晋之道。”孔颖达疏:“《正义》曰:‘夷,平也。’《诗序》云:‘由庚,万物得由其道’,是以庚为道也。……‘夷庚’止谓吴、晋往来之平道耳。”四维:四角,四隅。东西南北为四方,四方之隅为四维。

〔2〕兑:通达。《诗经·大雅·绵》:“柞棫拔矣,行道兑矣。”毛传:“兑,成蹊也。”朱熹集传:“兑,通也,始通于柞棫之间也。”

〔3〕江孜:地名,今西藏江孜县,为拉萨通日喀则的要道,清代设有驿站,距拉萨六百七十多里。

〔4〕羊八井:也作阳巴井,本为大草原,在拉萨西北,清代设有驿站,距拉萨二百多里。

〔5〕喀喇乌苏:地名,也作那曲卡、黑河,在今西藏那曲镇一带,清代设有驿站,为拉萨至西宁的重要通道。西宁:即今青海省会西宁市。

〔6〕江达:即今之工布江达。拉里:地名,意为神山之顶,因境内有拉里大山而得名,曾为拉里宗,1960年改设嘉黎县。

〔7〕铁围:佛教语。佛教认为南赡部洲等四大部洲之外有铁围山,周匝如轮,故名。这里形容群山环绕拉萨,形如铁围,为

天然城池。

〔8〕城郭:城是内城的墙,郭是外城的墙,泛指城邑、城市。

〔9〕铁山:即药王山,藏语名加不日,也作夹波日、贾波日、甲里必洞,汉语意为铁山,曾名招拉笔洞山。早年元丹贡布曾在此山传播藏药,开办门边扎仓,故得名药王山。西藏四大名山之一,位于拉萨市区布达拉宫西南不远处,东西走向,主峰海拔3725米,是拉萨西部重要门户。

〔10〕《艺林伐山》:明代杨慎编撰。

〔11〕宋昱:唐代诗人,天宝元年(742)任监察御史,二年(743)因事贬谪桂阳尉,十载(751)入剑南节度使杨国忠幕,十二载(753)任中书舍人,十五载(756)为安史乱军所杀。和宁所引诗为宋昱《题石窟》诗前两句。宋昱主要生活在盛唐,和宁称其为"唐初",当误。

〔12〕大小招:即大昭寺、小昭寺。大昭寺位于拉萨市中心,始建于唐贞观二十一年(647),元、明、清历朝屡加修改扩建。小昭寺坐落在拉萨古城之北,与大昭寺相距约二里。相传与大昭寺同时开工,同时竣工,同时开光。

藏布衍功德之水〔1〕**,**布达拉南〔一〕,自东而西南流,名藏布江,又名噶尔招木伦江,其源委详后山川节注。〇《广舆记》:"梁番僧隐钟山〔2〕,值旱,有庞眉叟谓曰:'予〔3〕,山龙也,措之何难哉。'俄而一沼沸出。后有西僧至,云西域〔二〕八池已失其一。其水有八功德:一清、二冷、三香、四柔、五甘、六净、七不饐、八蠲疴〔4〕。"**机楮**

涌智慧之泉[5]。机楮河发北山下，自东北经布达拉前，上建琉璃桥[6]，其水澄澈萦碧，南入藏布江。唐古特谓水曰楮，一曰机，言一道河也。拉萨田苗资其灌溉[7]。〇五祖偈云："巍巍七宝山[8]，常出智慧泉。回为真法味，能度诸有缘。"

【校】

〔一〕南，图考本作"河"，当误。

〔二〕域，八旗本作"城"，当误。

【注】

〔1〕这两句意为：藏布江源源不断涌出功德水，机楮河奔涌着智慧泉。藏布：即拉萨河，发源于念青唐古拉山南麓嘉黎里彭措拉孔马沟。流经那曲、当雄、林周、墨竹工卡、达孜、城关、堆龙德庆，至曲水县，是雅鲁藏布江中游一条较大的支流。和注："布达拉南，自东而西南流，名藏布江，又名噶尔招木伦江。"《卫藏通志》卷三《山川·大金沙江》：雅鲁藏布江"经日喀尔公喀尔城北，有噶尔招木伦江自东北来会。"衍：繁盛，馀裕。功德之水：即功德水，也称八功德水。佛教谓西方极乐世界中，处处皆有七妙宝池，八功德水弥满其中。黄沛翘《西藏图考》卷八《艺文考下·和宁西藏赋注》："八功德水，一澄净，二清冷，三甘美，四轻软，五润泽，六安和，七除饥渴，八长养诸根。"

〔2〕《广舆记》：明陆应旸编撰，24卷，古代地理类著作。

〔3〕庞眉叟：长眉老人。

〔4〕 饐(yì):食物因存放时间太长而腐烂发臭。蠲疴(juān kē):除去疾病。

〔5〕 机楮(chǔ):也作吉楚河、机虔河、吉特楚,通称拉萨河。

〔6〕 琉璃桥:又名“宇妥桥”,藏语称宇妥桑巴,即“绿松石桥”。位于大昭寺西300米处,拉萨市宇拓路中段,是连接拉萨古城内外的要道之一。

〔7〕 资:凭借。

〔8〕 五祖:佛教禅宗指东土第五祖唐代弘忍禅师。弘忍俗姓周,七岁出家,改用《金刚经》传法,开“东山法门”。下传慧能、神秀,衍生禅宗南、北二宗。偈:佛教僧人的唱词。

池映禄康插木于后〔1〕,布达拉后有池,周约四五里,中筑高台,上建八角琉璃阁三层,中供龙王,为祈雨处。唐古特谓龙曰禄,故禄康插木名之。**峰拥磨盘笔洞于前**〔2〕。布达拉西南孤峰耸出,名招拉笔洞。上住喇嘛医生。其西连岗稍低平,名磨盘山。上建关圣帝君庙。山阳建喇嘛寺,乾隆六十年赐号卫藏永安寺,为济咙胡图克图焚修之所〔3〕。

【注】

〔1〕 这两句意为:宗角禄康在后面映照着布达拉宫,磨盘山、招拉笔洞山在前面拥戴着布达拉宫。禄康插木:园林建筑,即宗角禄康,俗称龙王庙、龙王潭,在布达拉宫背面,现辟为公

园。五世达赖重建布达拉宫时在此取土，形成人工湖。六世达赖在湖中小岛上建一座三层楼阁，供奉九头鲁神，取名鲁康。鲁，也作禄、龙，藏族民间宗教中的一种神，俗译龙神、龙王。

〔2〕磨盘：即磨盘山，藏语称帕玛日山，也作蚌瓦日、巴玛日，位于拉萨市区，布达拉宫西南约一里，药王山西面的一座小山峰。山顶平似磨盘，故得名。磨盘山上有关帝庙，又称格萨尔拉康。乾隆五十七年(1792)，福康安率兵入藏，驱逐廓尔喀人。清军初抵拉萨时，福康安主持修建了关帝庙。第二年，福康安又在庙内立碑纪功，乾隆皇帝为关帝庙亲笔题写了匾额。磨盘山南麓有卫藏永安寺，为济咙胡图克图驻锡之所。该寺由参赞公海兰察巴图鲁等捐资修建，乾隆五十九年(1794)竣工，和宁撰写了碑文。乾隆六十年御赐寺名卫藏永安，并颁四译字匾额。笔洞：即招拉笔洞，俗称药王山。

〔3〕济咙胡图克图：藏传佛教转世活佛世系之一，共传十一世。胡图克图，《钦定大清会典》卷八十："凡喇嘛道行至高者曰胡图克图，转世者曰胡毕尔汗。"焚修：焚香修行，这里借指日常起居生活的地方。

普陀中突〔1〕**，布达名焉**〔2〕。梵书言天下普陀山有三：一在额讷特克国之南海中〔3〕，山上有石天官〔一〕，乃观自在菩萨游舍处〔4〕，此真普陀也；一在浙江定海县南海中，为善才第二十参观音菩萨处〔5〕；一在图伯特之布达拉〔6〕，亦观音化现处〔7〕。今考图伯特即唐古特，布达与普陀音相近也。

【校】

〔一〕官,榕园本作"宫",当是。

【注】

〔1〕这两句意为:普陀山居于其中,名为布达拉宫。普陀:山名,也作补陀,梵文音译为补陀洛迦、补怛洛伽,意为小白华山、小花树山。中突:从中间突起。

〔2〕布达:即布达拉宫。

〔3〕额讷特克国:即天竺。

〔4〕观自在菩萨:即观音菩萨、观世音菩萨,陪侍在阿弥陀如来旁边,推行教化。游舍:游玩休息。《大唐西域记·秣罗矩吒国》:"池侧有石天宫,观自在菩萨往来游舍。"

〔5〕善才:即善财童子,梵语意译,佛教菩萨之一,《华严经·入法界品》所说的求道者。经中说他是福生城长者之子,因文殊指点,参访了五十三个善知识而成菩萨。因其参过观音,因此观音的塑像或画像旁,一般常有善财童子的像。

〔6〕图伯特:清代文献中对西藏及其附近地区的称谓。又作图白忒、土伯特、退摆特,是吐蕃的音变。

〔7〕化现:以化身出现,佛、菩萨为济度众生而变化示现的种种外在形象。

厥维沙伽吐巴绰尔济〔1〕**,传写贝多**〔2〕;唐古特谓释迦牟尼佛曰沙伽吐巴。绰尔济,通经典之称,俗名曲结。**江来孜格陀罗尼**〔3〕**,降摄妖魔**〔4〕。唐古特谓观音菩萨曰江来孜格。陀罗尼,咒也。

【注】

〔1〕此段总叙西藏宗教渊源及宗喀巴创立藏传佛教格鲁派的情景。这两句意为:释迦牟尼精通经典,传写佛经;观音菩萨擅长咒语,降服妖魔。厥:乃,就,于是。维:发语词。

〔2〕贝多:树名,古代印度人用贝多树树叶刻写经文,称贝叶经。后世以贝叶经借指经文。

〔3〕陀罗尼:黄沛翘《西藏图考》卷八《艺文考下·和宁西藏赋注》:"按《佛经》:陀罗尼,总持之义,谓持善不失,持恶不生也。原注训经咒,误。"《辞源》:"陀罗尼,咒。意为总持,或译遮持、持盟。谓诸菩萨不可思议的秘语。"

〔4〕降摄:降服,摄服。

泥梨速昭五戒[1],《释氏要览》:"泥梨,地狱也。"佛家有五戒:不杀、不偷盗、不淫邪、不妄语、不饮酒。**闻思修入三摩**[2]。《心经注》:一切禅定摄心者皆云三摩提[3],译言正心行处,谓是心端正也。观音闻思修入三摩地。

【注】

〔1〕这两句意为:地狱的惩戒昭示着佛教的五戒,闻思的修行已达三摩地境界。泥梨:也作泥犁、泥梨耶,译作地狱。速:同"束",约束。昭:昭明,彰显。

〔2〕闻思：即闻慧、思慧。佛教产生慧解的三种途径，分别是闻慧，依见闻经教而生之智慧；思慧，依思惟道理而生之智慧；修慧，依修禅定而生之智慧。从闻与思修入三摩地是说由耳闻起修，反观经诸识而入本心的大定法门。三摩：即三摩地，又作三昧、三摩提、三摩帝、三摩底、三么地、三昧地等，意为定，即住心于一境而不散乱的意思。《楞严经》卷六："尔时观世音菩萨即从座起，顶礼佛足，而白佛言：'世尊！忆念我昔，无数恒河沙劫，于时有佛，出现于世，名观世音。我于彼佛，发菩提心。彼佛教我，从闻思修，入三摩地。'"

〔3〕《心经注》：《般若波罗蜜多心经》简称《心经》、《般若心经》，有中天竺提婆注《心经注》一卷，宗纯《心经注》一卷等。

聚顽石而点头[1]**，风行身毒**[2]；《十道四蕃志》[3]："生公，异僧竺道生也。讲经于虎邱寺[4]，人无信者。乃聚顽石为徒，与谈至理，石皆点头。"○《后汉书·西域传论》："佛道神化地曰身毒。"《史记·大宛传》："大夏东南有身毒国。"注：《索隐》曰："身音乾，毒音笃。孟康云，天竺也。"**放屠刀而摩顶**[5]**，花雨曼陀**[6]。《果经山书》：广额屠在涅槃会上放下屠刀[7]，立便成佛。《法华经》云："天雨曼陀罗花。"

【注】

〔1〕这两句意为：佛家至理能令顽石点头称是，因此在印度风行一时；放下屠刀立地成佛，霎时间下起了曼陀罗花瓣雨。

〔2〕身毒:中国古代称印度为身毒。

〔3〕《十道四蕃志》:初唐梁载言著。唐贞观初,分全国为关内、河南、河东、河北、山南、淮南、江南、陇右、剑南、岭南等十道。

〔4〕虎邱寺:也作虎丘寺,在苏州。

〔5〕放屠刀:谓屠夫放下屠刀,不再杀生,比喻改过从善。摩顶:佛用手抚摩弟子头顶。通常佛不是为了付嘱大法而抚摩弟子之顶,就是为了授记而抚摩弟子之顶。

〔6〕雨:名词用作动词,下雨。陀:即曼陀罗,梵语音译,意译为悦意花,又称风茄儿。在印度被视为神圣的植物,特栽培于寺院之间。《法华经》卷一《序品》:"佛说此经已,结加趺坐,入于无量义处三昧,身心不动。是时天雨曼陀罗华。"华同花。

〔7〕《果径山书》:书不详。董康《曲海总目提要》卷一《任风子·提要》:"元马致远撰。记任屠从马真人成道事。按径山书,广颡屠儿在涅槃会上放下屠刀,立便成佛。屠儿既可作佛,自可成仙,总在一念转移耳。此作者意也。"广颡:大额头。

四十二章流传震旦〔1〕,《括地志》:王舍国有灵鹫山〔2〕,山有小姑〔一〕石,石上有石室,佛坐其中。天帝释以四十二事问佛,一一以指画石,其迹尚存,即《四十二章经》也。○《楼炭经》〔3〕:葱岭以东名震旦,盖西域称中国之名也。又初祖达摩〔4〕曰:当往震旦,设天法乐。遂泛重溟,达于南海传法。今考汉明帝时白马驮经即《四十二章经》也。**三十二相化本修罗**〔5〕。《楞严经》[6]:"是名妙净三十二应入国土,身皆以三昧闻薰闻修,无作妙力,自在成就。"注:"观音俱现三十二应,现十法界身而为说法也。"佛氏以修罗为经,梵语也。

【校】

〔一〕姑,《史记》卷一百二十三《大宛列传》:"其东南有身毒国。"《正义》引《括地志》作"孤"。

【注】

〔1〕这两句意为:《四十二章经》传入中国,观音菩萨显出三十二化身布道传经。四十二章:佛经名,后汉西域僧人迦叶摩腾、竺法兰翻译,为佛教流入中国第一部经典。震旦:古代印度对中国的称呼,又作振旦、真丹、神丹。《翻译名义集》:"东方属震,是日出之方,故云震旦。"有人称震即秦,乃一声之转;旦,若所谓斯坦,于义为地,震旦即秦地。

〔2〕王舍国:中印度摩揭陀国都城。灵鹫山:山名,在王舍城东北十里。梵名耆阇崛,译作鹫峰、鹫台,又称灵山,灵岳,鹫岳。山形似鹫,或说以山上鹫鸟多,得名。释迦牟尼曾在此讲经。

〔3〕《楼炭经》:全称《大楼炭经》,六卷,西晋法立、法炬译。隋阇那崛多译为《起世经》,隋梵摩笈多译之为《起世因本经》。

〔4〕初祖达摩:即菩提达摩,天竺高僧,本名菩提多罗。南朝梁普通元年入中国,梁武帝迎至建康。后渡江往北魏,驻锡于嵩山少林寺,面壁九年而化,传法于慧可。达摩被禅宗奉为初

祖。

〔5〕三十二相：谓佛陀具有的三十二种不同凡俗的显著特征，与微细特征八十种“好”合称“相好”。如足下安平、手指纤长、身如狮子、广长舌、绀青眼、顶成肉髻和眉间白毫等相。各经所举略有出入。黄沛翘《西藏图考》卷八《艺文考下·和宁西藏赋注》：“按佛经：‘如来具足三十二相。’谓眼、耳、鼻、舌、身各具六波罗密，故成三十。又意根中修无住、无为二行，故共成三十二也。”化本：教化之本。修罗：即阿修罗，梵语音译，意译为“不端正”或“非天”，是古印度神话中的一种恶神，住在海底，常与天神战斗。黄沛翘《西藏图考》卷八《艺文考下·和宁西藏赋注》：“梵语修多罗，译言契经也。凡佛所说之经，皆契理契机之教也。原注训‘佛氏以修罗为经，梵语也’，究未得解。必取修多罗之义方合。否则阿修罗为魔王，可以称三十二相乎。”

〔6〕《楞严经》：也称《首楞严经》，《大佛顶如来密因修证了义诸菩萨万行首楞严经》的省称，唐般刺密帝译，十卷。为大乘佛教的重要经典。

遂有宗喀巴雪窦潜修〔1〕**，金轮忏悔**〔2〕；明番僧宗喀巴名罗布藏札克巴，生于永乐十五年，幼而神异，精通佛法，号甲勒瓦宗喀巴。在大雪山修苦行。穆隆经〔3〕，其所立也。穆隆经者，即今之摩罗木也。**无上空称**〔4〕**，喇嘛缁改**〔5〕。《梵书》：释子勤佛行者曰德士，又曰无上士，谓空也。唐古特谓上曰喇，谓无曰嘛也。喇嘛者，无上也。

【注】

〔1〕这两句意为：于是有了宗喀巴大师在雪洞潜心修行，转动金轮，诚心忏悔；赢得了无上的称号，引导众僧回到修行的正途。宗喀巴(1357～1419)本名罗桑扎巴，也称贡噶宁布，藏传佛教格鲁派创立者、甘丹寺的创建者、第一任甘丹池巴，著名佛教理论家。出生于青海湟中(今塔尔寺所在地一带)佛教家庭。藏语称湟中为“宗喀”，故被尊称为宗喀巴。3岁时，噶玛噶举黑帽系四世活佛乳必多吉为授近事戒，赐号贡噶宁布(庆喜藏)。后随敦珠仁庆学习经论，并授密教灌顶，称号不空金刚。7岁时，受沙弥戒，沙弥戒名罗桑扎巴(善慧称吉祥)。16岁时前往西藏深造，遍访名师，学习佛教经典。25岁时，已深入研究了“弥勒五论”、《俱舍论》、《量释论》、《入中论》及律藏、五明等，并在寺院立宗答辩，产生了一定影响。31岁时，他为振兴戒律，改戴持律者所戴的黄色僧帽。以后弟子们也随着戴黄帽，因此被称为黄帽派。36岁开始讲经收徒，先后在各地讲《现观庄严论》、因明、《中论》、《俱舍论》等。同时系统地研习密法，研究萨迦派的“道果法”、噶举派的“大手印法”等；学习噶当派的教法及《菩提道灯论》等要籍，终于通达显密各派教义。他以中观为正宗，月称为依止，以噶当派教义为立说之本，综合大小乘各派显密教法，结合自己的见解，以实践和修证为主，建立体系。同时从倡导戒律入手，进行宗教改革，主张显、密教僧人均须恪守戒律、住院，严禁娶妻生子，规定学经次第，严密寺院组织。并著书立说，复建寺庙，广收门徒，创立法会，讲经说法，宣传自己的主张，终于形成一代宗风，正式创立格鲁派。明永乐七年(1409)藏历正月初一，在被明朝册封为阐化王的扎巴坚赞等资

助下，在拉萨大昭寺发起大祈愿法会。从此宗喀巴被公认为西藏佛教界的领袖，格鲁派成为西藏第一大教派。和注："明番僧宗喀巴名罗布藏札克巴，生于永乐十五年，幼而神异，精通佛法，号甲勒瓦宗喀巴。"宗喀巴卒于永乐十七年(1419)，《民族研究》1979年第1期王森《宗喀巴传论》谓其生于元顺帝至正十五年(1357)，则和宁当是将"至正"误为"永乐"。雪窦(dòu)：雪山岩洞。潜修：潜心修养，专心修养。

〔2〕金轮：佛教语。轮是印度古代战争用的一种武器。印度古传说中征服四方的转轮王出生时，空中自然出现此轮宝，预示他将来的无敌力量。轮宝有金银铜铁四种，得金轮宝者，为金轮王，乃四轮之首，领东南西北四大洲。忏悔：佛教仪式。原为对人坦白自己的过错、求容忍宽恕之意。佛教制度规定，出家人每半月集合举行诵戒，给犯戒者以说过悔改的机会。后成为专以脱罪祈福为目的的宗教仪式。

〔3〕穆隆经：即宗喀巴倡导的藏历新年的传召大法会。

〔4〕无上：即无上士，佛十种尊号之第六种，谓至高无上之士。隋慧远《大乘义章》卷二十《十号义》："其十号者，是佛如来名称功德。名有通别。""士者是其人之别称，人中最胜，馀不能加，名无上士。"

〔5〕喇嘛：藏语音译，意为上师。和注："唐古特谓上曰喇，谓无曰嘛也。喇嘛者，无上也。"繙(fān)改：改正。这里指在宗喀巴宗教改革的影响下，僧人们改变了过去的不良习惯，重新回到了佛教修行的正途，清除了藏传佛教的很多弊端，恢复了宗教的本来面目。繙，同"翻"。

持团堕之盔[1]**，披忍辱之铠**。释氏团堕，言食堕在钵中也。梵言傧茶波，又曰傧茶夜，华言团。团者，食团，行乞食也。今考番僧食糌粑皆手团而食之。盔，音窥，钵也。忍辱铠，袈裟也，又名离尘服，又名清瘦衣〔一〕。

【校】

〔一〕衣，反约篇本、榕园本作"服"。

【注】

〔1〕这两句意为：僧人们手捧盛糌粑的食钵，身披袈裟衣。团堕：佛教语，谓行乞而食。和注盖引自《翻译名义集》卷七《斋法四·食篇》"分卫"注。

紫裓韬光[1]**，黄冠耀采**[2]。宗喀巴为番众所敬信[3]，衣紫衣。其受戒时相传染僧帽诸颜色不成，惟黄色立成，遂名为黄教。

【注】

〔1〕这两句意为：紫色袈裟内敛光芒，黄色僧帽光彩照耀。裓（gé）：衣服的前襟，泛指僧衣。韬光：敛藏光采，比喻隐藏声名才华。

〔2〕黄冠：黄色僧帽，宗喀巴创立的格鲁派，其弟子皆戴黄帽，故称黄教。黄色僧帽是持律谨严的象征，宗喀巴推行宗教改

革的一个主要内容就是要求僧人严持戒律，故宗喀巴自戴黄色僧帽，其弟子亦相效仿。耀采：光彩照耀，这里比喻格鲁派发扬光大。

〔3〕敬信：宗崇信奉。

萨迦开第一义天〔1〕，宗喀巴初出家时，学经于萨迦庙之胡图克图，乃元时帕思巴之后〔2〕，为红帽教之宗〔3〕，布达拉经簿载其为仁育菩萨之后人也。其教有家室，生子后坐床掌教，不复近家室矣。其始祖名昆·贡确嘉卜〔4〕，通达经典，见萨迦沟之奔布山风脉佳胜，欲创建庙宇。向业主降雄固喇娃、班第仲喜纳、密酌克敦三人乞售，伊三人乃施舍其地，不取直〔5〕。遂建庙，供释迦牟尼佛。附近土地、人民、庙宇、僧众皆其所属。世代相传，至今七百馀年。其庙平地起阁，周墙甚固，中殿楹柱皆古树，三人合抱，高三丈馀，不加雕饰，其皮节文理如生树然。又有海螺，坚白如玉，左旋纹，向明吹之，背〔一〕现观音像，寺僧宝之。又有藏经数万卷，架函充栋。庙北依山，僧楼梵宇约数千间。亦有佛屠金殿，供诸佛像，皆红帽喇嘛居之。其所诵经与黄教无异。西南通拉孜大道〔6〕，山南通野人国界。**拉萨涨其三昧海**〔7〕。宗喀巴修行既成，其教〔二〕大行〔三〕，最盛于前藏。今拉萨各庙咸供奉其像。

【校】

〔一〕背,反约篇本、榕园本、元尚居本作“肯”,当误。

〔二〕教,榕园本作“数”,当误。

〔三〕行,图考本作“兴”。

【注】

〔1〕这两句意为:萨迦开启了宗喀巴的第一义天,拉萨成就了宗喀巴三昧的境界。萨迦:即藏传佛教宗派萨迦派。萨迦,藏语意为白土。宋熙宁六年(1073),贡却杰布在今西藏萨迦县奔波日山建萨迦寺传教。其子贡噶宁布继任萨迦寺住持后,使该派体系确立,势力发展。八思巴为萨迦五祖,曾随侍忽必烈,被封为国师,又掌领总制院(后改称宣政院)。八思巴之弟洽那则负责藏族地区事务,总管乌斯藏,建立了萨迦派政教合一的地方政权。十四世纪中,萨迦派在政治上失势,其地位被噶举派帕竹支系所取代,但其教法得以维持并有所发展。宗喀巴及其弟子贾曹杰、克主杰,都曾跟随萨迦派弟子学习。明洪武六年(1373),宗喀巴赴藏抵直贡寺,拜萨迦派上师仁达瓦·宣奴罗追学习显教及其它教义,这成为宗喀巴学习经历中的重要部分,也是宗喀巴宗教思想形成的重要时期,故和宁称“萨迦开第一义天”。义天:《释氏要览》:“能解诸法义,见一切法空义,名义天。”

〔2〕帕思巴:即八思巴(1235~1280),为藏传佛教萨迦派第五祖,元朝首任帝师,去世后赐号“大元帝师”。

〔3〕红帽教:这里指萨迦派,因其派僧人戴红帽而得名,俗称红教。

〔4〕昆·贡确嘉卜:即昆·贡却杰布,萨迦派创始人。

〔5〕直:同“值”。

〔6〕拉孜:地名,今西藏拉孜县,在萨迦县西。

〔7〕三昧:译为定,是定心一处的意思。修行的人六根接触外面的六尘境界时,若能做到不起心、不动念、不分别、不执著,就叫做“定”,也就是进入“三昧”的境界。

龙象遴于沙门〔1〕,《达摩传》:“波罗提,法中龙象。”《传灯录》〔2〕:“水中行,龙力大;陆中行,象力大。”负荷大法者,比之龙象。**衣钵传诸自在**〔3〕。《传灯录》:释迦佛生四十九年,将金缕僧迦黎传与一祖摩诃迦叶〔4〕。六祖慧能衣钵南奔岭外〔5〕,有明上士追至大庾岭。《六祖传》注:传衣乃西域屈眴布,缉木棉花心织成者〔6〕。

【注】

〔1〕这两句意为:宗喀巴精心遴选僧徒,衣钵传承给自己德行高得的门徒。龙象:比喻修行很深且具有大法力的人。这里借指宗喀巴的弟子。遴(lín):慎重选择。沙门:泛指僧人。

〔2〕《传灯录》:即《景德传灯录》,宋真宗景德年中,沙门道原编,三十卷,专记佛教禅宗各家语录。

〔3〕衣钵:即袈裟和钵,都是出家人重要的法物,并可作为师承的信证,衣钵的授受即代表着心法的授受。诸:之于的合音。自在:佛教术语,进退无碍,谓之自在。这里借指宗喀巴的

弟子。

〔4〕金缕:指金丝。僧迦黎:即僧伽梨,也作僧伽胝、僧伽致、僧伽鸱、僧伽知,僧人三衣之一,僧人在大众集会、为授戒说戒等严议时穿着。《传灯录》卷一:“尔时世尊说此偈已,复告迦叶,吾将金缕僧伽梨衣传付于汝。”摩诃迦叶:即大迦叶,释迦牟尼的大弟子。本修外教,后皈依佛教,释迦牟尼圆寂后传其正法眼藏,为佛教长老。禅宗奉为西土二十八祖之始祖。

〔5〕六祖慧能:初祖达摩传衣于慧可,慧可传衣于僧璨,僧璨传衣于道信,道信传衣于弘忍,弘忍传衣于慧能,慧能被尊为六祖。《传灯录》卷三:弘忍传衣于慧能时称“昔达摩初至,人未知信,故传衣以明得法。今信心已熟,衣乃争端,止于汝身,不复传也。”慧能(618~713),俗姓卢,新州人。三岁丧父,家庭贫困,砍柴为生。一日听人诵经,遂辞家寻师,入弘忍门下,得承弘忍衣钵。后南下,住韶州曹溪广果寺,倡导“顿悟”成佛,成为禅宗南宗。

〔6〕缉:编织。

此达赖传宗〔1〕**,班禅分宰**〔2〕。达赖喇嘛,宗喀巴之大弟子也;班禅额尔德尼,宗喀巴之二弟子也。头辈达赖喇嘛名根敦珠巴〔3〕,生于明洪武二十四年辛未,在喀那木萨喀木青熙饶巴处出家,二十岁受大戒,创建札什伦布庙宇,诵〔一〕《穆隆经》。其时有博洞班禅在雪地修行,闻名信附,遂号根敦珠巴为汤澈清巴,寿八十七岁。第二辈名根敦嘉木磋〔4〕,生于明成化十二年丙申,创建群科尔汪庙宇[5]。第三辈名索诺木嘉木磋[6]，生于明嘉靖二十二年癸卯，亲赴各蒙古地方布行黄教，蒙古王等咸称为达赖喇嘛班禅杂尔达拉，明万历间封为大国师[7]。第四辈名云丹嘉木磋[8]，生于明万历十七年己丑，生蒙古地方敬格尔家，十五岁到藏，在噶勒丹寺坐台之桑结仁庆处出家[9]，班禅罗卜藏曲津处受大戒，万历间封为沙布达多尔济桑结。能驱邪逐祟，曾于石上踏留足印。第五辈名阿旺罗卜藏嘉木磋[10]，明万历四十五年生于前藏崇结萨尔合王家[11]，其生之日时与释迦牟尼佛同，在班禅罗卜藏曲津处出家，受大戒。国朝太宗文皇帝崇德七年，达赖喇嘛同班禅喇嘛差乌巴什台吉达盛京进贡，约行善事。顺治元年，达赖喇嘛差人赴京进贡。九年入觐。世祖章皇帝赐居黄寺，封为掌天下黄教西方自在佛足墨多尔济嘉木磋喇嘛，金册十五页。第六辈名罗卜藏林沁仓洋嘉木磋[12]，康[二]熙二十二[三]年生于蒙巴拉沃松地方[13]。第七辈名罗布藏噶勒桑嘉木磋[14]，康熙四十七年生于里塘地方，在察汉诺们罕家出家十三岁。康熙五十九年，赐达赖喇嘛名号、统领黄教敕书、金印。雍正二年，赐西方汤澈清巴巴木载达赖喇嘛掌天下释教金册金印。第八辈名罗藏丹碑旺楚克江巴尔嘉木磋[15]，乾隆二十三年戊寅生于后藏托结地方，现住布达拉。〇班禅第一辈名刻珠尼玛绰尔济伽勒布格尔[16]，生于明正统十年乙丑。第二辈名珠拜旺曲索诺木绰尔济朗布[17]，生年缺。第三辈名结珠拜旺曲罗布藏敦玉珠巴[18]，生于明宏[四]治十八年乙丑。第四辈名班禅罗卜藏绰尔济嘉勒参[19]，生于明隆庆元年丁卯，国朝崇德七年遣使进贡。太宗文皇帝诏令班禅、达赖二人内[五]年少者拜年长者为师[20]，学习经典。寿九十六岁。第五辈名班禅罗布藏伊喜[21]，生于康熙二年癸卯，五十二年圣祖赐金册、印，注明札什伦布各庙宇、地方属班禅管理。第六辈名班禅哲布尊巴勒丹伊喜[22]，生于乾隆三年戊午，三十年赐金册，四十五年入觐，高宗纯皇帝赐四体字玉册、玉印[23]。第七辈生于乾隆四十七年壬寅[24]，现住札什伦布。

【校】

〔一〕诵，反约篇本、榕园本、元尚居本作"刨"，当误。

〔二〕康，八旗本作"唐"，误。

〔三〕二，反约篇本、榕园本、八旗本作"一"。

〔四〕宏，当作"弘"，避乾隆名讳。

〔五〕内，反约篇本、榕园本、元尚居本作"约"。

【注】

〔1〕这两句意为：这便是达赖、班禅分别传承宗派，共同执掌西藏地方政教事务大权。

〔2〕班禅：即班禅额尔德尼，藏传佛教格鲁派中地位最高的两大转世活佛之一。清顺治二年(1645)，厄鲁特蒙古和硕特部

首领固始汗赠扎什伦布寺主持罗桑却吉坚赞为“班禅博克多”，清顺治也封之为“金刚上师”，令其主持后藏扎什伦布寺，并划后藏部分地区归其统辖。其徒众上溯师承，追认克主杰、索南乔朗、罗桑顿珠三人为其前三世，遂形成班禅活佛转世系统。康熙五十二年（1713），清朝封以“班禅额尔德尼”称号，并颁金册金印，确认其分管后藏部分地区政教事务的大权，常驻扎什伦布寺。分宰：分别管理。这里指达赖驻锡布达拉宫，管理前藏事务；班禅驻锡扎什伦布寺，管理后藏事务。

〔3〕根敦珠巴：也称根敦朱巴（1391～1474），意为僧成，格鲁派早期代表人物，后藏萨迦附近霞堆地方人。永乐三年（1405）在那塘寺出家为僧，拜团柱克珠为师，受沙弥戒。十三年（1415），赴前藏各寺参加辩论，后拜宗喀巴为师，为宗喀巴八大弟子之一。宗喀巴去世后，继续从喜饶僧格、贾曹杰、克朱杰学习显密教理。后返回后藏，在绛勤、打纳、日库等地讲经说法，门徒渐多。正统十二年（1447），在桑主则（即今日喀则）宗本乃穷吉巴·班觉桑布的资助下倡建扎什伦布寺，任该寺赤巴27年。明成化十年（1474），在扎什伦布寺圆寂。后来被追认为一世达赖。

〔4〕根敦嘉木磋：即根敦嘉措（1475～1542），也作根敦嘉穆错，意为僧海，格鲁派早期代表人物，后藏达纳（今谢通门县境内）人。幼年随父亲学习宁玛派密法。成化十一年（1485）入扎什伦布寺，次年出家受戒。后因与扎什伦布寺第四任赤巴班钦益西则莫不和，明弘治七年（1494）前往拉萨哲蚌寺，随从嘉样烈巴曲觉学经，受比丘戒。明正德四年（1509）在山南加查县拉母拉错湖畔创建曲科甲寺。正德七年任扎什伦布寺堪布，十

二年重返拉萨任哲蚌寺堪布,并主持一年一度的拉萨大祈愿法会。明嘉靖五年(1526)兼任色拉寺堪布。后在哲蚌寺西南创建噶丹颇章官,设立专门管理寺庙庄园、财产的第巴制度。嘉靖二十一年(1542)在噶丹颇章官圆寂。后来被追认为二世达赖。

〔5〕群科尔汪庙宇:即琼果结寺,在西藏加查县拉母拉错湖边。

〔6〕索诺木嘉木磋:即索南嘉措(1543~1588),意为福海,前藏堆龙(今堆龙德庆县)人,出生于吐蕃老贵族玛氏家族。明嘉靖二十四年(1545)被确认为哲蚌寺座主根敦嘉错的转世灵童,格鲁派活佛转世制度由此正式开始。二十五年(1546)被迎入哲蚌寺供养,并受近事戒。二十八年(1549),拜索南扎巴为师,受沙弥戒。三十二年(1553),任哲蚌寺第十二任赤巴。四十三年(1564),复从索南扎巴受比丘戒。明万历五年(1577),应明封顺义王的蒙古土默特部俺答汗之请,赴青海。第二年在青海仰华寺与俺答汗会见,并大力弘扬佛法,劝俺答汗戒杀行善,赠以"法王梵天"的尊号。俺答汗赠以"圣识一切瓦齐尔达喇达赖喇嘛",遂有"达赖喇嘛"的称号。其后,索南嘉措随俺答汗前往蒙古讲经,行至甘州时致书明朝首辅大学士张居正,向朝廷朝贡效忠。万历八年(1580),至理塘,后又前往芒康、昌都等地,准备返回西藏。十一年(1583),俺答汗去世,应其家族邀请前往蒙古主持丧葬祈祷仪式。途径宗喀时,扩建了塔尔寺。十四年(1586),抵达归化城(今呼和浩特),参加俺答汗葬礼,并在归化城兴建了蒙古第一座格鲁派寺院锡热图召寺。十六年(1588)正月,明王朝遣人赴归化城册封索南嘉措为"朵儿只唱"(藏语"多吉锵"古译,亦即瓦齐尔达喇,意为持金刚),赐敕命、

印章。这是达赖喇嘛最早接受中央的正式封号。此后，索南嘉措赴京觐见皇帝，途中圆寂。后来被追认为三世达赖喇嘛。

〔7〕大国师：索南嘉措并未受“大国师”封号，这里或指册封的“朵儿只唱”。

〔8〕云丹嘉木磋：即云丹嘉措（1589～1616），意为功德海。出生于归化城附近，蒙古人，俺答汗曾孙。万历三十年（1602），甘丹、哲蚌、色拉三大寺院派出代表前往蒙古，确认云丹嘉措为三世达赖的转世灵童。第二年，蒙古军队护送云丹嘉措入藏，在热振寺出家。后到哲蚌寺，拜根敦坚赞为师，受沙弥戒。三十五年（1607），赴扎什伦布寺向四世班禅罗桑却吉坚赞求法。四十二年（1614），罗桑却吉坚赞在哲蚌寺为其授比丘戒。受戒后，就任哲蚌寺、色拉寺堪布。四十四年（1616），明神宗赐云丹嘉措“普持金刚佛”号、印信和僧官制服。不久，在哲蚌寺暴亡。后来被追认为四世达赖喇嘛。

〔9〕噶勒丹寺：即拉萨甘丹寺。

〔10〕阿旺罗卜藏嘉木磋：即五世达赖阿旺罗桑嘉措（1617～1682），意为善慧海，前藏琼结人，出生于贵族家庭。天启二年（1622）被迎入哲蚌寺坐床。五年，拜罗卜藏曲津为师，受沙弥戒。崇祯十年（1637）复从罗卜藏曲津受比丘戒，后任哲蚌寺、色拉寺赤巴。十四年（1641），其与班禅商量，请固始汗率兵入藏，推翻了第巴藏巴汗政权，建立了噶丹颇章政权。十五年（1642，清崇德七年），固始汗与达赖、班禅派使臣前往盛京（今辽宁沈阳）与皇太极通好。清顺治元年（1644），清廷派使臣到拉萨，敦促达赖入京觐见。达赖派人入京朝贺，进献土仪。九年（1652），达赖率领班禅和固始汗代表入京觐见，第二年返回。

行至代噶地方时，接到顺治帝的册封和金印、金册。金印全文为“西天大善自在佛所领天下释教普通瓦赤喇怛喇达赖喇嘛之印”。

〔11〕崇结：即琼结。

〔12〕罗卜藏林沁仓洋嘉木磋：即六世达赖仓央嘉措（1683～1706），全称罗桑仁钦仓央嘉措，意为梵音海，西藏门隅宇松人。五世达赖于康熙二十一年（1682）圆寂后，第巴桑结嘉措匿丧不报达十多年。康熙二十二年（1683），桑结嘉措秘密在门隅找到了五世达赖的转世灵童仓央嘉措，并安置在家乡居住。康熙三十二年（1693），康熙在平定准噶尔噶尔丹叛乱后始得知五世达赖圆寂的消息，遂对桑结嘉措严厉斥责。桑结嘉措在宣誓效忠朝廷后，康熙并未深作追究，并准许仓央嘉措正式坐床。仓央嘉措在浪卡子随五世班禅出家，受沙弥戒。康熙三十六年（1697），仓央嘉措被迎入布达拉宫正式坐床。康熙四十年，拉藏汗继承和硕特蒙古部汗王位，与第巴桑结嘉措矛盾日益恶化，最终导致流血冲突，康熙四十四年桑结嘉措兵败被杀。事后，拉藏汗向朝廷奏报，称仓央嘉措为“假达赖”，行为放荡，请予以废黜。鉴于桑结嘉措的原因，康熙采纳了拉藏汗的意见，下令将仓央嘉措解送到京城。康熙四十五年仓央嘉措应诏进京，卒于青海湖畔（一说卒于阿拉善）。

〔13〕蒙巴：即门巴、门隅、门域，在今西藏错那等县，为门巴族聚居地。

〔14〕罗布藏噶勒桑嘉木磋：即七世达赖格桑嘉措（1708～1757），意为贤劫海，理塘恰马地方人。康熙四十九年（1710），被认定为仓央嘉措转世灵童。五十三年（1714），在理塘寺出

家。第二年被迎至青海塔尔寺供养。五十九年(1720),康熙皇帝正式册封为达赖喇嘛,并派军护送到拉萨坐床。五世班禅为其授沙弥戒,并取法名格桑嘉措。雍正五年(1727),五世班禅授比丘戒。六年,前往康区,移居噶达(今康定西北)惠远庙。十三年(1735),清军再次护送其返回拉萨。乾隆十四年(1749),与六世班禅建立了师徒关系,为六世班禅讲经。十五年(1750),采取果断措施,迅速平定了珠尔默特那木札勒的叛乱。十六年(1751),清政府制定了《善后章程十三条》,废除了郡王掌管西藏地方政权的制度,成立噶厦政府,授权七世达赖掌管西藏地方政权。

〔15〕罗藏丹碑旺楚克江巴尔嘉木磋:八世达赖喇嘛强白嘉措(1758~1804),意为妙吉祥海,拖布加拉日岗(今西藏南木林县境内)人。乾隆二十七年(1762)被认定为达赖转世灵童,并迎至布达拉宫坐床。三十六年(1771)从六世班禅受沙弥戒,四十二年(1777)复从六世班禅受比丘戒。四十六年(1781),奉旨亲政,原摄政王受命协理政务。五十三年(1788),廓尔喀入侵,八世达赖协助福康安等平息廓尔喀战乱。五十七年(1792),与福康安、班禅等共同议定《藏内善后章程二十九条》。

〔16〕刻珠尼玛绰尔济伽勒布格尔:即克朱杰(1385~1438),格鲁派早期代表人物。明洪武十八年(1385)生于后藏拉堆多堆(今西藏昂仁县境内),本名格勒贝桑,幼年在萨迦寺出家。明建文三年(1401),赴昂仁寺辩经获胜,名噪一时。永乐五年(1403),经仁达瓦推荐,正式拜宗喀巴为师,改信格鲁派,并积极协助宗喀巴弘扬格鲁派教法。宣德七年(1432),第二任甘丹赤巴贾曹杰逝世后,克朱杰继任为第三任甘丹赤巴。

僧众尊称其与宗喀巴、贾曹杰为“杰耶赛松”(意为师徒三尊)。后被追认为一世班禅。和注谓克朱杰“生于明正统十年乙丑”,当误。

〔17〕珠拜旺曲索诺木绰尔济朗布:即索南确朗(1439~1504),格鲁派早期代表人物,明正统四年(1439)生于恩萨(日喀则市境内),幼年在甘丹寺出家,后离开甘丹寺,返回恩萨的安贡寺,招收僧徒,传习格鲁派教法。被追认为二世班禅。

〔18〕结珠拜旺曲罗布藏敦玉珠巴:即罗桑丹珠(1505~1566),格鲁派早期代表人物,恩萨人,与二世班禅同族。正德十一年(1516)在拉仁寺出家,后来云游后藏各地,弘扬格鲁派教义,晚年在安贡寺闭关静修,著有《恩萨全集》。被追认为三世班禅。

〔19〕罗卜藏绰尔济嘉勒参:即四世班禅罗桑曲结坚赞(1567~1662),俗名曲结巴丹桑布。兰伦热布(今西藏日喀则西)人,万历十年(1582)在安贡寺出家,十一年(1583)被认作为罗桑丹珠的转世灵童并在安贡寺坐床,十四年(1586)前往扎什伦布寺学经,十九年(1591)拜扎什伦布寺第十四任赤巴丹曲益培为师,受比丘戒。此后,前往甘丹寺辩经,获“大德”称号。二十九年(1601)返回扎什伦布寺任第十六任赤巴,创立扎什伦布寺大祈愿法会。四十二年(1614)为四世达赖云丹嘉措授比丘戒。四十四年(1616),四世达赖圆寂后格鲁派遭受压制,罗桑曲结坚赞赴拉萨任哲蚌寺和色拉寺赤巴,主持佛教事宜。天启二年(1622),罗桑曲结坚赞主持了五世达赖寻认、受戒、坐床诸事,为五世达赖之师。崇祯十年(1637),罗桑曲结坚赞与五世达赖罗桑嘉措密议,引固始汗部入藏,消灭

藏巴汗，推翻了噶玛地方政权，建立了噶丹颇章地方政权。清崇德七年(1642)，五世达赖、四世班禅、固始汗派使者到盛京拜见清太宗。顺治元年(1644)，使者返回拉萨。二年(1645)，固始汗授予罗桑曲结坚赞为“班禅博克多”。四年(1647)，清朝派使者封罗桑曲结坚赞为“金刚上师”。八年(1651)，清朝邀请四世班禅和五世达赖进京，班禅因年老体弱谢辞。第二年五世达赖入京觐见。康熙元年(1662)，罗桑曲结坚赞在扎什伦布寺圆寂。

〔20〕太宗文皇帝：即皇太极。

〔21〕班禅罗布藏伊喜：即五世班禅罗桑益喜(1663～1737)，后藏拖布加珠仓(今西藏南木林境内)人。出生后不久便被接到拖布加附近的南多颇章寺，认定为四世班禅的转世灵童。康熙六年(1667)，被迎至扎什伦布寺坐床，师事五世达赖。三十六年(1697)，为六世达赖之师，主持授戒仪式。六世达赖被废后，又主持拉藏汗所立的意喜嘉措受戒诸事。康熙多次邀请其进京，因未出天花等原因，终未成行。五十二年(1713)，康熙册封其为“班禅额尔德尼”。五十六年(1717)。准噶尔部侵扰西藏时，曾到达木地方调停。五十九年(1720)，主持七世达赖受戒、命名诸事。雍正六年(1728年)，清政府将后藏拉孜、昂仁、彭措林等地划归其治理，开班禅活佛系统在西藏掌管直辖地区的先河。乾隆二年(1737)圆寂。

〔22〕班禅哲布尊巴勒丹伊喜：即六世班禅巴丹益喜(1738～1780)，后藏香地扎西孜(今西藏南木林境内)人。乾隆五年(1740)被认定为五世班禅的转世灵童，第二年被迎入扎什伦布寺坐床。十四年(1749)，前往布达拉宫，拜七世达赖为师。

三十年(1765),颁赐金册、金印。四十五年(1780)七月到达热河,觐见皇帝。班禅一行受到了乾隆皇帝的热情和高规格接待,专门为其修建了须弥福寿寺。后在北京黄寺圆寂。

〔23〕高宗纯皇帝:即乾隆皇帝。

〔24〕第七辈:即班禅丹白尼玛(1782~1853),后藏巴浪节雄(今西藏仁布县境内)人。乾隆四十九年(1784)被迎入扎什伦布寺坐床,并拜八世达赖为师。

拟北山之二圣〔1〕,化西土于千载也〔2〕。《魏书》:僧法度、法绍,游学北山,综习三藏〔3〕,灵迹异事,皆得见闻于世,时号北山二圣云。

【注】

〔1〕这两句意为:犹如北山二圣,教化西藏千百年。拟:模拟,效仿。北山之二圣:《高僧传》卷八:"释法度,黄龙人。少出家,游学北土,备综众经,而专以苦节成务……时有沙门法绍,业行清苦,誉齐于度,而学解优之,故时人号曰'北山二圣'。"《魏书》未见所引。

〔2〕化:教化。西土:西方,这里借指西藏。千载:千年,极言时间久长。

〔3〕三藏:佛教经典的总称,分经、律、论三部分。经,总说根本教义;律,记述戒规威仪;论,阐明经义。

于是金妆宝像〔1〕,玉缀珠联〔2〕。

【注】

〔1〕这段总叙藏传佛教寺庙供奉的各种佛像。这两句意为:于是用黄金装饰各种宝像,并杂以玉石、珍珠。金妆:涂金,饰金。宝像:佛的画像、塑像。

〔2〕缀:连接。

示相如来〔1〕**,本今皆觉**。《道院集》〔2〕:“本觉为如,今觉为来也。”

【注】

〔1〕这两句意为:佛显种种化身,本今皆觉悟。

〔2〕《道院集》:三卷。宋代晁迥(明道)著,为有关佛教教理的随笔集。原名为《道院集》,有十五卷。元祐年中王古编纂为三卷,而改名为《道院集要》。

现身菩萨〔1〕**,普济为缘**〔2〕。《释典》:菩,普也;萨,济也,言能普济众生。

【注】

〔1〕这两句意为:化身菩萨,普渡救济世间有缘人。

〔2〕普济:普渡救济。

拈花仗剑之殊观〔1〕**,金刚救度**〔2〕;金刚力士皆怒目仗剑〔3〕,若救度佛母则拈花善相也〔4〕。**五台二嵋之异**

品〔5〕**，曼殊普贤**〔6〕。五台清凉山文殊菩萨、四川峨眉山普贤菩萨。

【注】

〔1〕这两句意为：金刚力士与救度佛母一个拈花微笑，一个仗剑而立，表现出不同的形态；曼殊菩萨与普贤菩萨，一个在五台山，一个在峨眉山，呈现出不同的形象。拈花：手中拿着花枝。仗剑：手中持着宝剑。殊：不同，差异。

〔2〕金刚：即金刚力士，佛的侍从力士，也称密迹金刚或执杖药叉，其形貌往往恐怖，且手执刀剑。救度：即救度母，也称度母，梵语作“多罗母”，为藏传佛教中最美丽、最慈悲的女神。

〔3〕怒目：生气瞪着眼睛的样子。

〔4〕善相：相貌和善。

〔5〕五台：即五台山，在今山西北部，为文殊菩萨的道场。二嵋：即峨眉山，为普贤菩萨的道场。

〔6〕曼殊：即文殊菩萨，与普贤菩萨常侍于佛左右。

德木楚克〔1〕**，乃阴阳之秘密；**阴阳佛也〔2〕。**雅满达噶，实心性之真筌**〔3〕。护法佛也。

【注】

〔1〕这两句意为：德木楚克是密不示人的阴阳佛，雅满达噶是守护心灵真谛的护法佛。

〔2〕阴阳佛：即胜乐佛，也称双身佛，阴阳双修的大威德怖

畏金刚佛像，一般造型为六面、六臂、三目，持种种法器，髑髅为缨络，头冠虎皮裙，遍身焰燃，异常忿怒，怀抱阴体。这是藏传佛教中特有的一种佛像。

〔3〕心性：性情。真筌（quán）：即真诠，真谛。

桑堆满座〔1〕，安乐佛也。**天王接肩**〔2〕。天王之像最多异品。

【注】

〔1〕这两句意为：满座都是安乐佛，天王神像比肩接踵。

〔2〕天王：佛教称护法神为天王。接肩：肩膀接着肩膀，形容众多。

盖奇颜谲状〔1〕**，累万盈千**〔2〕**，名不可以殚述**〔3〕**，义不可以言传也**〔4〕。

【注】

〔1〕这四句意为：奇特怪异容颜和形态的佛像，成千上万，他们的名字不能够叙述完，也不能把每尊佛像的意义都说清楚。奇颜：奇异的容颜。谲（jué）状：怪异的形状。

〔2〕累万盈千：极言众多。累，累积。盈，超出，超过。

〔3〕殚（dān）述：详尽描述。

〔4〕言传：用言语表达。

其寺则两招建自唐朝[1]**,丰碑矗矗**[2];西藏番王传七世至绰尔济松赞噶木布[3],迎唐公主为妻[4]。又迎巴勒布王鄂特色尔郭恰之女拜木萨为妾[5]。唐公主带来释迦牟尼佛像[6],拜木萨带来墨珠多尔济佛像,藏王择地兴建大招供奉之。大招门前有唐德宗时和亲盟碑,字迹尚真,碑文载入《通志》[7]。**万善兴于公主**[8]**,古柳娟娟**[9]。大招前有古柳二株,相传植[一]自唐时。

【校】

〔一〕植,榕园本作“值”,误。

【注】

〔1〕此段描写西藏的寺庙。这两句意为:大昭寺、小昭寺建自唐朝,丰碑矗立至今;种种教化都肇端于文成公主,公主手植的柳树至今摇曳多姿。两招:即大昭寺和小昭寺。

〔2〕丰碑:高大的石碑,这里指唐蕃会盟碑,亦称长庆会盟碑、甥舅和盟碑,在大昭寺门前。唐穆宗长庆元年(821)至二年唐蕃互派和盟专使先后在长安、拉萨会盟,史称长庆会盟,亦称甥舅会盟。三年(823),唐王朝在长安、吐蕃赞普墀祖德赞在拉萨大昭寺门前树碑纪念,将盟文刻石,以垂永久。长安石碑已经湮没,拉萨石碑尚存。碑身呈方柱形,上有石帽,碑四周有汉藏两体文字,记载着唐蕃友好关系简要历史和此次会盟经过及其意义。矗(chù)矗:高峻的样子。

〔3〕绰尔济松赞噶木布:即松赞干布(617? -650),吐蕃

赞普,也作弃宗弄赞、器宗弄赞、器宋弄赞、弃苏农赞等。唐贞观三年(629),松赞干布继位后,诛戮叛臣,先后征服了达布、工布、娘布、苏毗等部,最后兼并了象雄,完成了吐蕃区域性统一,建立了吐蕃王朝。贞观十四年(640),松赞干布派大臣禄东赞到唐朝求婚。十五年(641),唐太宗派江夏王、礼部尚书李道宗护送16岁的文成公主入吐蕃。松赞干布亲到柏海迎亲并穿起唐朝所赠的附马吉服,向李道宗行子婿礼。唐高宗李治继位后,授松赞干布"附马都尉",封爵"西海郡王",晋封为"賨王",并刻像护卫唐太宗昭陵旁。永徽元年(650年),松赞干布在拉萨去世。

〔4〕唐公主:即文成公主(625~680)。文成公主入藏时,带去了诗文、经史、农事、医药、天文、历法等书籍,谷物、蔬菜、果木种子以及各种精美的手工艺品,还带去了各种技术工匠和一支宫廷乐队。文成公主入藏后,松赞干布又派遣贵族子弟入唐朝太学学习,请唐朝给予蚕种以及酿酒、制墨、造纸等工匠。

〔5〕巴勒布:即尼泊尔。拜木萨:即赤尊公主。

〔6〕释迦牟尼佛像:即释迦牟尼十二岁等身像,现存于大昭寺。

〔7〕真:这里指清晰、清楚。通志:或即《卫藏通志》。

〔8〕万善:一切善事。

〔9〕古柳:即唐柳,也称公主柳。相传是文成公主将皇后在长安灞桥赐的柳枝带到西藏,亲自种在大昭寺周围。娟娟:姿态柔美的样子。

填海架梁[1]**，西开梵宇**[2]**；**《经簿》：拉萨地乃海子也[3]。唐公主卜此地为妖女仰面之形，海子乃妖女心血，是为海眼，须将海眼填塞，上修庙宇如莲花形，乃得吉祥。藏王遂兴工将海子四面用石堆砌。海眼中忽现出石塔三层，用石抛击，然后用木接盖，其空隙处，熔铜淋满，海眼平涸。时有龙王献洋船式样[一]，用石堆之，大招始成，至今一千八百四十馀年。坐东向西，楼高四层，上有金殿五座，阑干瓦片皆铜胎溜金[4]。左廊下有唐公主、藏王松赞噶木布及巴勒布王之女拜木萨之像。东南隅有甲噶尔僧拜拉木像[5]。燃灯供奉[6]，神灵赫奕[7]，番人敬畏之。内藏古军器，鸟枪有长八九尺至一丈者[8]，弓鞁箭袋亦甚长大[9]。殿内有明万历时太监杨英[二]所立碑[10]。庙前壁上绘唐玄奘法师取经师弟[三]四人像。**背山起阁**[11]**，东望云天**[12]。小招在大招北半里许，地名喇木契，坐西向东，背布达拉，楼高三层，上有金殿一座，唐公主建。公主悲思中国，故东向。内供墨珠多尔济佛。或云内有塑像，乃唐公主肉身。座上书"默寂能仁"四字。

【校】

〔一〕样，原作"搽"，他本多作"様"，据改。

〔二〕英，《拉萨文物志》录杨英碑文作"瑛"。

〔三〕弟，图考本作"徒"。

【注】

〔1〕这两句意为:填平海眼,架起房梁,向西修建了大昭寺;背对大山,建起楼阁,向东遥望云天。填海架梁:填平海眼,架起房梁,这里指文成公主主持修建大昭寺。

〔2〕西:西向,面向西。梵宇:佛寺。

〔3〕海子:湖。

〔4〕阑干:栏杆。铜胎:即以铜制坯。溜金:即鎏金,用金汞合金制成的金泥涂饰器物的表面,经过烘烤,汞蒸发而金固结于器物上的一种传统工艺。

〔5〕甲噶尔:即印度。拜拉木:即莲花生,古印度僧人,应吐蕃赞普赤松德赞之请入藏弘法,与后入藏的寂护建起了西藏第一座寺庙桑耶寺。莲花生是吐蕃时代的密教大师,培养造就许多人才,如知名译师虚空藏、佛智、遍照等。西藏佛教宁玛派以其为“祖师”。

〔6〕燃灯:点燃灯烛。大昭寺前有长明酥油灯,气势蔚为壮观。

〔7〕赫奕(hè yì):光辉炫耀的样子。

〔8〕鸟枪:即火枪。

〔9〕靫(chá),箭袋,这里当指弓衣。

〔10〕万历:明神宗年号,1573 年至 1620 年。杨英:也作杨三保、杨瑛,明万历时宦官,曾三次宣使西藏。其在拉萨时,于大昭寺神殿正中立有石碑,即《明太监杨英碑》。碑阴刻有杨英以下 126 人名姓。碑当立于永乐年间,和宁作万历时则误。

〔11〕背山:背对大山。起阁:修建楼阁,这里指文成公主主持修建小昭寺。

〔12〕云天：云霄，高空。

鸟革翚飞〔1〕，范金作瓦〔2〕；殿上金瓦光辉夺目。**莲花地涌〔3〕，罘铁为帘〔4〕。**门前挂铁网以为帘。

【注】

〔1〕这两句意为：宫殿屋檐上翘，像鸟儿振翅高飞，屋顶上用的都是金瓦；地上涌现莲花，门前挂着铁网门帘。鸟革：泛指鸟的羽毛。翚（huī）飞：挥动，飞舞。翚，同“挥”。

〔2〕范金：以模子浇铸金属。

〔3〕莲花地涌：即地涌莲花，谓地面上到处都是莲花，为莲花世界。布达拉宫西平措殿有乾隆二十五年御赐“涌莲初地”牌匾。

〔4〕罘（fú）铁：以铁为罘，即铁网。罘，泛指狩猎用的网。

不尽灯〔1〕，铜缸酥点〔2〕；无寻香，鹊尾螺煎。

【注】

〔1〕这两句意为：佛像前点满了用铜缸供奉的长明酥油灯，宫殿内缭绕着藏香的香味。不尽灯：即长明灯。西藏寺庙中的长明灯多燃酥油。

〔2〕铜缸：用来贮存酥油。《西藏志・寺庙》：大昭寺内“神佛万计，皆用大铜缸贮酥油点灯为供。”

禅关寂寂[1]**，梵呗渊渊**[2]。

【注】

〔1〕这两句意为：禅院寂静，诵经嘤嘤。禅关：禅门，禅院。寂寂：极言寂静，安静。

〔2〕梵呗(bài)：佛教作法事时念诵经文的声音。渊渊：深沉庄严。

佛心无漏于恒沙[1]**，奚止九百六十**[2]；《佛书》：心窍九百六十，毛孔八万四千。**法会皈依于狮座**[3]**，能容三万二千**。每年孟春集喇嘛三万馀众在大招诵《摩罗木经》[4]，名曰攒招。〇《维摩经》[5]："舍利佛来见，其室中无有床坐。维摩现神通力，须弥灯王遣三万二千狮子座来入维摩方丈室。"

【注】

〔1〕这两句意为：佛心断绝一切烦恼犹如恒河之沙，何止九百六十；大法会上僧俗皈依，能容纳三万两千之众。佛心：谓佛的大慈大悲之心。无漏：谓涅槃、菩提和断绝一切烦恼根源之法。与"有漏"相对。恒沙：恒河岸边的沙子，比喻极多。

〔2〕奚：疑问代词，哪里。止：止于，以之为止。

〔3〕法会：佛教为说法、供佛、施僧等所举行的各种宗教仪式和集会，这里指攒招法会。明永乐七年(1409)藏历正月初一，在被明朝册封为阐化王的扎巴坚赞等资助下，宗喀巴效仿释

迦牟尼法会形式在拉萨大昭寺发起大祈愿法会。藏语称莫郎钦波,也称攒招法会。法会为期15天。宗喀巴每天都向僧众讲解一段释迦牟尼本生传;众多高僧大德在法会上讲经布道,万名僧人齐声诵经祈祷,大批信徒香客赶来观礼布施。此后,祈愿大法会相沿成习,成为藏传佛教最重要的法事活动。五世达赖时期,大法会规模更加宏大,内容更加丰富,时间为藏历正月初三至二十四,共21天。皈(guī)依:佛教的入教仪式,表示对佛、法、僧三者归顺依附,故也称"三皈依"。狮座:即狮子座,佛所坐之处,借指佛教、佛门。《大智度论》卷七:"佛为人中狮子,佛所坐处若床若地,皆名狮子座。"

〔4〕孟春:春季的第一个月,农历正月。

〔5〕《维摩经》:即《维摩诘经》,吴支谦译。

尔乃桑鸢色拉〔1〕**,别蚌甘丹**〔2〕,前藏四大寺也。桑鸢寺在拉萨山南行二日萨木叶地方〔3〕。唐时藏王绰尔济松赞噶木布之第五世孙名绰尔济赤松特赞〔4〕,欲修礼玛正桑庙〔5〕,赴甲噶尔延请班第达〔6〕,择地兴修,未成。复令藏地能习经咒之人赴甲噶尔请祖师巴特玛萨木巴娃降收妖邪〔7〕。在萨木叶地方斩毒蛇五条,池水尽赤。乃仿照甲噶尔阿兰达苏里庙宇式样〔一〕修造五顶四面八方〔8〕,以象星宿。后有噶瓦拜勒孜觉啰累嘉木磋等数千人,教化大行,修立十二处大寺,安设喇嘛道士诵经,至今一千四十三年。又《旧志》载桑鸢寺楼阁经堂与大招相似〔9〕,内供关圣帝君像〔10〕。相传唐以前,其方多鬼怪为害，人民不安。帝君显圣除之，人始蕃息[11]。番民奉祀，尊号曰草塞结波。○色拉寺在拉萨北十里色拉山，宗喀巴建。因其弟子甲木庆绰尔济沙克伽伊喜明时入中国为禅师[12]，赐物甚盛。还藏后，宗喀巴令其在色拉山建立大寺。所供佛像系旃檀香雕刻释迦[二]牟尼佛、十八罗汉及诸佛像[13]。其寺依山麓建金殿三座，层楼高耸。寺中供降魔杵一[14]，长不足二尺，头如三棱锏，其上状如人头。唐古特语名多尔济，相传为飞来者。汉人呼为飞来杵。岁一出巡，番众朝礼。其寺堪布喇嘛珍之[15]。○别蚌寺本名布赖蚌寺，布达拉西二十里，依北山麓。宗喀巴之弟子札木洋绰尔济札什巴勒丹在聂乌地方居住[16]，梦神人语以此地宜修寺院，赐与五千徒众，现出无量水泉数处[17]。觉而告其师。宗喀巴乃令修寺。有聂乌富户那木喀桑布出资施建庙宇，又修郭莽等七处札仓[18]，乃蒙古、吐蕃、西番各土司、布尔哈等处凡出世之呼毕勒罕及远近大小喇嘛初学经者皆聚处于此[19]。○甘丹寺本名噶勒丹寺，在拉萨东五十里噶勒丹山[20]，其形势与布达拉略同，其经楼、佛像与大招略同，乃宗喀巴坐床之所，示寂于噶勒丹寺弥勒前[21]，为黄教发源之地。黄教堪布主之。**垂仲神巫[22]，木鹿经坛[23]**。垂仲殿，一名噶玛霞寺，大招东半里许。寺内塑神像，狰狞恶煞。内居护法，喇嘛装束，仍娶妻生子，世传其术。乃中国之巫类也。每月初二、十六下神，头戴金盔，上插鸡羽，高二三尺，背插小旗五面，周身以白哈达结束[24]，足穿虎皮靴[三]，手执弓刀，坐法坛。番人叩问吉凶，托神言判断祸福。出则从人装束鬼怪，执旗幡、鸣鼓钹导之。亦有女人为之者。最为唐古特敬信。○木鹿寺在大招之北，小招之东，楼高四层，又名经园，刊刷藏经[四][25]，颁行各处，悉取给于此焉。

【校】

〔一〕样，原作“搽”，他本多作“様”，据改。

〔二〕迦，榕园本作“家”，误。

〔三〕靴，榕园本作“鞋”。

〔四〕藏经，榕园本、元尚居本作“经藏”。

【注】

〔1〕这四句意为：前藏有桑耶寺、色拉寺、哲蚌寺、甘丹寺等四大寺，还有护法喇嘛修行的垂仲殿和印经的木鹿寺。桑鸢：即桑耶寺，在札囊县雅鲁藏布江北岸，临近吐蕃赞普冬宫所在地扎玛宫。唐大历十四年(779)建成，是西藏建造的第一座剃度僧人出家的佛教寺院。由赤松德赞亲自主持奠基修建，赐名为“贝扎玛桑耶敏久尔伦吉主贝祖拉康”，意为“吉祥红岩思量无际不变顿成神殿”。印度佛教僧人寂护和莲花生仿印度的奥坦陀布黎寺形制，设计修建此寺。主殿三层象征须弥山；四方有四殿，象征四大洲；四殿又各有两配殿，象征八小洲；主殿之南北两处又各建一殿，象征日、月二轮；主殿四角建有白、青、绿、红四色舍利塔，象征

四大天王;外有垣墙围绕,象征铁围山。主殿为金顶三层楼阁,内部结构分别具有藏(下)、汉(中)和印度(上)三种建筑式样和雕塑风格,因此也有“三样寺”之称。色拉:藏传佛教格鲁派重要寺院,与哲蚌寺、甘丹寺合称拉萨三大寺,位于拉萨北郊色拉乌孜山南麓。明永乐十二年(1414),宗喀巴派弟子绛钦却杰释迦也失(1352~1435)代表其入京觐见明成祖。十三年,封释迦也失为“西天佛子大国师”。十七年(1419)释迦也失遵照宗喀巴意旨主持兴建了色拉寺。宣德九年(1434)该寺落成后,释迦也失再次入京觐见明宣宗,受封为“大慈法王”。色拉寺殿堂建筑宏伟,屡经扩建,由措钦大殿、结巴、麦巴、阿巴等三个“札仓”、三十个康村组成。其全盛时期僧人定额为5500人,仅次于哲蚌寺。

〔2〕别蚌:即哲蚌寺,全称吉祥米聚十方尊胜洲,在拉萨西郊根培乌孜山南麓,拉萨三大寺之一,格鲁派最大的寺院。明永乐十四年(1416),宗喀巴弟子绛央却杰主持修建,建成后自任第一任堪布。由最初的7个弟子,分别形成该寺7个札仓,后来发展为格鲁派实力最雄厚的寺院。最盛时期寺僧编制为7700人,拥有141个庄园与540多个牧场。哲蚌寺西南角的甘丹颇章是嘉靖九年(1530)左右由二世达赖根敦嘉措主持修建的。原为二、三、四、五世达赖住地。五世达赖受清朝册封后,始由甘丹颇章移住布达拉宫,历世达赖喇嘛皆以哲蚌寺为母寺。甘丹:即甘丹寺,也作噶勒丹寺,全名喜足尊胜洲,意为兜率天极乐寺。该寺位于拉萨东达孜县境内旺古尔山山坳里,为格鲁派六大寺院之首,也是格鲁派的第一座寺院。明永乐七年(1409)格鲁派创始人宗喀巴在帕竹地方政权贵族仁钦贝、仁钦伦布父子的资助下主持兴建。宗喀巴的灵塔建于寺内。该寺住持,称甘丹赤巴,宗喀巴首座弟

子贾曹杰接替宗喀巴法位,为首任甘丹赤巴。其后,每七年一任。甘丹赤巴名义上是甘丹寺座主,实际上是格鲁派教主的地位。

〔3〕萨木叶:地名,在今西藏山南扎囊县雅鲁藏布江北岸的扎玛山麓。

〔4〕绰尔济赤松特赞:即吐蕃著名赞普赤松德赞(742～797),也作苏农猎赞、乞立赞,唐天宝十四年(755)即位。上元二年(761)废除禁佛令,大历九年(774)派人应请印度高僧寂护、莲花生入蕃传法,大历十四年(779)建成桑耶寺。在位时,促成了清水会盟,并互派使者在逻娑及长安会盟。

〔5〕修礼:施行礼教。

〔6〕延请:邀请。班第达:也作班智达,称精通大小五明的学者。

〔7〕巴特玛萨木巴娃:当即莲花生大师。

〔8〕阿兰达苏里庙宇:当即印度高翔寺。吕澂《印度佛学源流略讲》第六讲第三节:"(寂护)建立了佛教大庙'桑耶寺',寺的规模是模仿印度高翔寺的图样(印度除那烂陀、超行等大寺外,还有许多大寺,高翔即是其一)。"式样:样式,图样。

〔9〕旧志:即《西藏志》。乾隆五十三年(1788),和宁在成都得到《西藏志》抄本,遂将其刊印。五十七年(1792)季春,和宁又为《西藏志》作序。

〔10〕关圣帝君:即关羽。

〔11〕蕃息:滋生众多。

〔12〕甲木庆绰尔济沙克伽伊喜:即释迦也失(1352～1435),明封西藏三大法王之一,宗喀巴八大弟子之一。明永乐六年(1408)、十二年(1414),明廷两次遣使召宗喀巴进京,宗喀

巴皆因故未能应召。十二年,宗喀巴派弟子释迦也失代表其进京。十三年(1415)四月,永乐帝封释迦也失为"妙觉圆通慈惠普应辅国显教灌顶弘善西天佛子大国师"。十四年(1416)返回西藏,十七年(1419)主持修建了色拉寺。宣德九年(1434),释迦也失再次入朝,受封为"大慈法王"。中国:即中原。

〔13〕旃檀(zhān tán)香:即檀香木。十八罗汉:佛教称佛的上足弟子为罗汉。十八罗汉是指佛教传说中十八位永住世间、护持正法的阿罗汉,由十六罗汉加二尊者而来,均为释迦牟尼的弟子。

〔14〕降魔杵(chǔ):佛教法器,佛寺中金刚塑像手执的一种棒状武器。

〔15〕堪布:藏传佛教中僧官名,寺院或扎仓的主持人。

〔16〕札木洋绰尔济札什巴勒丹:即绛央却杰(1379~1449),宗喀巴的弟子,永乐十四年(1416)创建了哲蚌寺并担任了该寺的寺主,在该寺也创立了祈愿大法会。聂乌:地名,也作内邬。

〔17〕无量:广大不可计量。

〔18〕郭莽:哲蚌寺札仓名。札仓为学经院,是藏传佛教寺院内的分堂。

〔19〕呼毕勒罕:蒙古语化身的意思,即转世活佛。《钦定大清会典》卷八十:"凡喇嘛道行至高者曰胡图克图,转世者曰胡毕尔汗。"清魏源《圣武记》卷五:"宗喀巴初习红教,既深,观时数当改立教,即会众,自黄其衣冠,遗嘱二大弟子,世世以呼毕勒罕转生,演大乘教。呼毕勒罕者,华言'化身'也。"

〔20〕噶勒丹山:即旺古尔山,在达孜县境内,拉萨河南岸,

南北走向，稍微偏东。

〔21〕示寂：称佛菩萨及高僧身死。寂即梵语“涅槃”的意译。言其寂灭乃是一种示现，并非真灭。弥勒：即弥勒佛，大乘菩萨。《弥勒下生经》说他将从兜率天下凡，在龙华树下继承释迦牟尼而成佛。

〔22〕垂仲：也作吹忠，意为护法神，号护法喇嘛，服装与喇嘛同，能施行法术，会通神意。灵童转世最早便是由垂仲指定的，垂仲一职又为世袭，使得指认灵童时弊端丛生，甚至导致战争。乾隆五十八年（1793），为杜绝垂仲妄指之弊，设立了金瓶掣签制度。垂仲殿为垂仲所居，位于西藏拉萨城东部。

〔23〕木鹿：在拉萨市区东北部，也作木如寺，现为西藏佛教协会印经院。

〔24〕结束：装扮，收拾。

〔25〕刊刷：刊刻印刷。

沙弥班第〔1〕，尊者阿难〔2〕。

【注】

〔1〕这两句意为：寺庙里僧人众多，有小和尚，有大学者，有尊者，有阿难。沙弥：即小和尚，指七岁以上、二十岁以下依戒律出家，已受十戒，但未受具足戒的男性修行者。班第：班第达的简称。

〔2〕尊者：梵语“阿梨耶”的意译，泛指具有较高的德行、智慧的僧人。阿难：即阿难陀，梵语音译，意为欢喜、庆喜。为释迦

牟尼十大弟子之一,斛饭王之子、释迦牟尼之从弟。二十五岁出家,随侍释迦牟尼二十五年,长于记忆,称多闻第一。

骈头猡狱〔1〕,钉坐团圞〔2〕。

【注】

〔1〕这两句意为:僧人们头挨着头弯腰行走,围坐一圈打坐。骈头:头挨着头,两两相并。猡狱(luó fú):佝偻着腰行走。

〔2〕钉坐:谓打坐。钉,固定。团圞(luán):团栾,围成一圈。

醍醐夕瓮〔1〕,麸𪎊〔一〕朝盘〔2〕。

【校】

〔一〕赻,图考本作“麨”

【注】

〔1〕这两句意为:僧人们早晚吃糌粑,喝酥油茶。醍醐(tí hú):从酥酪中提制出的油,这里指酥油茶。瓮(wèng):一种口小腹大的陶制容器。

〔2〕麸𪎊(rè chǎo):麸同“热”。𪎊,用米、小麦等炒熟后磨成面做的干粮。黄沛翘《西藏图考》卷八《艺文考下·和宁西藏赋注》:“麸𪎊,音热沙,碎麦也。均出《释典》。”这里借指用炒

青稞磨制的糌粑。

礼雪岩之弥勒[1]**，拜海屿之旃檀**[2]。

【注】

〔1〕这两句意为：僧人们礼拜雪山、海岛上的佛像。礼：礼拜，朝拜。雪岩：雪山。

〔2〕海屿：海中岛屿。旃檀：借指佛像。

鏂锁阿闳[1]**，宝供珠龛**[2]；鏂锁，音钩锁，千佛名，见《贤愚经》。○阿闳，音初六切，出《字统》。《释典》：阿闳，佛名，见《释藏》。考《华严》、《弥陀经》："东方有阿闳鞞佛。"阿闳，此云无动。经云："有国名妙喜，佛号无动。"疏云："阿之言无，闳之言动。"又《法华经》云："其二沙弥，东方作佛，一名阿闳，在欢喜国。"经又云："一名须弥顶。"**玉耶阿魃**[3]**，雨集云昙**[4]。《释典》：《玉耶》，佛经名。又有《阿魃经》。

【注】

〔1〕这两句意为：千佛阿闳供奉在珠宝装饰的神龛里；寺院中满是《玉耶》、《阿魃经》等经书，如同聚集的云雨一样多。鏂锁：《康熙字典》："鏂，《字汇补》：音未详。鏂锁，千佛名，出《贤愚经》。"阿闳（chù）：即梵语阿闳鞞、阿闳婆音译，如来名，意为无动、不动、无嗔恚。《康熙字典》："闳，《集韵》：'初六切，音珿。

众在门中。'又《玉篇》:'众也。出《字统》,释典有阿閦。'《正字通》:'阿閦,佛名,见《释藏》。'按《华严经》、《弥陀经》:'东方有阿閦鞞佛。'音释云:'閦,初六翻。阿閦,此云无动。鞞,一作毘。又阿閦,净名。'经云:'有国名妙喜,佛号无动。'疏云:'阿之言无,閦之言动。'又《法华经》云:'其二沙弥,东方作佛。一名阿閦,在欢喜国。一名须弥顶。'"

〔2〕宝供:向神佛供献各种宝物。珠龛(kān):指珍宝装饰的神龛。

〔3〕玉耶:即《玉耶经》,一卷,东晋时天竺僧人昙无兰翻译。阿魃(bá):即《阿魃经》,大正藏中有《佛开解梵志阿魃经》。

〔4〕昙(tán):云彩密布的样子,这里形容众多。

莫不画花刻楮,镂蛤雕蚶[1];蛙噪牟尼[2],鳖语和南[3]。

【注】

〔1〕这两句意为:神龛装饰繁复,雕刻着各种精美的花纹;僧人们无不诵经,或高声辩经,或低声吟诵。画花刻楮、镂蛤雕蚶:都是形容过分地雕琢装饰。刻楮,《韩非子·喻老》:"宋人有为其君以象为楮叶者,三年而成。丰杀茎柯,毫芒繁泽,乱之楮叶之中而不可别也。"蛤、蚶,泛指贝壳一类的东西。

〔2〕蛙噪:青蛙无休止地叫,这里比喻不停地诵读经文。牟尼:借指经文或六字真言。

〔3〕鳖语:闷声说话。和南:佛教称稽首、敬礼为和南。

火宅居[1]，塞夷两两[2]；头陀住[3]，前后三三[4]。《番禺记》[5]："僧有室家者，名火宅僧。"《梵书》："优婆塞，善男也；优婆夷，善女也。"○无着问文殊众几何。曰前三三，后三三。盖九九八十一也。头陀者，抖擻也，言抖擻凡尘也。

【注】

〔1〕这两句意为：尘世间，善男信女成双成对；寺庙里，僧人成排成行。火宅：佛教语，多用以比喻充满众苦的尘世。《法华经·譬喻品》："三界无安，犹如火宅……众苦所烧，我皆拔济。"这里借指尘世间百姓住宅。

〔2〕塞夷：即优婆塞和优婆夷，指在家中奉佛的男子和女子，泛指信徒。两两：成双成对。

〔3〕头陀：即甩开衣服、饮食、住处等三种贪著的行法。修头陀行者要遵守十二条规则，叫做"十二头陀"。俗称行脚乞食的僧人为"头陀"，亦称行者。

〔4〕前后三三：宋楚圆集《汾阳无德禅师语录》卷中："文殊问无着：'南方如何住持？'着云：'末法比丘，少奉戒律。'云：'多少众？'着云：'或三百或五百。'无着却问：'此间如何住持？'殊云：'凡圣同居，龙蛇混杂。'云：'多少众？'殊云：'前三三，后三三。'"

〔5〕《番禺记》：元陶宗仪《辍耕录》卷六《梵嫂》："唐郑熊《番禺杂记》二：广中僧有室家者，谓之火宅僧。"则《番禺记》或即唐郑熊《番禺杂记》。宋陈振孙《直斋书录解题》卷八："《番禺

杂记》一卷,摄南海主簿郑熊撰。国初人也。莆田借李氏本录之,盖承平时旧书。末有‘河南少尹家藏’六字,不知何人也。”

衍六通之法〔1〕,僧肇谓:“骋〔一〕六通之神骥,乘五衍之安车。〔2〕”**播五印之谈**〔3〕。五印度,佛国名。唐扶诗云〔4〕:“沙弥去学五印字〔二〕,静女来〔三〕悬千尺〔四〕幡〔5〕。”

【校】

〔一〕骋,榕园本作“聘”,误。

〔二〕字,原作“度”,《全唐诗》卷四百八十八作“字”,据改。

〔三〕来,图考本作“未”。

〔四〕千尺,原作“手足”,《全唐诗》卷四百八十八作“千尺”,据改。

【注】

〔1〕这两句意为:传播六通大法,广播五印之学。衍:推衍,展衍,广为传播。六通:三乘圣者所得之神通,有六种,即天眼通、天耳通、他心通、宿命通、神足通、漏尽通,亦称六神通。这里泛指佛教学说。

〔2〕僧肇句:《文选》卷五十九《头陀寺碑》:“凭五衍之轼,拯溺逝川。”注:“《僧肇论》曰:骋六通之神骥,乘五衍之安车。五衍,五乘。天竺言衍,此言乘。五乘:一人,二天,三声闻,四辟支佛,五菩萨。”僧肇,东晋僧人,京兆人。家贫曾以佣书为业。

好老庄之学,但认为《道德经》“美则美矣,然栖神冥累之方,犹未尽善”。后读支谦译《维摩经》,欢喜顶受,因而出家。东晋隆安二年(398),鸠摩罗什至姑臧,肇不远千里,前往受业。后秦弘始三年(401),姚兴迎鸠摩罗什入长安翻译佛典,僧肇随行,并奉命与僧睿等参加译场。弘始八年(406),鸠摩罗什译完《大品般若经》后,僧肇将其参加翻译听讲之心得体会,写成《般若无知论》,深得鸠摩罗什赞赏。吉藏在所著《大乘玄论》卷三中将他提高到三论宗实际创始人的地位。

〔3〕五印:黄沛翘《西藏图考》卷八《艺文考下·和宁西藏赋注》:“按‘五印’当以《观自在经》五印心陀罗尼为解,所谓心印、身印、前印、后印、降魔印也。”

〔4〕唐扶:唐代诗人,字云翔,山西太原人,元和五年(810)进士,累佐使府,历任监察御史、刺史。大和元年(827)迁屯田员外郎,五年(831)充山南道宣抚使,转司勋郎中。八年(834)充弘文馆学士,判院事。九年转职方郎中,权知中书舍人。开成元年(836)正拜中书舍人,五月出为福建观察使,四年(839)十一月卒。和注所引诗为唐扶《使南海道长沙题道林岳麓寺》。

〔5〕静女:娴静的女子。《诗·邶风·静女》:“静女其姝,俟我于城隅。”毛传:“静,贞静也。女德贞静而有法度乃可说也。”

皆由创三身之偈诵〔1〕,《传灯录》:六祖曰:三身者,清净法身,汝之性也;圆满报身,汝之智也;千百亿化身,汝之行也。若悟三身〔一〕即名四智〔2〕。**启四大之伽蓝**

也[3]。《梵书》:《圆觉》以地、水、风、火为大,四大也。○《释氏要览》:梵语云伽蓝摩,此云众园。园者,生植之所,佛弟子居之,取生植[二]道木圣果之义。今考卫藏凡喇嘛所居名伽仓[4]。

【校】

〔一〕身,榕园本作“百”。

〔二〕植,榕园本作“值”,误。

【注】

〔1〕这两句意为:都是从领悟法身、报身、化身的偈诵开始,进而开启了四大寺院。三身:法身、报身、应身。法身又名自性身,或法性身,即常住不灭,人人本具的真性,不过我们众生迷而不显,佛是觉而证得;报身是由佛的智慧功德所成的,有自受用报身和他受用报身的分别,自受用报身是佛自己受用内证法乐之身,他受用报身是佛为十地菩萨说法而变现的身;应身又名应化身,或变化身,即应众生之机缘而变现出来的佛身。偈(jì)诵:即偈颂,佛经中的唱颂词。每句三字、四字、五字、六字、七字以至多字不等,通常以四句为一偈。

〔2〕四智:即四智心品,是菩提的四种德能,亦即佛的四种智慧。

〔3〕四大:地、水、火、风四者广大,造作生出一切物质,故名四大。《大方广圆觉修多罗了义经》谓:“我今此身四大和合。所谓发毛、爪齿、皮肉、筋骨、髓脑、垢色皆归于地,唾涕、脓血、津

液、涎沫、痰泪、精气、大小便利皆归于水,暖气归火,动转归风。四大各离,今者妄身。”伽蓝:即寺院。

〔4〕伽仓:即札仓,为学经院,是藏传佛教寺院内的分堂,多译为僧院。

若夫达赖之居于布达拉也〔1〕,唐吐蕃王绰尔济松赞噶木布好善信佛,头顶纳塔叶佛〔2〕,在拉萨山上诵《旺固尔经》,因名为布达拉。西藏番众瞻仰,每日焚香坐禅,入定,不思他往。唐公主同拜木萨恐有外侮,遂修布达拉,城垣上挂刀枪,以严防御。后因藏王莽松作乱〔3〕,经官兵拆毁,仅存观音堂一座〔4〕。至五辈达赖喇嘛掌管佛教兼理民间事务,修立白寨〔5〕。又有代办事务之桑结嘉木磋修立红寨〔6〕,又内外房屋、金殿佛像。重修至今,一百四十馀年。平楼十三层,盘磴而上,其上有金殿三座,下有金塔五座。西殿有宗喀巴手足印。世传〔一〕为达赖喇嘛坐床之所。**丰冠山之层硐**〔7〕,**奥转螺之架阁**〔8〕。

【校】

〔一〕传,元尚居本、图考本、八旗本皆无此字,当是。

【注】

〔1〕此段描写达赖喇嘛的起居生活。这三句意为:达赖喇

嘛居住在布达拉宫,碉楼林立,楼阁往复,交叉错落。若夫:句首语气词,用在句首或段落的开始,表示另提一事。

〔2〕头顶句:松赞干布头顶阿弥陀佛,人称“双头王”。

〔3〕莽松:即芒松芒赞,吐蕃赞普,松赞干布之孙。唐永徽元年(650年),松赞干布去世后,莽松继位,仪凤元年(676年)卒。

〔4〕观音堂:即布达拉宫圣观音殿,也称帕巴拉康。

〔5〕白寨:即五世达赖修建的布达拉白宫。

〔6〕桑结嘉木磋:即五世达赖之第巴桑结嘉措。红寨:即桑结嘉措修建的红宫。

〔7〕丰:丰富,繁多。冠山:借指蓬莱仙山。《列子》卷五《汤问》:“渤海之东不知几亿万里,有大壑焉……其中有五山焉:一曰岱舆,二曰员峤,三曰方壶,四曰瀛洲,五曰蓬莱……五山之根无所连著,常随潮波上下往还,不得暂峙焉。仙圣毒之,诉之于帝。帝恐流于西极,失群仙圣之居,乃命禺强使巨鳌十五举首而戴之。迭为三番,六万岁一交焉。五山始峙而不动。”层碉:层层碉楼。布达拉宫依山而建,错落有致。

〔8〕奥:幽深玄奥。转螺:形容布达拉宫台阶回旋转圜,盘绕而上。架阁:建造楼阁。

浩劫盘空[1],埤堄错落[2]。

【注】

〔1〕这两句意为:佛塔凌空,城墙交错。浩劫:佛塔的层级,

借指佛塔。盘空:绕空,凌空。

〔2〕埤堄(pí nì):城墙上呈凹凸形而有射孔的矮墙,泛指城墙、围墙。错落:交错参差。

路转千迷之道〔1〕,心入摩提;《梁书》:“昙鸾见梁武帝于殿中〔2〕,曲曲二十馀门,一一无错。帝曰:此千迷道也,何乃一度,遂而无迷也?”○《佛书》:一切禅定摄心者,皆云三摩提。译言正心性处,谓是心端正也。**人登百丈之梯〔3〕,神栖般若〔4〕**。新吴百丈山怀海禅师创立清规,今禅门依此。○《梵书》:“般若,智慧也。”《晋书·昙霍传》〔5〕:“霍持一锡杖,令人跪,曰:此波若眼。”

【注】

〔1〕这两句意为:走过这千回百转的山路,可以达到人性端正的摩提境界;登上这百丈有馀的台阶,可以达到智慧的境界。千迷之道:一语双关,即形容布达拉宫内道路繁多复杂,也比喻熙熙攘攘的红尘世界。《续高僧传》卷六《释昙鸾传》:昙鸾“可从座下仍前直出。诘曲重沓二十馀门,一无错误。帝极叹讶曰:‘此千迷道,从来旧侍往还疑阻,如何一度,遂乃无迷?’”《梁书》:唐姚思廉撰,56卷,自梁武帝建国至梁敬帝,首尾五十六年。《梁书》未见和宁所引内容。

〔2〕昙鸾(476~542):南北朝僧人,净土宗的先驱,山西雁门人,少年出家,对《中论》、《百论》、《十二门论》、《大智度论》与佛性学说颇有研究。曾为梁武帝宣说佛性义,梁武帝推崇备

至,尊他为北方肉身菩萨。东魏孝静帝重其志尚高德,称他为"神鸾",敕住并州大岩寺,晚年又移往石壁山玄中寺,弘通净土法门。

〔3〕百丈之梯:一语双关,即形容布达拉宫雄伟高耸,也借指佛门戒律。《释门正统》:"百丈山怀海禅师始立天下禅林规式,谓之清规。"

〔4〕般若(bō rě):意为慧、智慧、明。《大智度论》卷四十三:"般若者,秦言智慧。一切诸智慧中,最为第一,无上无比无等,更无胜者。"《晋书》卷九十五《昙霍传》:"沙门昙霍者,不知何许人也。秃发傉檀时从河南来,持一锡杖,令人跪,曰:'此是波若眼,奉之可以得道。'时人咸异之。"

〔5〕《晋书》:唐房玄龄、褚遂良等撰,一百三十卷,贞观二十年修成。

妙高峰顶〔1〕**,远著声闻**〔2〕;文殊师利言:南方有国名胜乐,有山名妙高峰。**离垢幢前,近销魔恶**〔3〕。有一菩萨名离垢幢,坐于道场,将威正降,有恶魔前来恼乱也。

【注】

〔1〕这两句意为:居住在布达拉宫,修行的功德远近闻名;打坐修行,各种恶魔就近消除。妙高峰:佛经中山名,这里借指达赖喇嘛所居住的布达拉。《华严经》卷六十二:"南方有一国土,名为胜乐,其国有山,名曰妙峰。"

〔2〕远著:著声于远,名声传播遥远。声闻:佛教三乘之一。称闻佛言教悟苦、集、灭、道四谛之真理而得道者。

〔3〕近销:就近消除。魔恶:佛教所说的各种罪恶妄念。

食则麦屑毡根〔1〕**,**糌粑、干羊。**饮则鸠盘牛酪**〔2〕**,**茶块、酥油。**衣则黄毳紫驼**〔3〕**,居则彩甍丹臒**〔4〕。

【注】

〔1〕这四句意为:达赖喇嘛吃的是糌粑、肉干,喝的是酥油茶,穿的是黄色的鸟兽细毛、紫色的驼绒等织成的衣服,住的是装饰亮丽的房子。麦屑:麦子的麸皮,这里指用炒熟磨碎的青稞面做的糌粑。毡根:这里指风干的牛羊肉。

〔2〕鸠盘:即鸠盘茶,这里借指酥油茶。牛酪:用牛乳做成的半凝固的食品,这里借指酥油、奶酪。

〔3〕黄毳(cuì)紫驼:借指毛毡、氆氇等毛织品。毳,鸟兽的细毛。驼,借指驼绒。

〔4〕彩甍(méng)丹臒(huò):形容房屋装饰鲜丽漂亮。甍,屋脊。丹,红色。臒,赤石脂一类颜料。丹臒,指粉刷为红色。

优钵净瓶〔1〕**,玉盂金杓**〔2〕。

【注】

〔1〕这两句意为:达赖喇嘛使用的瓶、钵之类的器皿,都是

用黄金珍宝打造的。优钵：僧人盛饭的器具。净瓶：僧人洗手用的澡瓶。

〔2〕玉盂：玉制的敞口容器。金杓：金制的勺子。

三旛比以离离〔1〕，百玩灿其愕愕〔2〕。孙绰《游天台赋》："泯色空以合迹，忽即有而得玄〔一〕。释二名之同出，消一无于三幡〔二〕。"注："色，一也；色空，二也；观，三也，言三旛虽殊，能消令为一，同归于无也。"

【校】

〔一〕玄，原作元，避清讳，径改。

〔二〕幡，榕园本作"旛"。

【注】

〔1〕这两句意为：布达拉宫里各式经幡比比皆是，各种玩物光彩耀人。三旛：道家谓色、空、观三者最易摇荡人心，故以三幡比喻。这里泛指各色经幡、旗帜。旛，同幡。比：靠近，挨着。离离：茂盛的样子。

〔2〕百玩：泛指各种把玩的东西。灿：光彩耀眼。愕愕：惊讶的样子。

须菩提译语将将〔1〕，《禅门规式》：道高腊长，呼须菩提，如曰长老。**阇黎耶念吽各各〔2〕**。吽，音钟。张昱诗云〔3〕："守内番僧日念吽。"

【注】

〔1〕这两句意为:僧人们诵经声音洪亮,神情激扬。须菩提:佛十大弟子之一,又称空生、善现、善吉。生时家中宝藏器物,忽然都没有了,故名空生。数日后,失去的财宝,又忽然而现,故名善现。请术士卜命,占得吉兆,故名善吉。后依佛出家,在十大弟子中,以"解空第一"著称。译语:异域的语言。将将:同锵锵,形容音节清越响亮。

〔2〕阇黎耶:梵语音译,即阿阇梨,也作阿阇黎,意为"轨范师",可矫正弟子的行为,为其轨则模范,是高僧的敬称。也泛指僧人。吽(hōng):佛教密宗密言十七字之一。陈寅恪《柳如是别传》第四章《河东君过访半野堂及其前后之关系》:"守内番僧日念吽"下注:"寅恪案,'吽'当作'吽',非作'吽'。盖藏语音如是,中土传写讹误。昔亦未知,后习藏语,始得此字之正确形读也。"各各:象声词。

〔3〕张昱:元代诗人。和宁所引诗为《辇下诗》。

兜罗哈达讯檀越如何[1],唐古特礼:凡宾主相见,俱手持白绢哈达,互相问慰。檀越,施主也。檀谓能施,越谓能越贫穷海也。**富珠礼翀答兰奢遮莫**[2]。旧俗:驻藏大臣见达赖喇嘛[3],以佛礼瞻拜[4]。乾隆五十八年奉旨:"钦差驻藏大臣与达赖喇嘛系属平等,不必瞻礼,钦此。"以后皆宾主相接也。○元文宗时,以西僧年札克喇实为帝师,大臣俯伏进觞,帝师不为动。惟国子祭酒富珠礼翀举觞立进,曰:"帝师,释迦之徒,天下僧人师也；予，孔子之徒，天下儒人师也，请各不为礼。”帝师笑而起，举觞卒饮。众为之凛然。

【注】

〔1〕这两句意为：达赖喇嘛手捧哈达向驻藏大臣行礼，驻藏大臣以平礼相答。兜罗：笼络。哈达：藏族人表示敬意和祝贺用的长条丝巾或纱巾。讯：问讯。

〔2〕富珠礼翀（chōng）：《元史》、《续资治通鉴》等作“富珠里翀”。兰奢：即兰阇，梵语王的意思，转为尊美他人的敬称。遮莫：这么。

〔3〕驻藏大臣：全称“钦差驻藏办事大臣”，清朝中央政府派驻西藏地方的最高军政长官。雍正五年（1727）始置。主管西藏高级僧俗官员的任免，督察司法、户口、差役，巡视边境，办理对外交涉等。同达赖、班禅共同管理西藏。

〔4〕瞻拜：参拜，瞻仰礼拜。

山无蜂子投窗〔1〕，《高僧传》：“古灵行脚回〔2〕，参受业师。师窗有经，适有蜂子投窗求出。古灵曰：世界如许阔，不肯出，钻他故纸。”**塔有孟婆振铎**〔3〕。孟婆，风神也。

【注】

〔1〕这两句意为：山上没有蜂投窗而出，塔下有风吹铃响。蜂子：即蜂，多指蜜蜂。蜂子典或出自《景德传灯录》，而非《高

僧传》,古灵为唐代僧人,曾得百丈怀海禅师指点,《高僧传》不收。《景德传灯录》卷九:“福州古灵神赞禅师,本州岛大中寺受业后,行脚遇百丈开悟,却回本寺……其师又一日在窗下看经。蜂子投窗纸求出。师睹之曰:‘世界如许广阔不肯出,钻他故纸,驴年去得。’”

〔2〕行脚:僧人为寻师求法而游食四方。

〔3〕振铎:摇铃。铎,有舌的大铃。

鹿野华池〔1〕,鸡园花萼〔2〕。浴象游鱼,语鹦舞鹤。

【注】

〔1〕这四句意为:布达拉宫就像是古印度的鹿野苑,昆仑山上的华池,阿育王兴建的鸡寺,唐玄宗新修的花萼楼。到处都是戏水的大象、小鱼,起舞欢叫的鹦鹉、仙鹤。鹿野:即鹿野苑,也作鹿野园,在中印度的波罗奈国,是佛最初说四谛法,度五比丘的地方。华池:神话传说中昆仑山上的池名。

〔2〕鸡园:也作鸡头摩寺、鸡头末寺、鸡雀寺、鸡寺等,梵语屈屈咤阿滥摩意译,传说中的佛教圣地。阿育王建立,在摩揭陀国波咤厘子城之侧。花萼:即花萼楼,唐玄宗在兴庆宫西南建花萼相辉之楼,简称花萼楼。

静观抚序〔1〕,顽空即是真空〔2〕;《梵书》:贵真空,不贵顽空。顽空者,木石〔一〕是也。惟真空乃不坏。**与物皆春〔3〕,行乐岂如胜乐〔4〕**。《梵书》:乐行不如苦住,富客不如贫主〔二〕。○南方胜乐国。

【校】

〔一〕木石,反约篇本、榕园本、元尚居本作"石木"。

〔二〕主,元尚居本作"王",误。

【注】

〔1〕这两句意为:静观岁月流逝,彻悟顽空即为真空;与世间万物同享春光,游戏人间那比得上参悟佛理。静观:冷静观察,仔细审查。抚序:形容岁月流逝。

〔2〕顽空:佛教指一种无知无觉、无思无为的虚无境界。罗大经《鹤林玉露》卷十二:"《无思无为》盖顽空,则顽然无知之空,木石是也。"真空:佛教谓超出一切色相意识界限的境界。

〔3〕与物皆春:谓与万物一起欣欣向荣。

〔4〕行乐:游戏取乐。胜乐:这里借指参悟佛学。

班禅之居于札什伦布也〔1〕**,招提结蟹螯之穴**〔2〕**,祖山依龙背之阳**〔3〕。拉藏西南行九日,乃后藏也,寺名札什伦布,头辈达赖喇嘛根敦珠巴所建。其寺依山麓起阁,山形如蟹螯夹抱。其后山自西北来,蜿蜒〔一〕隆突,如蜀栈之龙洞背也。楼高四层,上有金殿三座,亦系金瓦,宏敞壮丽,为班禅额尔德尼坐床之所。其外来瞻礼布施者,与布达拉同。僧规谨严,戒律清净,番僧必于此山朝礼,为受大戒。

【校】

〔一〕蜓，反约篇本、榕园本、元尚居本作"蜒"，误。

【注】

〔1〕这段叙述班禅居住在扎什伦布寺的情景。这三句意为：班禅居住在扎什伦布寺，寺庙建在形如蟹螯之穴的龙背山南面。

〔2〕招提：梵语拓斗提奢省作"拓提"，后误为"招提"。其义为"四方"。四方之僧称招提僧，四方僧之住处称为招提僧坊。北魏太武帝造伽蓝，创招提之名，后遂为寺院的别称。

〔3〕祖山：祖宗坟地。龙背：即龙洞背，山名，在今四川广元，这里借指扎什伦布寺所在的尼玛山。

沙明远岸[1]，其地平敞旷达，南北六七十里，东西百馀里，远山为岸也。**雪冒连冈**。其北大山后又有崇岩峻[一]岭，冬夏积雪不消。

【校】

〔一〕峻，榕园本作"唆"，误。

【注】

〔1〕这两句意为：扎什伦布寺南面地势平坦辽阔，背靠终年积雪的高山。

智水环流〔1〕**，浪纡徐而练净**〔2〕；其东有大江，自南北流，入东北山后。**幻峰囷野**〔3〕**，形峛㠐以绵长**〔4〕。其西山势远亘〔5〕，西北达彭楚岭〔6〕，西南入萨迦沟〔7〕。

【注】

〔1〕这两句意为：扎什伦布寺东面江水环绕，江水舒缓，明净如练；西面山峰聚集，群山连绵不断。智水：《论语·雍也》："知者乐水。"谓智者达于物理，周流不滞，故乐水。"智水"为对水的一种美称。

〔2〕纡徐：从容宽舒的样子。练净：谢朓《晚登三山还望京邑》："馀霞散成绮，澄江净如练。"练，洁白的熟绢。净，明净。谓明净的江水，像一条白练一样。

〔3〕幻峰：变幻不断的山峰。囷野：萃聚于野外。

〔4〕峛㠐：逦迤不绝、连绵不断的样子。绵长：绵延不断。

〔5〕远亘：连绵不断，向远处伸展开去。

〔6〕彭楚岭：即彭错岭，宗溪名，在今日喀则市拉孜县。

〔7〕萨迦沟：在今西藏萨迦县。

金刹青鸳〔1〕**，占仍仲宁翁之脉**〔2〕；《旧志》：此寺名仍仲宁翁结巴寺。**石门宝塔**〔3〕**，韫额尔德尼之光**。其下有地穴，前数辈班禅圆寂金塔列其中〔4〕，最为华丽。

【注】

〔1〕这两句意为：覆盖着青鸳瓦的宝塔，占据着扎什伦布寺

的主脉；宝塔下的石门内，蕴藏着班禅额尔德尼的灵光。金刹：寺庙中悬挂经幡的塔柱，佛塔。青鸳：即青鸳瓦，黑色的屋瓦。屋瓦一俯一仰，因称鸳鸯瓦。

〔2〕仍仲宁翁：即扎什伦布寺。《西藏志·寺庙》："仍仲宁翁结巴寺，大召西去八日，即后藏札什隆布地。其寺背山临河，院宇敞丽，佛像庄严，乃班禅喇嘛坐床之所。"

〔3〕石门：古代用于控扼要道的一种石砌防御工事。

〔4〕圆寂金塔：指灵塔。

月昼隐而故躔留〔1〕**，寸丝不挂**〔2〕**；前辈班禅乾隆庚子示寂于京师**〔3〕。○苏东坡题佛灭度吴画诗云："隐如寒月堕清昼，空有孤光留故躔。"注："月堕清昼以譬佛之灭度，光留故躔以譬佛之虽寂灭而犹在，如月之昼隐也。"○《传灯录》："南泉师问陆宣大夫：十二时中作什么生？陆曰：寸丝不挂。师云：犹是阶下汉〔4〕。"**树秋凋而真实在**〔5〕**，拳枣应尝**〔6〕。《涅槃经》〔7〕：娑罗林中有一树，一百年其树皮肤枝叶悉皆脱落，惟真实在。《魏书·释老志》〔8〕："诸佛法身有二种义，一者真实，二者权应，此言佛生非实生，灭非实灭耳。"○《高僧传》〔9〕：洛阳香山寺镜空游钱塘，至孤山寺西，夜馁甚，因临流出涕。有梵僧顾空笑曰：颇忆讲法华于同德寺否？僧又曰：子应为饥火所烧，不暇忆故事。乃探囊出一枣，大如拳，曰：吾国所常产，食之者，上智知过去未来事，下智止知前生事耳。空因啖枣，枕石而卧，乃悟同德寺讲《法华经》如昨日事。

【注】

〔1〕这两句意为：班禅寂灭如同月亮在白天隐去，虽然是能留下一些踪迹，但已是毫无牵挂；果树在秋天树叶凋零，但是果实还在，转世灵童如同吃了拳枣一般尽知前世事。躔（chán）：足迹，行迹。

〔2〕寸丝不挂：佛教禅宗用以比喻心无一点挂碍。

〔3〕前辈班禅：即第六世班禅巴丹益喜，乾隆四十五年（1780）七月至热河朝谒乾隆皇帝，九月返回北京，十月染疾，十一月卒于北京。第二年，灵枢被护送回札什伦布寺。

〔4〕阶下汉：比喻尚未入门。

〔5〕真实：即果实。

〔6〕拳枣：《宋高僧传》卷二十《唐洛阳香山寺鉴空传》："释鉴空，俗姓齐，吴郡人也。少小苦贫，虽勤于学而寡记持。壮岁为诗，不多靡丽。常困游吴楚间，已四五年矣。干谒侯伯，所润无几，钱或盈贯，则必病生，用罄方差。元和初，游钱塘，属其荒俭，乃议求餐于天竺寺。至孤山寺西，馁甚不前，因临流雪涕，悲吟数声。俄有梵僧临流而坐，顾空笑曰：'法师秀才，旅游滋味足未？'空曰：'旅游滋味则已足矣，法师之呼，一何乖谬？'盖以空未为僧时名君房也。梵僧曰：'子不忆讲法华经于同德寺乎？'空曰：'生身已四十五岁矣，盘桓吴楚间，未尝涉京口，又何洛中之说？'僧曰：'子应为饥火所烧，不暇忆故事。'遂探囊出一

枣,大如拳许,曰:‘此吾国所产,食之者,上智知过去未来事,下智止于知前生事耳。’空饥极食枣,掬泉饮之。忽欠呻,枕石而寝,顷刻乃悟,忆讲经于同德寺如昨日焉。”

〔7〕涅槃经:这里指《大般涅槃经》,北凉天竺三藏昙无谶译,40卷。卷三十九:“有娑罗林,中有一树,先林而生,足一百年,是时林主灌之以水,随时修治,其树陈朽,皮肤枝叶悉皆脱落,唯贞实在。如来亦尔所有陈故悉已除尽,唯有一切真实法在。”贞实,常青植物的果实。

〔8〕《魏书》:北齐魏收撰,130卷,本名《后魏书》,今称《魏书》。

〔9〕《高僧传》:这里当是《宋高僧传》。

既无生而无灭[1],爰非寿而非殇[2]。

【注】

〔1〕这两句意为:既没有所谓的生,也没有所谓的死,也就没有长寿和夭折的区别了。既无生而无灭:即无生无灭,没有生灭,不生不灭,佛教称之为无生,以无生之理破生灭之烦恼。《最胜王经》卷一:“无生是实,生是虚妄,愚痴之人,漂溺生死,如来体实,无有虚妄,名为涅槃。”

〔2〕爰:句首语气词。殇:早夭,夭折。

怀琏焚乎龙脑[1],圆泽识夫锦裆[2]。苏东坡《宸奎阁碑》:庐山僧怀琏持律甚严。上尝赐以龙脑钵。琏对使焚之，曰：吾法以瓦铁食，此钵非法也。《僧圆泽传》[3]：李源居洛惠林寺，与圆泽游甚密。一日相约游青城[一]、峨眉。至南浦，见妇人锦裆负罂而汲者。泽望而泣曰："吾当为此妇人子。孕三岁矣，今既见，无可逃者。后十二年中秋夜月，杭州天竺寺外当与公相见。"至暮泽亡而妇乳。后十二年，源自洛至吴赴其约。闻葛洪川有牧童扣牛角而歌，乃圆泽也。源问泽："公健否？"答曰："李公真信士，然俗缘未尽，慎勿相近也。"○现在班禅于乾隆四十七年壬寅四月八日生于后藏囊吉雄地方，今十六岁，聪颖秀异，端重不佻[4]，初无童心也，僧众悦服。

【校】

〔一〕城，榕园本作"衣"，当误。

【注】

〔1〕这两句意为：怀琏焚烧了龙脑钵，园泽能认出来世生母。怀琏句：谓僧人持律谨严。苏轼《宸奎阁碑》："（怀）琏虽以出世法度人，而持律严甚。上尝赐以龙脑钵盂，琏对使者焚之，曰：'吾法以坏色衣，以瓦铁食，此钵非法。'"

〔2〕锦裆：锦衣。

〔3〕《僧圆泽传》：苏轼据唐袁郊《甘泽谣·圆观》改写。苏轼自注："此出袁郊所作《甘泽谣》，以其天竺故事，故书以遗寺僧。旧文烦冗，颇为删改。"

〔4〕佻:轻佻。

肩浮戒衲之绦[1]**,事非悠谬**;《高僧传》:天竺辨才,姓徐氏,名元汉,字无象,杭之于潜人。生而左肩肉起袈裟绦,八十一日乃灭。十岁出家,二十五岁赐紫衣。师终实八十一岁。**掌握明珠之衬**[2]**,说岂荒唐**。《传灯录》:廿四祖师比邱。有长者引一子,曰:此子生当便觉拳左手,愿闻宿因。师以手接曰:还我珠来。童子遽开手奉珠。师曰:吾前生有童子名婆舍,吾赴西海斋受衬珠,付之,今见还矣。遂为法嗣。

【注】

〔1〕这两句意为:出生时,肩膀上有袈裟的痕迹,这事并非荒谬;手中握有明珠,这说法也不荒唐。肩浮句:苏辙《龙井辩才法师塔碑》:"师姓徐氏,名元净,字无象,杭之于潜人。家世喜为善,客有过其乡者,指其居以语人曰:'是有佳气郁郁上腾,当生奇男子。'师生而左肩肉起如袈裟绦,八十一日乃灭。其伯祖父叹曰:'是宿世沙门也,慎毋夺其愿,长使事佛。'八十一者,殆其算也。及师之终实八十有一。师生十年而出家,口不茹荤血,每见讲堂坐辄叹曰吾愿登此说法度人。年十六落发受具足戒……年二十五恩赐紫衣及辩才号。"辩才为宋人,不入《高僧传》,和注当误。戒衲,僧衣,袈裟。绦,绦子,丝线编织的带子,衣物边上的装饰。悠谬:荒谬。

〔2〕衬:施舍。

刀剑一挥[1]，禅座讵伤乎法济；金衣两设，邪人何畏乎初昌[2]。乾隆五十六年辛亥，廓尔喀犯顺[3]，扰后藏边界。七月，占据聂拉木、济咙[4]。八月，班禅移住前藏。九月，贼入札什伦布，掠财物以归。○《高僧传》：法济大师名洪諲，姓吴，乌程人。遇黄巢之乱，偏帅领卒千人而见，师晏坐不起。以剑挥禅座者再，师神思湛然。乃异之，献金宝，再拜而去。今禅座尚在，二剑迹犹存。○六祖传衣，为天下所宗，有张初昌受嘱，潜怀刀入室，将欲加害。置金衣两于方丈，张挥刀者三，都无所损。祖曰：正剑不邪，邪剑不正，只负汝金，不负汝命。张惊仆，久乃苏，求哀。祖与金乃去。

【注】

〔1〕这两句意为：挥起刀剑，又哪里能伤到法济大师的禅座；铺下金衣，即便是像初昌这样的凶恶之人也不能伤害。刀剑两句：明吴之鲸《武林梵志》卷十："法济禅师，讳洪諲，吴兴乌程人，姓吴氏……适遭黄巢之乱，巢之偏帅领卒千馀人见师，师宴坐不起。帅以剑挥禅床者再，师神色不动。帅异之，献宝，再拜而去。"

〔2〕金衣两句：《景德传灯录》卷五："江西志彻禅师者，江西人也，姓张氏名行昌，少任侠。自南北分化，二宗主虽亡彼我，而徒侣竞起爱憎。时北宗门人自立秀师为第六祖，而忌能大师传衣为天下所闻。然祖是菩萨，预知其事。即置金十两于方丈。时行昌受北宗门人之嘱。怀刃入祖室，将欲加害。祖舒颈而就。

行昌挥刃者三都无所损。祖曰:‘正剑不邪,邪剑不正。只负汝金,不负汝命。’行昌惊仆,久而方苏。求哀悔过即愿出家。祖遂与金云:‘汝且去。恐徒众翻害于汝。汝可他日易形而来。吾当摄受。’行昌禀旨宵遁。终投僧出家,具戒精进。”讵:难道,哪里。

〔3〕廓尔喀:即尼泊尔。廓尔喀与后藏交界,贸易关系密切。乾隆五十三年(1788),西藏与廓尔喀发生贸易纠纷,适逢六世班禅之弟沙玛尔巴与其兄仲巴呼图克图发生内争,沙玛尔巴以朝圣为名,前往尼泊尔,教唆廓尔喀入侵西藏。于是,廓尔喀兵以“西藏运往之食盐掺土”等为借口,乘机入侵后藏。六月,在沙玛尔巴的仆人噶玛却金向导下,廓尔喀突然入侵,先后占领西藏南部边境的聂拉木、济咙、宗喀、绒夏四个宗。七月,清廷部署军队反击,遣御前侍卫巴忠为钦差大臣,赴藏主持用兵。当清军援兵抵达日喀则后,巴忠等人无心打仗,遂听任西藏地方政府与廓尔喀谈判。最终达成协议,西藏地方政府付给廓尔喀赎金三年内每年300个银元宝(折合内地银15000两)。第一年赎金交付后,廓尔喀退出占领的四个宗。巴忠等人未交一战即以“贼降”上报乾隆皇帝,并且隐瞒了赎金等真相。随后,乾隆皇帝开始调整西藏政务,撤换了驻藏大臣,命驻藏大臣参与西藏地方政务,命策墨林阿旺楚臣协助达赖喇嘛管理西藏地方,整顿噶厦政府。策墨林阿旺楚臣对巴忠等人怯懦行为极为愤慨,不承认巴忠等人私自签订的和约,公开反对支付赎金。乾隆五十六年(1791)六月,廓尔喀人以未付足赎金为由,再次入侵。在夺占聂拉木后,一路由济咙进入,围攻宗喀,遇教习汉兵陈谟、潘占魁率400名藏兵坚守,久攻后退回济咙。一路由乌咙入侵,滋

扰定结，抢占定日，八月二十一日侵入札什伦布寺，肆行抢掠。七世班禅丹贝尼玛退居拉萨，全藏大震，达赖、班禅飞奏朝廷告急。时巴忠护驾避暑山庄，闻变畏罪自杀。九月十二日，廓尔喀兵3000馀人由兴萨开进，夺占定结。十月十二日，都司严廷良率藏兵、汉军及达木兵700馀名，连打三仗，于十一月初一日收复定结。时雅满泰先后咨调内地官兵7000馀人，但行进缓慢，迟滞途中。十月二十六日，乾隆命黑龙江将军都尔嘉，于索伦、达呼尔(今达斡尔)兵丁内挑选1000人，齐赴京师。十一月初二日，清廷授福康安为将军，海兰察、奎林为参赞大臣，统兵经青海入藏作战。随后又免去鄂辉、成德职，以惠龄为四川总督，奎林为成都将军。五十七年正月二十日，福康安率领清军抵达前藏。时西藏境内清军和藏兵已收复拍甲岭、聂拉木等地。廓尔喀国王遣使乞和。乾隆帝决心攻其腹心，捣穴擒首，故拒绝和议，于三月十五日任命福康安为大将军，统领劲旅进剿。三四月间，游击关联升、总兵袁国璜等部3000人先后抵达前线。而廓尔喀侵略军则在济咙、绒辖尔等处砌卡筑碉，添兵据守。闰四月二十五日，福康安、海兰察率清军6000人，由拉孜出发，开赴绒辖尔、聂拉木等处。五月初七日，福康安所部攻下擦木要隘。初十日收复济咙。十二日，成德、岱森保等部收复聂拉木以南要隘木萨桥。至此，清军扫清擦木至济咙段边境。十三日，福康安率军由济咙热索桥进入廓尔喀境内，试图直捣廓尔喀首都阳布(今加德满都)。十八日，清军抵旺噶尔，已深入廓尔喀境内170里，未遇阻拦。而廓尔喀兵已收缩至阳布以北地区，严密布防。十九日至二十七日，清军突破横河防线。六月初九日，又突破东觉防线。之后，清军在雍雅山受阻，前后受敌，损失严重，且不服水土，粮饷不济。阳布以北尚有重山大河，防范森严。鉴于此，福康安于七月初八日奉旨与廓尔喀议和。廓尔喀为表示诚意，送回了第一次入侵时劫掠札什伦布寺的贵重物品、巴忠等签订的和约文本以及沙玛尔巴尸体及其妻儿仆从，并写信保证以后再不犯边，每五年进京朝贡一次，以示臣服。九月，清军从廓尔喀退回济咙。犯顺：叛乱。

〔4〕聂拉木：也作尼雅拉木、尼牙拉木、聂拉、聂浪、聂郎，曾为聂拉木宗，1960 年改设聂拉木县。济咙：也作鸡中、济仲、吉隆、济隆、济特，曾为吉隆宗，1960 年改设吉隆县。

法嗣横枝〔1〕**，声传绝幕**〔2〕。《传灯录》：禅宗谓之法嗣，而禅家旁出谓之横枝。黄梅谓道信师云死后横出一枝法是也。

【注】

〔1〕这两句意为：继承法系的人横出别枝，声名传于绝域。法嗣：继承法系的人。横枝：旁支，不是传衣钵的嫡系。《景德传灯录》卷三："（道信）一日告众曰：'吾武德中游庐山，登绝顶望破头山，见紫云如盖，下有白气横分六道。汝等会否？'众皆默然。忍曰：'莫是和尚他后，横出一枝佛法否。'师曰：'善。'"道信为四祖，传法嗣于弘忍，弘忍后禅宗分为南北二宗，南宗慧能受其衣钵，北宗神秀别立门户，是为横枝。

〔2〕绝幕：极远的沙漠地。幕，同"漠"。

大师还竺,辉生道场[1]。乾隆五十七年壬子五月,班禅额尔德尼仍还札什伦布住锡[2]。○苏子由《辨才塔碑》云:沈公遘治杭,以师住天竺。灵感观音院有僧灵捷者,利其富,倚权贵人夺而有之,迁师于下天竺,又逐师于潜。逾年而捷败,复以上天竺与师。捷之在天竺也,岩石草木为之索然,及师之复山中也,草木皆有喜色。赵公抃亲见而赞之曰:"师去天竺,山空鬼哭;天竺师归,道场光辉。"

【注】

〔1〕这两句意为:大师重返天竺寺,道场生辉。大师还竺两句:苏辙《龙井辨才法师塔碑》:"沈公遘治杭,以谓上天竺本观音大士道场,以声音忏悔为佛事,非禅那居也。乃请师以教易。禅师至,吴越人争以檀施归之,遂凿山。僧室几至万础,重楼杰观,冠于浙西,学者数倍其故……居十七年,有僧文捷者,利其富,倚权贵人,以动转运使,夺而有之,迁师于下天竺。师恬不为忤。捷犹不厌,使者复为,逐师于潜。逾年而捷败,事闻朝廷,复以上天竺畀师。捷之在天竺也,吴人不悦,施者不至,岩石草木为之索然。及师之复,士女不督而集,山中百物皆若有喜色。清献赵公抃与师为世外友,亲见而赞之曰:'师去天竺,山空鬼哭。天竺师归,道场光辉。'"

〔2〕乾隆两句:乾隆五十六年(1791)八月二十一日,廓尔喀人侵入札什伦布寺,七世班禅丹贝尼玛退居拉萨。五十七年五月,随着清军击退廓尔喀人,逐渐收复失地,七世班禅返回札

什伦布寺。

刍尼子之孟年〔1〕**,已具食牛之量**〔2〕;野鹊子。《传灯录》:二十四祖母梦吞明暗二珠而孕。一罗汉曰当生二子,一即祖,二即刍尼。昔如来在雪山修炼,刍尼巢于顶上。佛成道,刍尼受报为那提国王。《佛记》曰:汝后与圣同脱。今不爽矣。**迦陵仙之妙韵**〔3〕**,定知吞象之王**〔4〕。《楞严经》:"迦陵仙言遍。"迦陵,水界仙禽,在鸟卵壳中,鸣音已压众鸟。佛法音亦如之。《法华经·偈颂》:"圣主天中王,迦陵频迦声。"注:"迦陵频迦,妙音鸟也,鸟未出㲉时〔5〕,即音微妙,一切天人声皆不及,惟佛音类之,故以取名也。"

【注】

〔1〕这两句意为:七世班禅虽然年纪尚小,但已有了雄心壮志;听他像仙鸟鸣叫一样的诵经声,便知道其志向远大。刍尼:即喜鹊。《景德传灯录》卷二:"第二十一祖婆修盘头者,罗阅城人也,姓毗舍佉,父光盖,母严一。家富而无子。父母祷于佛塔而求嗣焉,一夕母梦吞明暗二珠,觉而有孕。经七日,有一罗汉名贤众,至其家。光盖设礼,贤众端坐受之。严一出拜,贤众避席云:'回礼法身大士。'光盖罔测其由。遂取一宝珠跪献贤众试其真伪,贤众即受之殊无逊谢。光盖不能忍,问曰:'我是丈夫致礼不顾,我妻何德,尊者避之。'贤众曰:'我受礼纳珠,贵福汝耳。汝妇怀圣子,生当为世灯慧日,故吾避之。非重女人

也。'贤众又曰:'汝妇当生二子,一名婆修盘头,则吾所尊者也。二名刍尼(此云野鹊子)。昔如来在雪山修道,刍尼巢于顶上。佛既成道,刍尼受报,为那提国王。《佛记》云:汝至第二五百年生罗阅城毗舍佉家,与圣同胞。今无爽矣。'后一月果产子。"孟年:犹少年,青年。

〔2〕食牛之量:谓有吃下一头牛的饭量,赞美青少年志壮心雄,气概豪迈。《尸子》卷下:"虎豹之驹,未成文而有食牛之气;鸿鹄之鷇,羽翼未全而有四海之心。贤者之生亦然。"唐杜甫《徐卿二子歌》:"小儿五岁气食牛,满堂宾客皆回头。"

〔3〕迦陵:鸟名,即迦陵频伽,梵语音译,意为好声、和雅。《慧苑音义》:"迦陵频伽,此云美音鸟,或云妙音鸟。此鸟本出雪山,在壳中即能鸣。其音和雅,听者无厌。"佛教中常用来比喻佛、菩萨说法的妙音。妙韵:美妙的韵律。

〔4〕吞象:比喻志气高。

〔5〕鷇(kòu):须母鸟哺食的雏鸟。

至于牙简书名〔1〕**,根尘寂静**〔2〕**;金瓶选佛,意想空无。**自达赖喇嘛、班禅额尔德尼、大小胡图克图、沙布咙等〔3〕,凡转世初生幼童,皆曰呼毕勒罕,神异之称也。喇嘛旧俗,凡呼毕勒罕出世,悉凭垂仲降神指认,遂致贿弊百出。乾隆五十八年钦颁金奔巴瓶一具,牙签六枝,安放大招宗喀巴前供奉。如有呈报呼毕勒罕者,将小儿数名生辰书签,入瓶掣定,永远遵行。

【注】

〔1〕此段叙述金瓶掣签情景以及僧官的设置。这四句意为:牙签上书写转世灵童的名字,并从金瓶中抽取牙签决定新的活佛,世俗根尘一片清静,各种意想不再出现。牙筒:即牙签,用象牙做成的简牍。乾隆五十七年(1792)第二次反击廓尔喀战争后,因西藏各项制度松弛,弊病甚多,需要大力整顿吏治,福康安遂会同西藏地方官员共同议定条例。五十八年(1793)奏报朝廷审定后颁行,即"钦定藏内善后章程"二十九条。其中,鉴于垂仲降神指认活佛弊端众多,特制定了"金瓶掣签"制度,并颁赐金瓶、牙签,要求蒙藏等地的活佛转世时,要将寻到的灵童名字生辰书写在牙签上,抽签决定,抽准者有效,没有抽准者无效。金瓶、牙签在北京雍和宫和拉萨大昭寺各有一套,在雍和宫抽签认定蒙古地区的转世活佛;在拉萨大昭寺抽签认定西藏、青海等地的转世活佛,并由驻藏大臣监视掣签。通过"金瓶掣签"制度,有效杜绝了转世活佛出自一族的弊端,在一定程度上限制了活佛贵族的权势,有利于西藏的和谐稳定。书名:书写姓名。

〔2〕根尘:即六根、六尘,佛家谓眼、耳、鼻、舌、身、意为六根,色、声、香、味、触、法为六尘,合称根尘。

〔3〕胡图克图:《钦定大清会典》卷八十:"凡喇嘛道行至高者曰胡图克图。"黄沛翘《西藏图考》卷八《艺文考下·和宁西藏赋注》:"唐古特称胡图克图,不迷性之谓也。"沙布咙:大活佛高级侍从的转世活佛。和宁自注:"修行未深初转一两辈者。"

赤子征祥字阿练[1]**,曰呼毕勒罕;**《冥祥记》[2]:晋王珉有番僧及门曰:若我后生得为此人子,足矣。倾之,僧病卒,珉生一子。始能言,便解外语及识外国珠。故珉字之曰阿练云。**修因智果号苾刍**[3]**,曰胡图克图。**《善觉要览》:僧曰苾刍。注:苾刍,草名,体性柔软,引蔓旁布,馨香远闻,不借日光,故以喻出家人,又名比邱。今唐古特语名格隆盖戒,僧也。今考西藏所属大胡图克图九名,小胡图克图十名。

【注】

〔1〕这两句意为:转世灵童是吉祥的征兆,称之为呼毕勒罕;修行有智果的僧人,称之为胡图克图。赤子:初生的婴儿,这里借指转世灵童。《类说》卷五引《冥祥记·阿练》:"晋中书令王珉。有一胡沙门每瞻珉丰采,曰:'若我复生,得与此人作子,愿亦足矣。'顷之病卒,珉生一子,始能言便解外国语,及绝国珠贝生所未见即识名,曰:'咸为沙门先身。'故珉字之曰阿练。"征祥:吉祥的征兆。

〔2〕《冥祥记》:志怪小说集,南朝齐王琰撰,初见著录于《隋书·经籍志》,题作十卷。今有《古小说钩沉》辑本,除自序一篇外,正文收131条。是现存较多的一部宣佛小说,多叙菩萨应验、高僧神迹、鬼魂地狱等事。鲁迅先生《中国小说史略》将其列入"释氏辅教之书"一类。

〔3〕修因:修行成佛的因。智果:涅槃曰断果,菩提曰智果。以菩提为佛智,由因地修行而生之妙果。苾(bì)刍:泛指僧人。宋道诚《释氏要览》卷上《称谓》:"苾刍,梵语也,是西天草名,具

五德，故将喻出家人。古师云：苾刍所以不译者，盖含五义故。一者体性柔软，喻出家人能折伏身语粗犷故；二引蔓旁布，喻出家人传法度人连延不绝故；三馨香远闻，喻出家人戒德芬馥为众所闻；四能疗疼痛，喻出家人能断烦恼毒害故；五不背日光，喻出家人常向佛日故。"

名冠元班〔1〕**，练心摈影**〔2〕**；学通神讲**〔3〕**，续祖希卢**〔4〕。

【注】

〔1〕这四句意为：潜心修行，摈除杂念，在众僧中声名显赫；通晓佛经，讲解透彻，可以继承先世衣钵。名冠元班：谓地位尊崇，位于众僧之首。元班即玄班，谓众僧。

〔2〕练心摈影：谓佛法有成，已经摈弃杂念。

〔3〕学通神讲：谓学识可以与佛贯通。

〔4〕续祖希卢：谓可以继承衣钵。卢，本意为饭器，借指衣钵。

诺们罕转全藏之秘奥〔1〕，蒙古语：诺们，经也；罕，王也，盖通经典之称。**沙布咙达一度之迷途**〔2〕。修行未深初转一两辈者。

【注】

〔1〕这两句意为：诺们罕是通晓全部佛教经典的活佛，沙布

咙则是转世一两辈的活佛。诺们罕:职官名,封号。全藏:佛教全部经典。秘奥:奥秘,蕴含的深意。

〔2〕一度:转世一次。

文咱特[1]**,鸟鷇音洪,牛呼牟而驼鸣圂**[2];诵经声音最洪大。**温都逊,石屏咒现**[3]**,山入芥而海成酥**[4]。精通梵咒者。《广舆记》:僧惠崇谒径山钦法师,自谓诵观音咒,功无比。师曰:吾坐后石屏能咒之令破否?曰:可。遂叱之,石屏裂为三片,今名喝石岩。

【注】

〔1〕这几句意为:文咱特诵经时,声音洪亮,如同牛、驼鸣叫;温都逊擅长咒语,能令石屏破裂,高山纳入草芥,海水变成酥油。

〔2〕牛呼句:韩愈《征蜀联句》:"椎肥牛呼牟,载实驼鸣圂。"圂(yà):骆驼鸣叫声。

〔3〕石屏句:《佩文韵府》卷三十引《传灯录》:"惠崇谒径山钦法师,自言诵观音咒,功无比。师曰:吾坐后石屏,能咒之令破否?曰:可。遂叱之,屏裂为三,今谓之喝石岩。"

〔4〕山入芥:《维摩所说经·不思议品》:"若菩萨住是解脱者,以须弥之高广,内芥子中,无所增减。须弥山王本相如故,而四天王忉利诸天,不觉不知己之所入。唯应度者乃见须弥入芥子中。"内,同纳。意思是说将偌大一个须弥山塞进一粒小小的菜籽之中刚刚合适。海成酥:《维摩所说经·不思议品》"又以四大海水入一毛孔,不娆鱼鳖鼋鼍水性之属,而彼大海本相如

故,诸龙鬼神阿修罗等不觉不知已之所入。"

堪布掌赤华佛事[1],如内地汉僧之方丈。**托音充香界浮图**[2]。喇嘛弟子通称。

【注】

〔1〕这两句意为:勘布行使方丈的职权掌管各项佛事,众多弟子充斥在寺庙中。赤华:泛指寺庙。

〔2〕香界:泛指佛寺。

乃有岁琫、森本巢释门之鸠鹊[1],岁琫,近侍之最大者,森本次之。**曲琫、孜仲结法侣之鸳鸿**[2]。曲琫,司经卷,作佛事。孜仲,服役及奉差委各庙宇作佛会。

【注】

〔1〕这两句意为:于是有岁琫、森本等达赖近侍,如同筑巢于寺庙的斑鸠喜鹊;曲琫、孜仲等掌管经卷、佛会,像是一对鸳鸯、鸿雁。岁琫:也作岁本,僧职名,即司膳官,管理大活佛的饮食。黄沛翘《西藏图考》卷六《藏事续考·人事类》:"岁本者,达赖起居之内侍也。其次曰森本,又次曰曲本……"森本:僧职名,即司寝官,管理大活佛的衣服起居。

〔2〕曲琫:即却本,僧职名,管理陈设坛场及供品,为大活佛作法事做准备。黄沛翘《西藏图考》卷六《藏事续考·人事类》:"岁本者,达赖起居之内侍也。……又次曰曲本,职司经卷。"孜

仲:即孜仲巴,僧职名。黄沛翘《西藏图考》卷六《藏事续考·人事类》:“岁本者,达赖起居之内侍也。……又次曰孜仲,职司熬茶。”

卓尼尔效茶斋之奔走〔1〕**,**司商上用度者〔2〕。**罗藏娃司喉舌之异同**〔3〕。达赖喇嘛前通传译语者。

【注】

〔1〕这两句意为:卓尼尔效力于茶斋,罗藏娃负责通传译语。卓尼尔:也作卓涅,即知宾,噶厦职官。黄沛翘《西藏图考》卷六《藏事续考·人事类》:“卓尼尔,达赖之传事者也。”姚莹《康輶纪行》卷一《乍雅两呼图克图缘起》:“卓尼尔者,为呼图克图传命之剌麻也。”效:效力,效劳。

〔2〕商上:西藏地方行政机构,分管财政,除噶布伦一人管理外,设四品仔琫三人、商卓特巴二人。还有专掌粮务的叶尔仓巴、掌道路的朗仔辖、掌刑名的协尔帮、掌马厂的达琫及第巴等四至七品的各种名目官员。黄沛翘《西藏图考》卷六《藏事续考·人事类》:“其收藏金银缎匹珍宝之内库曰商上。”注:“今商上之权颇重。”

〔3〕罗藏娃:也作罗杂哇、洛匝瓦,即译师。司:主持,掌管。

此皆持瓶竖子〔1〕**,捧钵财童**〔2〕**,侍维摩于七宝**〔3〕**,等善觉之二空者也**〔4〕。《鹤林玉露》:裴休访谭州善觉禅师,问:侍者有否?师曰:有一两个。乃唤大空、小空。二虎自庵后出。师曰:有客且去。

【注】

〔1〕这四句意为:这些都是捧着净瓶,端着食钵的仆从,如同伺候维摩诘的七宝,候应善觉的二空。竖子:童仆。

〔2〕财童:亦称“善财童子”,常立于观音的塑像或画像旁,俨如仆从,这里借指侍从。

〔3〕维摩:即维摩诘,梵语音译,意译为“净名”、“无垢称”。《维摩诘经》中说他和释迦牟尼同时,是毗耶离城中的一位大乘居士。尝以称病为由,向释迦遣来问讯的舍利弗和文殊师利等宣扬教义。为佛典中现身说法、辩才无碍的代表人物。七宝:七种珍宝,这里指七宝塔。《妙法莲华经·见宝塔品第十一》:“尔时佛前有七宝塔,高五百由旬,纵广二百五十由旬,从地踊出住在空中,种种宝物而庄校之,五千栏楯龛室千万,无数幢幡以为严饰,垂宝璎珞,宝铃万亿而悬其上,四面皆出多摩罗跋栴檀之香,充遍世界。其诸幡盖,以金银琉璃车磲马脑真珠玫瑰七宝合成。”

〔4〕二空:《景德传灯录》卷八:“潭州华林善觉禅师常持锡夜出林麓间,七步一振锡一称观音名号。……一日观察使裴休访之,问曰:‘师还有侍者否?’师曰:‘有一两个。’裴曰:‘在什么处?’师乃唤大空、小空。时二虎自庵后而出,裴睹之惊悸。师语二虎曰:‘有客且去。’二虎哮吼而去。裴问曰:‘师作何行业感得如斯?’师乃良久曰:‘会么?’曰:‘不会。’师曰:‘山僧常念观音。’”今本《鹤林玉露》不见善觉事。

尔其伏腊岁时〔1〕,演甘露化城之会〔2〕;《涅槃

经》:诸大比邱等于其晨朝日初出,离常住处,嚼杨枝,遇佛光明,疾速嗽口澡手。《华严经·行品》:手执杨枝,当愿众生,皆得妙法,究得清净。《释典》:手把杨枝,遍洒甘露水。○法华导师多诸方便,于险道中化作一城,是时疲极之士众前入化城中,生已度想,生安稳想。云见《法华经》。**普门佛顶[3],会瞿摩行像[一]之期**[4]。《元史·世祖纪》:[5]"作佛顶金轮会。"○《佛国记》[6]:僧伽蓝名瞿摩帝[7],是大乘学,王所敬重。最先行像,四月一日为始,作四轮车,如行殿,其中菩萨诸天神侍从,散花烧香,至十四日行像乃讫,王及夫人乃还宫也。

【校】

〔一〕像,榕园本作"象",当误。

【注】

〔1〕此段叙藏历除夕驱鬼的习俗。这两句意为:至于岁末祭祀,召开普渡众生的大法会;作佛顶金轮会,恰逢瞿摩行像的时候。尔其:承接连词,犹至于,至如。伏腊:古代伏祭和腊祭。伏祭在夏季伏日,腊祭在农历十二月,泛指节日。岁时:岁末之时。

〔2〕甘露:甜美的露水。《涅槃经·寿命品第一》:"时有无量诸大弟子……于其晨朝日始初出,离常住处,嚼杨枝时,遇佛光明,并相谓言:'仁等速疾漱口澡手。'"《杜诗详注》卷八《别赞上人》:"杨枝晨在手。"《华严·净行品》:手执杨枝,当愿众生,

皆得妙法,究竟清净。杨德周曰:《释典》:手把青杨枝,遍洒甘露水。"化城:指幻化之城。《妙法莲华经·化城喻品第七》:"譬如五百由旬险难恶道,旷绝无人,怖畏之处。若有多众欲过此道至珍宝处。有一导师,聪慧明达善知险道通塞之相,将导众人欲过此难。所将人众,中路懈退,白导师言,我等疲极而复怖畏,不能复进。前路犹远,今欲退还。导师多诸方便,而作是念,此等可愍。云何舍大珍宝而欲退还。作是念已,以方便力,于险道中过三百由旬,化作一城。告众人言,汝等勿怖,莫得退还。今此大城,可于中止,随意所作。若入是城,快得安隐,若能前至宝所,亦可得去。是时疲极之众,心大欢喜,叹未曾有,我等今者免斯恶道,快得安隐。于是众人,前入化城。生已度想,生安隐想。尔时导师,知此人众既得止息,无复疲倦,即灭化城,语众人言,汝等去来宝处在近,向者大城我所化作为止息耳。"

〔3〕普门:指佛法周遍融通,可使人得无上解脱。《法华义疏·观世音菩萨普门品》:"所言普门者,普以周普为义,门是开通无滞之名。"佛顶:借指法会。

〔4〕瞿摩:即瞿摩帝,于阗寺庙名。行像:是用宝车载着佛像巡行城市街衢的一种宗教仪式。赞宁《大宋僧史略》说:"行像者,自佛泥洹,王臣多恨不亲睹佛,由是立佛降生相,或作太子巡城相。"这是佛教"行像"的起源。

〔5〕《元史》:宋濂、王濂主编,全书二百一十卷,记述了从蒙古族兴起到元朝建立和灭亡的历史。

〔6〕《佛国记》:佛教传记,又称《高僧法显传》、《历游天竺记》,东晋沙门法显撰,1卷。该书系法显亲身经历的游记,记述了法显偕慧景、道整、慧应、慧嵬等,于东晋隆安三年(399年)自

长安出发,至古印度等30馀国游学,于义熙八年(412年)乘船返归,途中历经各国的所见所闻,详细地记载了各国山川地势、风土人情、物产气候、宗教信仰、佛教胜迹、政治经济、社会制度、语言文字等。为以后西行求法的僧人起了很大的指导作用。《佛国记》载法显到达于阗后,“国主安顿供给法显等于僧伽蓝。僧伽蓝名瞿摩帝,是大乘寺。……其国中有四大僧伽蓝不数小者,从四月一日城里便扫洒道路,庄严巷陌,其城门上张大帏幕,事事严饰。王及夫人、婇女皆住其中。瞿摩帝僧是大乘学,王所敬重,最先行像。离城二四里作四轮像车,高三丈馀,状如行殿,七宝庄校,悬缯幡盖。像立车中,二菩萨侍作,诸天侍从,皆以金银雕莹悬于虚空。像去门百步,王脱天冠,易着新衣,徒跣持花香,翼从出城迎像,头面礼足,散花烧香。像入城时,门楼上夫人、婇女遥散众花,纷纷而下。如是庄严供具,车车各异。一僧伽蓝则一日行像。自月一日为始,至十四日行像乃讫。行像讫,王及夫人乃还宫耳。”

〔7〕僧伽蓝:僧伽蓝摩的简称,也作伽蓝,意为众园,僧众所住的园林。泛指寺庙。

天神降而山鬼藏〔1〕**,穷野人之伎俩**〔2〕;《传灯录》:道寿禅师在寿州,三峰山有一野人作佛形及罗汉、菩萨等天仙形。师告众曰:野人作多色伎俩惑人,只消老人不见不闻,伊伎俩有尽,吾不闻不见无尽。**冈洞鸣而巴陵送**〔3〕**,夸幻术之离奇**〔4〕。洞噶,海螺也,佐以铙、鼓、长号。冈洞,人胫骨也,吹之以驱鬼祟。巴陵者,以酥油和面为之，高四尺，如火焰形。除夕前一日，布达拉众喇嘛妆诸天神佛及二十八宿像，旋转诵经。又为人皮形，铺天井中央。神鹿、五鬼及护法神往捉之。末则排兵甲、幡幢，用火枪送出布达山下，以除一岁之邪。达赖喇嘛御楼以观，四面环睹〔一〕者男女万人。

【校】

〔一〕睹，反约篇本、榕园本作“观”。

【注】

〔1〕这两句意为：天神降临而山鬼藏匿，穷尽野人骗人的伎俩；吹奏起冈洞驱鬼，制作酥油花送魅，炫耀幻术的神奇。

〔2〕穷：穷尽，全部。野人：《景德传灯录》卷四：“寿州道树禅师……卜寿州三峰山结茅而居。常有野人服色素朴言谭诡异，于言笑外化作佛形及菩萨、罗汉、天仙等形，或放神光，或呈声响。师之学徒睹之皆不能测，如此涉十年，后寂无形影。师告众曰：‘野人作多色伎俩眩惑于人，只消老僧不见不闻。伊伎俩有穷，吾不见不闻无尽。’”和注“道寿”或为“道树”之误。伎俩：不正当的手段。

〔3〕冈洞：也作罡洞，人骨笛，用人的小腿骨制成，吹起来声音尖利刺耳，给人恐怖的感觉。巴陵：即酥油花。

〔4〕幻术：幻化的法术。离奇：不平常，不寻常。

此除夕之跳布札也〔1〕。此即古方相氏黄金四目大

傩之遗意也[2]。

【注】

〔1〕这句意为:这便是除夕时候跳布扎的情景。跳布札:《番僧源流考》附录二《西藏宗教节日单》:"十二月三十日,按蛮家礼,商上跳布扎。令一喇嘛顶盔贯甲,在后居中走,前列门纛二杆,执事刀枪排队,后拥鸟枪手有一百馀人,至各番官门首,迎门念经唪咒毕,放鸟枪一阵,按各番官家均到,以为逐鬼。其各番官及蛮民互送年礼,用白面合大丸煮熟,以木桶盛之,提送亲友,即如汉人之送年礼。"

〔2〕方相氏:周代职官名,掌管驱除瘟疫、邪祟。《周礼》卷三十一《夏官·方相氏》:"方相氏掌蒙熊皮,黄金四目,玄衣朱裳,执戈扬盾,帅百隶而时难,以索室驱疫。大丧,先柩,及墓,入圹,以戈击四隅,驱方良。"又卷二十五《春官·占梦》:"乃舍萌于四方,以赠恶梦,遂令始难欧疫。"传:"令,令方相氏也。……故书'难'或为'傩'。……《月令》:季春之月,命国傩,九门磔禳,以毕春气。仲秋之月,天子乃傩,以达秋气。季冬之月,命有司大傩,旁磔,出土牛,以送寒气。"傩:驱逐所谓"疫鬼"的一种仪式。大傩:即岁末驱除瘟疫的大型禳祭。遗意:遗留的意思,这里谓跳布札是中原驱傩仪式在西藏的留存、表现。

履端肇瑞[1],方丈延师[2]。

【注】

〔1〕此段叙藏历新年初一达赖喇嘛宴请僧俗,共庆新年的

情景。这两句意为:正月初一,瑞气肇始,达赖喇嘛宴请僧众。履端:年历的推算始于正月朔日,谓之“履端”。《左传·文公元年》:“于是闰三月,非礼也。先王之正时也,履端于始,举正于中,归馀于终。”注:“步历之始,以为术之端首。”疏:“履,步也,谓推步历之初始,以为术历之端首……历之上元,必以日月全数为始,于前更无馀分,以此日为术之端首,故言履端于始也。”后因以指正月初一。肇瑞:瑞气肇始。

〔2〕方丈延师:这里指达赖喇嘛宴请众高僧。西藏民主改革以前,达赖喇嘛和摄政每年藏历新年都要在布达拉宫进行隆重的藏历新年庆典。正月初一,启明星升起之后,达赖喇嘛起床进食早餐,随后向吉祥天女班丹拉姆的唐卡画像敬献内库哈达和五种供品,并向吉祥天女祈祷和发新年祝愿。太阳升起后,僧俗官员迎请达赖喇嘛到红宫顶层,向三界主母吉祥天女抛掷、敬献朵玛施食。接着,达赖喇嘛在僧俗官员的簇拥下进入白宫司西平措大殿,参加新年庆典。这时,驻藏大臣和达赖喇嘛互献内库哈达,互祝新年吉祥如意。摄政、噶伦等僧俗官员以及哲蚌寺、色拉寺的上师堪布等依次向达赖喇嘛致敬并献三次哈达。来宾落座后,布达拉宫乐舞队开始表演。十馀名舞童身穿五彩衣,头戴白布圈,靴上系满铃铛,上场跳钺斧舞,唱道:“殊胜布达拉宫,殿宇金碧辉煌,胜幢五彩飞扬。”人们献上酥糕、酥油茶、人参果、甜米饭、油炸面点以及各类干果、水果。三大寺两名高僧当场辩经。达赖喇嘛为参加庆典的人摩顶,进行新年祝福。庆典活动在撒卡色(油炸果)、抢卡色活动中结束。

展金渠之榻[1]，开花蘤之帷[2]。

【注】

〔1〕这两句意为：展开金马、石渠之床，打开绣有各种花卉的帷帐。金渠：即金马门、石渠。金马门为待诏之处，石渠为汉代国家藏书之所。榻：窄而低的床，这里指座几、座床。

〔2〕花蘤（huā）之帷：谓绣有各种花卉的帷帐。蘤，古“花”字。

幢悬慢折[1]，衲卷尘离[2]。

【注】

〔1〕这两句意为：经幢挂起，傲慢尽销；袈裟卷起，尘念全除。幢悬慢折：黄沛翘《西藏图考》卷八《艺文考下·和宁西藏赋注》：“按《佛书》：折彼骄慢。”骄慢即傲慢。此句谓经幢悬挂起来后，一切傲慢之心全都销折。

〔2〕衲卷尘离：谓随着袈裟的卷起，一切尘念皆随之而去。衲，僧衣。

罗阇粥、傧茶波[1]，烂盈釦器[2]；庵摩果、伊蒲馔[3]，粲设雕椸[4]。

【注】

〔1〕这两句意为：糜粥、糌粑盛满大小容器；水果、素盘等摆

满餐桌。罗阇(shé):《北堂书钞》卷一百四十四《糜篇九》:"高昌啜罗阇"条下引《凉州异物志》:"高昌僻土,有异于华,寒饮冷水,暑啜罗阇。补案:罗阇,此郡糜粥俗号也。"傧(bīn)茶波:即上文所言团堕,这里指藏族主食糌粑。

〔2〕烂:众多的样子。盈:充满,充斥。釦(kòu)器:镶有金边的器皿。《说文解字》:"釦,金饰器口也。"《后汉书》卷十《皇后纪·和熹邓皇后》:邓皇后裁减宫中用度,"其蜀汉釦器,九带佩刀,并不复调。"注:"蜀,蜀郡也。汉,广汉郡也。二郡主作供进之器。……釦,音口,以金银缘器也。"

〔3〕庵摩果:黄沛翘《西藏图考》卷八《艺文考下·和宁西藏赋注》谓:"庵摩罗果名,出《佛经》。"《维摩经疏》卷三:"庵摩果者,其形似桃而非桃,能除风气。"伊蒲馔:佛寺素席。《后汉书》卷四十二《光武十王列传·楚王英》:楚王英"晚节更喜黄老,学为浮屠斋戒祭祀。八年,诏令天下死罪入缣赎。英遣郎中令奉黄缣白纨三十四诣国相曰:'托在蕃辅,过恶累积,欢喜大恩,奉送缣帛,以赎愆罪。'国相以闻,诏报曰:'楚王诵黄老之微言,尚浮屠之仁祠,洁斋三月,与神为誓,何嫌何疑,当有悔吝?其还赎,以助伊蒲塞桑门之盛馔。'"注:"伊蒲塞,即优婆塞也。中华翻为'近住',言受戒行,堪近僧住也。桑门,即沙门。"明·彭大翼《山堂肆考》卷一百四十五《伊蒲馔》:"东汉楚王英诣阙以缣赎罪,诏报曰:王好黄老之言,尚浮屠之教,其还赎,以助伊蒲塞桑门之馔。注云:'伊蒲塞,即优蒲塞也。'或云:伊,伊兰花。蒲,即菖蒲花。西域以之供佛,故曰伊蒲馔。"《御定韵府拾遗》卷七十六"伊蒲馔"条下引《名山记》:谢东山《游鸡足山记》曰:"山之绝顶一僧,洛阳人,留供食,所具皆佳品。予谓野亭曰

此伊蒲馔也。”

〔4〕粲(càn):鲜明,美丽。雕椸(yí):雕饰精美的桌几。《康熙字典》“椸”字条:“《扬子方言》:榻前几,赵魏之间谓之椸。”藏式家居大都装饰有各种精美图案,色彩鲜艳。

排舍卫之笼官[1],魁头膜拜[2];进犁轩之嗢末[3],合掌思维[4]。

【注】

〔1〕这两句意为:拉萨的僧俗官员莫不摘下帽子,长跪而拜;犁轩等地进献的仆从,莫不合掌胸前,表示礼敬。舍卫:为古印度骄萨罗国的都城,意译为好名闻,因其国中政教善良,风俗敦厚,且充满许多有德有智的学者,嘉誉风闻各国,故名。相传释迦牟尼曾在此居住二十五年。这里以舍卫借指拉萨。笼官:吐蕃军队职官名。《新唐书·吐蕃传下》:“吐蕃不得志,入掠黎雅,于是剑南兵合南诏与战,破之,禽大笼官论器然。”又“禽笼官,斩级三百,获马、粮、械数千。”

〔2〕魁(kuí)头:不戴帽子。魁,通“科”。《后汉书》卷八十五《东夷传·韩》:“(马韩人)大率皆魁头露紒,布袍草履。”李贤注:“魁头犹科头也,谓以发萦绕成科结也。”黄沛翘《西藏图考》卷八《艺文考下·和宁西藏赋注》:“按‘魁’读作‘椎’。‘魁头’即椎髻也。”膜拜:长跪而拜,表示极度恭敬。

〔3〕犁轩:地名。《史记》卷一百二十三《大宛列传》:安息“西则条枝,北有奄蔡、黎轩。”“黎轩”即“犁轩”。《史记索隐》

卷二十七:“犁轩,《汉书》作‘犁靬’,《续汉书》:一名大秦。”《资治通鉴》卷十九:“水皆西流注西海。”注:“雷翥海即西海,在安息之西,犂轩之东,东南连交州海。”嗢(wà)末:《资治通鉴》卷二百五十:“是岁,嗢末始入贡。嗢末者,吐蕃之奴号也。”

〔4〕合掌:也称合十,佛教徒合两掌于胸前,表示虔敬。思维:思惟,思量。

搥干莲而唵葡萄〔1〕,感骍乳狮糖之惠〔2〕;啗牢丸而噏粔籹〔3〕,答狸奴白牯之施〔4〕。

【注】

〔1〕这两句意为:吃着莲子、葡萄、乳糖、汤饼、馓子、牛羊肉,感戴达赖喇嘛的赏赐,感谢施主的布施。搥(chuí)干莲:即砸莲子。《天中记》卷五十三《莲·宴用干莲子》:“监军张承业,本朝旧人,权贵任事,人士胁眉低首候之,唯马郁滑稽侮狎。每宾僚宴集,承业出异方珍果陈列于前,客无敢先尝,当郁前者,食之必尽。承业私戒主膳者曰:‘他日马监至,唯以干莲子置前而已。’郁至观之,知其不可啖。异日靴中置铁锤,出以击之。承业大笑曰:‘为公易馔,勿败余食案。’”唵(ǎn):用手抓东西吃。

〔2〕骍(xīng)乳:马奶。骍,赤色马。狮糖:制成狮形的糖。沈自南《艺林汇考·饮食篇》卷二:“《能改斋漫录》:近世造糖之精者,谓之狮子乳糖,亦有所本耳。按《后汉·显宗纪》注云:以糖作狻猊形,号猊糖。”惠:好处,恩惠。

〔3〕啗(dàn):同“啖”,吃。牢丸:沈自南《艺林汇考·饮

食篇》卷二:"《丹铅录》、《艺文类聚》、束皙《饼赋》有'牢丸'之目,盖餐具名也。东坡诗以'牢九'具对'真一'酒,诚工矣,然不知为何物。后见《酉阳杂俎》引《伊尹书》:有笼上牢丸、汤中牢丸。'九'字诗人贪奇趁韵而不知其误,虽东坡亦不能免也。牢丸,今汤饼也。"噙(qín):嘴里含着。粔籹(jù nǚ):古代的一种油炸食品。以蜜和米面,搓成细条,搓成束,扭作环形,用油煎熟,如同现在的馓子。《楚辞·招魂》:"粔籹蜜饵有怅餭些。"王逸注:"言以蜜和米面,熬煎作粔籹。"

〔4〕狸奴:也作黧奴,猫的别称。白牯(gǔ):白牛。施:布施。

腥瓯腻椀〔1〕,羊脊牛膍〔2〕;么醙大嚼〔3〕,掬溢归遗〔4〕。

【注】

〔1〕这两句意为:碗里盛着牛羊肉,杯里倒满美酒,大块吃肉,满杯敬酒。瓯:杯子。椀(wǎn):同"碗"。

〔2〕羊脊:羊排。膍(pí):牛胃,俗称牛肚。

〔3〕么醙(dòu):《康熙字典》"醙"字条:"又《梵书》:美味曰么醙。又天酒名么醙。"

〔4〕掬(jū)溢:《佩文韵府》引《孔丛子》:"两手曰掬,一手曰溢。"引申为端起,捧起。归遗:同义复合,送给。《左传·昭公二十四年》:"越公子仓归王乘舟。"注"归,遗也。"

吹顿人之云箫[1]，声喧兜率[2]；舞侲童之月斧[3]，乐奏侏僑[4]。

【注】

〔1〕这两句意为：乐人吹奏起云箫，声震云天；童男童女舞蹈起月斧，侏僑音乐伴奏。顿（jìng）人：乐人。《康熙字典》"顿"字条引《正字通》："乐工、倡优、弄人，一曰顿，俗作净。"云箫：古代管乐器排箫的一种。

〔2〕兜率：即兜率天，梵语音译。佛教谓天分许多层，第四层叫兜率天。它的内院是弥勒菩萨的净土，外院是天上众生所居之处。黄沛翘《西藏图考》卷八《艺文考下·和宁西藏赋注》："按兜率天宫出《佛书》。率音律。"

〔3〕侲（zhèn）童：也作侲僮，指童子。《文选》张衡《东京赋》："侲子万童，丹首玄制。"李善注："侲子，童男童女也。"月斧：斧名。因刃口呈偃月形而得名。

〔4〕侏僑（zhū lí）：也作侏离，我国古代西部少数民族乐舞的总称，也泛指少数民族。

此元旦之宴众番也[1]。

【注】

〔1〕这句意为：这就是新年第一天宴请僧俗的情景。元旦：新年的第一天，这里谓藏历正月初一。

乃有挺身缒险〔1〕**，撒手飞绳**〔2〕。正月二日，作飞绳戏，从布达拉最高楼上系长绳四条，斜坠山下，钉桩拴固。一人在楼角，手执白旗二，唱番歌毕，骑绳俯身直下。如是者三。绳长三十馀丈。后藏花寨子番民专习此技。岁应一差，免其馀徭。内地缘竿、踏绳，不足观也〔3〕。

【注】

〔1〕此段叙藏历新年期间各项体育运动。这两句意为：于是有撒手飞绳表演，惊险刺激。挺身：直起身子。缒(zhuì)险：犹探险。

〔2〕撒手：松开手，放开手。飞绳：即飞绳戏，藏语称"强嘎塔雪"。《番僧源流考》附录二《西藏宗教节日单》："正月初二日……达赖喇嘛家宴……散宴。随上楼看飞绳……一绳从山楼上垂下，两端拴固，一人从上头面朝下，顺绳溜去，双手持旗，溜至中间，双手正背换旗，一连三人飞绳溜下。看毕，达赖喇嘛转回，观看之众人皆散。"徐珂《清稗类钞·时令类·西藏岁时纪略》："初二日会饮如元日，以数十丈皮绳系于布达拉山，童女猱升而上，以木板护胸，手足四舒，如矢离弦，应声而下。"《西藏民俗》1998 年第 3 期丁玲辉《西藏民间的高空滑绳表演》："高空滑绳即飞绳运动，高空滑绳这种技艺当是从溜索发展而来的。溜索原是一种渡河的工具。"据说飞绳表演是从五世达赖时期开始的，格鲁派势力强大后，推翻了藏巴汗政权，成为西藏政教统治者。作为对藏巴汗臣民的一种侮辱性惩罚，规定后藏人每年都要到拉萨完成这个表演。表演由后藏吉定河谷村民承担。表

演时，将四根长约百米的牛皮绳系在布达拉红宫墙壁和山下无字碑头之间。表演者身着氆氇衣裤，短装打扮，手持两面白旗，胸前系一块生牛皮，牛皮外面是一个木鞍。表演者倒悬身子俯在木鞍上，从牛皮绳上飞快溜下，非常惊险。因此西藏有俗语说："强嘎的阿妈不是饿死是愁死的。"

〔3〕缘竿：也称缘竿伎、缘竿戏，古代百戏杂技中的爬竿节目。踏绳：又称踏索，即杂技走绳。演员在悬空的绳索上来回走动，并表演各种动作。

落风鸢之一线〔1〕，搏霜鹘于千层〔2〕。

【注】

〔1〕这两句意为：人若风筝系于一线，又似鹘鸟俯冲直下。风鸢：风筝。

〔2〕霜鹘（gǔ）：即鹘。鹘鸟性猛鸷凶残，故称。千层：极言高。

百尺竿头〔1〕，谁进无穷之步；九重天上，今超最上之乘〔2〕。

【注】

〔1〕这两句意为：站在百尺高竿的顶端，有谁还往前迈出了无数步；登上九重云霄，飞绳艺人表现出最高超的水准。百尺两句：化用"百尺竿头，更进一步"，比喻虽已达到很高的境地，但

不能满足,还要进一步努力。《景德传灯录》卷十:"师示一偈曰:'百丈竿头不动人,虽然得入未为真,百尺竿头须进步,十方世界是全身。'"

〔2〕最上之乘:佛教谓最高明圆满的教法,这里比喻技艺达到的最高境界。

复有平原驰骋〔1〕,角力争能〔2〕。狪狖花骢,喜与驽骀争道〔3〕;渥洼名产,肯输款段骁腾〔4〕。正月下旬,达赖喇嘛及噶布伦、公、台吉等各遣所属唐古特在大招前拍马驰骋〔5〕,先到者为胜。

【注】

〔1〕这四句意为:又有平地跑马,比赛争先。名马喜欢与劣马同道争先,神驹奔驰飞腾又肯输给驽马。平原:即平地。驰骋:骑马飞奔,这里指赛马。《番僧源流考》附录二《西藏宗教节日单》:"正月二十六日,看跑马,跑人,贯跤,抱石……马约有一百馀匹,骑马之人皆系蛮童,身穿五彩衣,听炮响为号,马从藏之西北塔门跑来,由法台前过,跑马出藏街之东工布塘地方收马,令碟巴头人在彼等候,挨次发奖。一等赏五色哈达等物,其次者赏哈达茶叶等物,赏有差等。"徐珂《清稗类钞·时令类·西藏岁时纪略》:"二十五日,为竞马竞走之戏。其距离凡二里馀,马皆骏逸,十馀岁之童骑之,举动活泼,扬鞭疾驱,按其先后,以判胜负。胜者,达赖赏以绸缎手帕。而首至之马,例当献于达赖,达赖偿以五十金。供此役者,家免一年差役。"

〔2〕角力：比武，决胜负。争能：比才能和本领。

〔3〕狪狖（tóng yòu）：黄沛翘《西藏图考》卷八《艺文考下·和宁西藏赋注》："按《字典》狪音通，狖音柚。泰山有兽名曰狪狪。狖，黑猿也。"花骢（cōng）：青白杂毛的马。驽骀（nú tái）：劣马。争道：争占道路，比试先后。

〔4〕渥洼：水名，在今甘肃省安西县境，传说产神马之处。也指代神马。欵（kuǎn）段：马行迟缓的样子。欵，同款。骁腾：谓骏马奔驰飞腾。

〔5〕公：爵位名。清朝在西藏封有辅国公。台吉：清代对蒙古部落的封爵，位次于辅国公，分四等。

抵戏翘关〔1〕**，五指之神狮出现；**又番人举重石〔一〕。又〔二〕裸衣扑跌以角胜。○《涅槃经》：阿阇王令醉象蹋佛，佛以慈善根力舒其五指，遂为五狮子儿〔三〕，醉象惶惧而退。**御风追日**〔2〕**，万回之脚马先登**〔3〕。又番人于七八里外争以步行跑远，以先到大招者为胜。○《传灯录》：万回法云者，虢州人也，俗姓张，啸傲如狂。唐武则天时赐万回和尚锦袍玉带，八九岁始能言。其兄戍安西，师持信朝往夕返万馀里，故号万回云。

【校】

〔一〕石，榕园本作"名"，误。

〔二〕又，图考本作"并"。

〔三〕儿，《后汉书》卷八十八《西域传》："感验明显，则事出天外。”注引《涅槃经》作“见”，同“现”。

【注】

〔1〕这两句意为：摔跤举石，五个手指头上有神狮子出现；步行跑远，犹如万回一般矫健。抵戏：较量技艺。这里指西藏传统体育项目摔跤。《番僧源流考》附录二《西藏宗教节日单》：“跑人毕，在法台前贯跤，人有十数对，大力跤胜者，赏大哈达，负者不赏。如贯跤二人胜负不分者，同赏大哈达各一。”翘关：《文选》左思《吴都赋》：“翘关扛鼎，拼射壶博。”李周翰注：“翘、扛皆举也。关，门关也。”这里指西藏传统体育项目举石。《番僧源流考》附录二《西藏宗教节日单》：“贯跤毕，抱石之人上法台前，石系圆石子，微长，约四百馀斛，以抱起能转走者为上等，赏哈达。”

〔2〕御风追日：乘风飞行，追赶太阳。这里借指西藏传统体育项目赛跑。《番僧源流考》附录二《西藏宗教节日单》：“跑马毕，跑人，人从江达冈跑来，只跑到法台前止，赏亦有等差。”

〔3〕脚马：和宁《易简斋诗抄》卷一《大关山》：“初识关山险，人争脚马拖。”自注：“土人以铁翅束足底，名脚马。”

厥惟元夕〔1〕，竟尚燃灯〔2〕。

【注】

〔1〕此段叙藏历正月十五酥油花灯的盛况。这两句意为：正月十五的夜晚，处处竞相点起酥油花灯。厥：句首语气词，乃，

就。惟:语气词。元夕:正月十五日为上元节,是夜称元夕,与“元夜”、“元宵”同。

〔2〕尚:尊崇,注重。燃灯:点灯,这里指点燃酥油花灯。《番僧源流考》附录二《西藏宗教节日单》:“正月十五日,燃灯供佛之期。布达拉寺并各寺院均皆点燃酥油灯。惟大招寺墙外街道上,周围用牛皮雕刻各样花灯,上至达赖喇嘛,下至番官各立一分,在大招寺外安设,俱用酥油点燃。其花灯,有上做佛像下做人物者,又有做活踹跐人物,头动手摇者,各有不同,辉煌毕美,只有正月十五日一夜。”项应莲《西昭竹枝词》也描绘了正月十五的盛况,诗中说道:“牛皮作底酥油面,装点玲珑绘陆离。下列朦胧灯几盏,鳌山元夜大昭围。”西藏酥油花与内地花灯不同,确切地说是面塑,它是用酥油调和面粉,在牛皮上塑出各种神话传说、宗教故事、花鸟虫鱼等图案造型,然后张挂在几十米高的木架上,木架前点燃一排排酥油灯。灯光、月光与酥油花交相辉映,绚丽夺目。

煎万户之馋膏〔1〕,星流月偃〔2〕;耀百华之宝树〔3〕,霞蔚云蒸〔4〕。

【注】

〔1〕这两句意为:家家户户都点起酥油花灯,星星和月亮都黯然失色;七宝树上装饰繁多,灿烂绚丽。煎:点燃。馋膏:即馋脂,指经烛火燃烧后滴下的烛油。

〔2〕星流:《诗经·豳风·七月》:“七月流火。”谓七月时

候,火星西沉。这里指星星西沉,星光黯淡。月偃:月亮落下去。

〔3〕百华:即百花,各种花。宝树:即七宝树,极乐世界中以七宝合成的树木。

〔4〕霞蔚云蒸:像云霞升腾聚集起来,形容景物灿烂绚丽。蔚,聚集。蒸,上升。

青鸾彩凤〔1〕,灵鹫仙鹏〔2〕。

【注】

〔1〕这两句意为:花灯造型有青色的鸾鸟,七彩的凤凰,高山的神雕,仙界的大鹏。青鸾:古代传说中的神鸟。彩凤:即凤凰。

〔2〕灵鹫:神雕。仙鹏:仙界大鹏。

法象吼狮〔1〕,神光夜炳;木牛泥马,业火宵兴〔2〕。

【注】

〔1〕这两句意为:作法的大象、吼叫的狮子、木刻的牛、泥塑的马,一盏盏花灯神采奕奕,烛火通宵达旦。法象、吼狮、木牛、泥马:泛指动物造型的花灯。

〔2〕神光:精神,神采。夜炳:谓在夜色中更加显著。业火:佛教谓恶业害身如火,这里借指花灯的烛火。宵兴:夜间起来,这里指烛火整晚不息,通宵达旦。

琉璃世界〔1〕,点长明大千活佛〔2〕;坚固庵罗〔3〕,传

不昧十万高僧[4]。

【注】

〔1〕这两句意为:僧人们点起长明灯,大昭寺前灯火辉煌,俨然琉璃世界。琉璃世界:形容灯光五颜六色,绚丽多彩。

〔2〕大千:形容极多。

〔3〕庵罗:即庵摩勒果。

〔4〕不昧:明亮,不晦暗。

烟煤彻于重霄[1],云间沃雪[2];灰烬馀于徼道[3],地上销冰。

【注】

〔1〕这两句意为:煤烟全都冲天而起,把空中的雪花都融化了;灰烬洒在大街上,把地上的冰都溶解了。烟煤:即煤烟,物体燃烧时冒出的烟聚积成的黑灰。彻:全,都。重霄:犹九霄,指天空高处。

〔2〕沃雪:以热水浇雪,这里指煤烟将天上的雪花都融化了,形容烟煤之多,烛火多而旺。

〔3〕灰烬:物品燃烧后的剩馀物。徼(jiào)道:巡逻警戒的道路。

此则太乙祠坛之伊始[1],金吾弛禁之明征也[2]。《七修类稿》云[3]:"上元张灯,诸书以为沿汉祀太乙,自昏至明,今其遗事。《容斋三笔》既辩《史记》无此文,尚未得其实。《事物纪元〔一〕》又引《僧史略》,以西域十二月三十日乃汉正月望日〔4〕,彼地谓之大神变,故汉明帝令烧灯表佛,今乃遗事〔二〕。夫事既无据,时日又〔三〕非,不足信也。《春明退朝录》以为梁简文帝有《列灯赋》、陈后主有《山灯》诗,以为起自南朝……《唐书·严挺之〔四〕传》云:'睿宗好音律,先天二年正月望日,胡人婆陀请燃千灯,因弛门禁。帝御安福门纵观,昼夜不息。'韦述《两京新记》:'正月十五夜,敕〔五〕金吾驰禁,前后各一日看灯。'则是始于睿宗,成于玄宗〔六〕无疑。宋乾德五年正月,诏以朝廷无事,区宇乂安〔5〕,今开封府更增十七、十八两夕,五夜之俗因此也。今以十三易十八者,闻太祖初建南都,盛为彩楼,招徕天下富商以实国本,元宵放灯多至十馀日,后约中定为五日耳。"今考《史记·乐书》云:汉帝以正月上辛祀太乙、甘泉,以昏时祀到明。徐坚谓今人正月望夜观灯是其遗事。又《刘向外传》云:上元夜,人皆游赏,向独在家读书,太乙神燃青藜以照向。盖因汉武祭五畤,通夜设燎,取周礼司爟烧燎照祭。后世沿以为佛事耳。且上元张灯不独京师为然,如广陵观灯、西凉灯影,罗公远掷杖化桥或以为潞州,或以为西川,则是天下同风,相沿已久。是知元宵放灯始于汉,盛于唐宋,其原本于西域。郎仁宝以为起自南朝,始于唐睿宗,成于玄宗〔七〕,皆非也。予谓本于西域者,何也?今考卫藏每岁正月十五夜,达赖喇嘛及各胡图克图、噶布伦、公、台吉等于大招四面各设彩灯,以青稞面捻成佛仙之像及鸟兽花卉各种供品,燃以酥油,照以松炬,火光烛天,如不夜城。男女数万,纵游彻晓。其灯架高至二三丈,番僧团坐诵经其下。是《僧史略》所言不为无据。仁宝以为不足信,过矣〔6〕。惟《僧史》以西域十二月晦为汉之正月望〔7〕,则失于考证。何也?今考卫藏时宪名朱尔亥〔8〕,与内地正朔不同者〔9〕,只以置闰不置闰〔10〕,相差一月,朔望则无不同者,何至以晦为望耶。盖除夕前一日则止于送祟,名曰跳布札,并不燃灯也。至于三日、五日之不同,则唐宋以后事耳。

【校】

〔一〕元,《七修类稿》原作"原"。

〔二〕今乃遗事,据《七修类稿》补入。

〔三〕又,《七修类稿》原作"尤"。

〔四〕之,据《七修类稿》补入。

〔五〕敕,据《七修类稿》补入。

〔六〕〔七〕玄,原作"元",避康熙讳。

【注】

〔1〕这两句意为:这就是祭祀太一神的发端,也是正月十五

不宵禁的明证。太乙:即太一,也作泰一,古代神名。《史记》卷二十八《封禅书》:“天神贵者太一。”《索隐》引宋均云:“天一、太一,北极神之别名。”祠坛:祭场,这里指祭祀太乙的地方。伊始:起头,开始。

〔2〕金吾:古代武官名,负责皇帝大臣警卫、仪仗以及京师治安,其名称、体制、权限历代多有不同。汉有执金吾,唐宋以后有金吾卫、金吾将军、金吾校尉等。弛禁:放松禁限。

〔3〕《七修类稿》:明郎瑛撰,共51卷,续稿7卷,分天地、国事、义理、辩证、诗文、事物、奇谑七门,引证广泛。郎瑛(1487~1566),字仁宝,浙江杭州人,因身患疾病,而淡于功名。稍长,乃博览艺文,探讨经史。家藏图书有经史文章,杂家之言、乡贤手迹等,每日坐于书斋中诵读,揽其要旨,撮取精华,辨同异,考谬误,著有《书史衮钺》等著作。

〔4〕望日:十五日。

〔5〕区宇:天地,天下。乂(yì)安:太平,安定。

〔6〕过:错,错误。

〔7〕晦:每月最后一天。

〔8〕时宪:即时宪历,历法名。制定于明末,清顺治二年(1645)颁行,正式采用定气注历。这是我国历法史上第五次,也是最后一次大改革。这里泛指历法。朱尔亥:藏族传统历法,基本上与今天的夏历相同,以月亮的圆缺周期为一个月,大小月相同,大月30日,小月29日。平年12个月,全年354日;每两年半至三年闰月,全年13个月,384日。其重视定望,不重视定朔,“望”必须在每月的十五日,“朔”不一定在每月的初一,这样藏历与夏历有时相差一天。藏历亦是采用干支纪年,六十年一

周期,其以“阴、阳”与五行“金(铁)、木、水、火、土”相配代替十天干,以十二生肖鼠、牛、虎、兔、龙、蛇、马、羊、猴、鸡、狗、猪代替十二地支。

〔9〕正朔:一年的第一天,这里借指历法。

〔10〕置闰:设置闰月,系调整历法纪年与地球公转一周的时间差数的方法。

盖自孟春初吉〔1〕,卜达赖而启行;长住晨离〔2〕,望大招而爰处。

【注】

〔1〕此段叙达赖喇嘛及僧俗参加传召法会的情景。徐珂《清稗类钞·时令类·西藏岁时纪略》:“自初六日至二十一日,于拉萨宫殿为大布施。是日,甘丹、别蚌、色拉、桑鸢四大寺及各处喇嘛悉来诵经。其在内者曰内招,在外者曰外招,众跏趺坐于地,行列整肃。内招日得三餐,或数人与以银钱一枚,外招则半。时或散给衣帽布匹木碗,出入之喇嘛不下十馀万。布施之费,大抵为蒙古及各方信徒所捐助者,若无施主,达赖自舍之。其费,岁需数十万金。”这两句意为:正月初一,达赖启行离开布达拉宫,前往东边的大昭寺驻锡。初吉:朔日,即阴历初一日。《诗·小雅·小明》:“二月初吉,载离寒暑。”传:“初吉,朔日也。”

〔2〕晨离:早晨的太阳,这里借指东边。离,灵鸟,借指太阳。

先期戒事[1]，步马之鼓节雍容[2]；继踵望尘[3]，塞巷之人群延伫[4]。

【注】

〔1〕这两句意为：前面鼓乐引导，先行警戒，达赖喇嘛雍容前行；四方信众引颈驻足，挤满了街道。先期：在事情发生或进行之前。戒事：戒备、守卫之事。

〔2〕步马：牵马调习、训练。鼓节：即鼓点。雍容：形容仪态大方，从容不迫。

〔3〕继踵(zhǒng)：接踵，前后相接，形容人多。望尘：犹言望尘追迹。

〔4〕塞巷：充塞街巷，极言其多。延伫(zhù)：久立，久留。

前驱伍陌[1]，备戕殳锽钺之仪[2]；但马旄头[3]，夹旌节幡麾之侣[4]。

【注】

〔1〕这两句意为：役卒举着各色仪仗，骑马充当前导。前驱：队伍的前导，先锋。伍陌：当作伍伯，地方官府的役卒，充当舆卫前导。

〔2〕备：准备。戕(qiāng)、殳(shū)、锽(huáng)、钺(yuè)：皆为仪仗。戕，枪。殳，疑为殳。锽，古代兵器，形似剑，有三刃，多用作仪仗。钺，古代兵器，青铜或铁制成，形状像板斧而较大。

〔3〕但马：古代仪仗队中不鞴鞍鞯以示备用的马。旄头：古

代仪仗中一种担任先驱的骑兵。

〔4〕旌、节、麾：皆指旗帜。旌，用牦牛尾和彩色鸟羽作旗杆装饰的旗帜。节，符节。幡麾：指挥用的幡旗。

翠葆远翔[1]，孔雀降自天台[2]；黄伞高耀[3]，金轮诣于佛所[4]。

【注】

〔1〕这两句意为：翠羽装饰的伞盖，恰似孔雀自天台山降临人间；金黄色的华盖熠熠生辉，仿佛一只金色的法轮直达佛之所在。翠葆(bǎo)：一种仪仗，以翠鸟羽毛联缀于竿头而成，形状像盖。

〔2〕天台：山名，在浙江省东部天台、宁海、奉化等县市间。东北西南走向。为甬江、曹娥江、灵江分水岭。主峰华顶山，海拔1098米。风景如画，山峦竞秀，被誉为“山岳之神秀”。

〔3〕黄伞：黄色华盖。

〔4〕金轮：金色的法轮。诣：前往，到达。

则有绛韝赤帻[1]，白帢朱缨[2]，貂珥鹭纕[3]，毳衣蟒褚[4]。盼傔从之如云[5]，映晨晖而若炬[6]。

【注】

〔1〕这几句意为：回头一看，随从如云，有戴红色袖套和红色头巾的，有戴白丝帽插红缨的，有佩戴貂尾和白鹭羽毛的，有

穿着皮衣或棉衣的，一个个光鲜无比如同火炬一样映照着早晨的光辉。绛(jiàng)：红色。韝(gōu)：革制的袖套，射箭或劳作时用。赤帻(zé)：红色的头巾。

〔2〕白帢(qià)：白色丝织便帽。帢，便帽，状如弁而缺四角，用缣帛缝制，相传为曹操创制。

〔3〕貂珥(ěr)：插貂尾为装饰。貂，貂尾。珥，插。鹭纕(xiāng)：用白鹭羽毛为装饰的佩带。

〔4〕毳衣：用毛皮做的衣服。蟒褚：绣有蟒文的棉衣。褚，用丝绵装衣服，也指棉衣。

〔5〕盼：顾盼。傔(qiàn)从：随从的人。

〔6〕晨晖：早晨的阳光。炬：火把。

亦有帩头帕腹〔1〕，露顶披肩，犵老羌童，賨男嫫女〔2〕。口洒洒而噤寒〔3〕，手林林而高举〔4〕。

【注】

〔1〕这几句意为：也有用手帕包头的穿着裹肚的，也有光着脑袋披着衣服的，老的少的，男的女的，一个个瑟瑟发抖着将手臂高举，如同树林一般。帩头：古代男子包头发的纱巾，即帕头。这里指用帕头包头。帕腹：即兜肚。

〔2〕犵(gē)老两句：泛指善男善女。犵，古代少数民族名，即仡佬。賨(cóng)，古代巴人缴纳的赋税，也借指巴人。嫫(mó)女，即嫫母，黄帝的第四个妃子。

〔3〕洒洒：《康熙字典》："洒洒，寒栗貌。"噤寒：因受寒而身

体颤动，打寒颤。

〔4〕林林：众多的样子。

俯地讶似伏章〔1〕，叩额连如舂黍〔2〕。

【注】

〔1〕这两句意为：匍匐在地上像是迎接符文，磕头不断如同舂米。俯地：趴在地上。讶：迎接。伏章：颜之推《颜氏家训·治家》："吾家巫觋祷请，绝于言议；符书章醮，亦无祈焉。"王利器集解："卢文弨曰：'案：道士设坛伏章祈祷曰醮，盖附古有醮祭之礼而名之耳。醮，子肖切。'器案：《法苑珠林》卷六十八注：'今见章醮，似俗祭神，安设酒脯棋琴之事。'《通鉴》一七五胡注：'道士有消灾度厄之法，依阴阳五行数术，推人年命，书之如章表之仪，并具贽币，烧香陈读，云奏上天曹，请为除厄，谓之上章。夜中于星辰之下，陈设酒果？饵币物，历祀天皇、太一、五星、列宿，为书如上章之仪以奏之，名为醮。'吴讷《小学集》注五：'符章，即今道士所为符箓章醮，为人祈祷荐拔者。'"伏，跪请。章，疏写所问之事，将"疏文"在神前烧掉，以禀告神灵。

〔2〕叩额：叩头，磕头。舂黍：舂米，把黍子等谷物放在臼里捣去外壳。

乞食于沙瓶国〔1〕，托钵如斯〔2〕；饱众于舍卫城〔3〕，共犍若许〔4〕。

【注】

〔1〕这两句意为：僧人们手托钵盂到处化缘，施主大放布施。乞食：乞讨，要饭，这里指化缘。沙瓶国：疑为瓶沙国。佛经中有瓶沙王，即摩竭陀王，佛在世摩竭陀国王之名。托钵：戒律要求僧人赴斋堂吃饭或至施主家乞食，均以手托钵。

〔2〕如斯：如此。

〔3〕饱众：谓大施布施。

〔4〕共犍(jiān)：谓众僧闻钟而食。犍，即犍椎，也做犍槌、干槌，梵语音译，指寺庙中悬挂的木鱼、钟磬之类。若许：犹许多，那么多。

雁堂信宿[1]，桑门之法供频加[2]；鸟道由旬[3]，须达之布施可茹[4]。

【注】

〔1〕这两句意为：僧人们在拉萨连住两天，供给僧人的布施频频增加；施主们走过漫长艰险的道路，给僧人们送来各种布施。雁堂：又称雁宇，毗舍离在林中为佛陀建造堂宇，以其形状似雁，故称雁堂，后专指佛堂。信宿：连宿两夜。

〔2〕桑门：沙门的异译，僧人。法供：对出家人的供养、布施。

〔3〕鸟道：狭险曲折的山路。由旬：古代印度里程单位。有大中小三种：大由旬约八十里；中由旬约六十里；小由旬约四十里。

〔4〕须达:黄沛翘《西藏图考》卷八《艺文考下·和宁西藏赋注》:"须达,多佛国善人,喜布施。"即须达多,梵语音译,意译为"善与"、"善给"、"善授"等。古印度拘萨罗国舍卫城富商,波斯匿王的大臣,释迦的有力施主之一,号称给孤独。后皈依佛陀。与祇陀太子共同施佛精舍,称祇树给孤独园。这里泛指施主。茹:吃,食用,享用。

伙够十方之众〔1〕,千偈伽陀〔2〕;糯絑四梵之天〔3〕,一钱投予〔4〕。

【注】

〔1〕这两句意为:各方僧人汇聚一起,成千上万人齐声诵经;施主们在寺庙里到处施舍。伙够:众多。十方:指东、南、西、北、东南、西南、东北、西北、上、下十方。

〔2〕伽陀:亦作"伽他",梵语音译,意为偈。

〔3〕糯絑(xī sā):抛洒、散发。黄沛翘《西藏图考》卷八《艺文考下·和宁西藏赋注》:"按《字典》:糯,音悉,放也。絑,音撒。糯絑,散之也。"四梵之天:即四梵天,道教语,天界的一种,即常融天、玉隆天、梵度天、贾奕天。亦称"四民之天"。

〔4〕一钱投予:谓施舍。

宾头卢之遍赴〔1〕,比户逢春〔2〕;白脚僧之高闲〔3〕,阿谁缚汝〔4〕。

【注】

〔1〕这两句意为：罗汉们齐集法会，家家户户喜气洋洋；苦行僧难得清闲，没有什么再来约束。宾头卢：即宾头卢颇罗堕，名宾头卢，姓颇罗堕，略称宾头卢、宾头，十六罗汉中之第一宾头卢尊者也。永住于世，现白头长眉之相。

〔2〕比户：挨家挨户，家家户户。

〔3〕白脚僧：道宣《广弘明集》："沙门惠始，……自初习禅至于没世，五十馀年，未尝寝卧，跣行泥尘初不污足，色愈鲜白，世号白脚阿练。"高闲：清高闲适。

〔4〕阿谁缚汝：《祖堂集》卷四："侍者问法。侍者去彼问：'如何是解脱？'师曰：'阿谁缚汝？''如何是净土？'师曰：'阿谁垢汝？''如何是涅般？'师曰：'谁将生死与汝？'"阿，语气词。用在句首或句中。缚：捆绑，束缚。汝：你。

此波罗蜜之译自古经〔1〕**，摩罗木之讹于番语也**〔2〕。孟春上旬，达赖喇嘛下山赴大招住锡，齐集远近大小喇嘛于大招各经堂诵经，约三万馀众。摩罗木，唐古特语也，汉人谓为攒招，即宗喀巴之穆隆经会，佛书之波罗蜜也。〇《梵书》：六波罗蜜，一布施，二持戒，三忍辱，四精进，五禅定，六智慧。《头陀寺碑》：波罗密者，犹言到彼人也。《字典》：波罗蜜，果名，梵语也。因此果味甘，故借喻之。

【注】

〔1〕这两句意为：这便是从古经中翻译出的波罗蜜，藏语误

读为摩罗木。波罗蜜:梵语音译,意为到彼岸,即由此岸(生死岸)度人到彼岸(涅槃、寂灭)。《文选》卷五十九王简栖《头陀寺碑文》:"行不舍之檀,而施洽群有。"注:"夫心爱众生而行舍者,舍则增爱,非为实舍。故大士之舍,见不施之舍者,及于众生,斯为不舍。以兹而施,故群有俱洽。《大品经》曰:'不施不悭,是名檀波罗蜜。'僧肇论曰:'贤劫称无舍之檀,成具美不为之为也。天竺言檀,此言布施;波罗蜜,此言到彼岸也。'"

〔2〕摩罗木:即攒招,意为传法、集会于大昭寺。也称摩拉木钦波,意为大祈愿法会。为格鲁派最重要的宗教活动之一。明永乐七年(1409)藏历正月,宗喀巴在拉萨地方首领阐化王的资助下,在大昭寺举行盛大祈愿法会,为与会僧众讲经十五天。此后每年例行集会,遂成定例。最初,法会限于说法、化募等佛事活动。达赖五世于清初受册封名号,格鲁派掌政,法会规模日益扩大,规定藏历正月初三日至二十五日由哲蚌寺协敖即大铁棒喇嘛暂代拉萨弥本(管民官)职权。拉萨近郊的哲蚌、色拉、甘丹三大寺僧众云集市内,学僧通过辩经,取得格西学位。十五日在大昭寺周围搭起彩棚灯架,各大寺院及全城居民入夜燃灯志庆。十八日至二十三日由五百名青年穿着骑士古装,手持各种武器,结队策马巡行于闹市通衢,并于广场举行赛马、比射及各种竞技、游艺活动。在法会期间,由中央政府、西藏地方政府及贵族、活佛、王公、土司等,选派人员熬茶,供养与会僧众,并向三大寺发放布施。法会结束时,举行三天跳神及送鬼等宗教仪式。

于焉毗卢会罢〔1〕，玛尼功成〔2〕，托度于肉真人〔3〕，金绳觉路〔4〕；求福于木居士〔5〕，宝辇行城〔6〕。

【注】

〔1〕此段叙法会结束时的神像巡游。这几句意为：法会结束，功德圆满，活佛超度信徒，指点迷津；僧俗人等向佛像祈福，用车拉着佛像在城中巡游。于焉：从此，于此。毗卢会：即法会。毗卢，佛名，毗卢舍那的略称，法身佛之通称，即密教之大日如来。

〔2〕玛尼：玛尼堆。

〔3〕托度：寄托别人超度。肉真人：谓活佛。

〔4〕金绳觉路：李白《春日归山寄孟浩然》诗："金绳开觉路，宝筏度迷川。"金绳，《妙法莲花经·譬喻品》谓净土世界"世界名离垢，清净无瑕秽。以琉璃为地，金绳界其道。"觉路，正觉之道，菩提之道，谓成佛的道路。

〔5〕木居士：对木雕神像的戏称。

〔6〕宝辇：高贵华丽的车子。行城：在城中巡游。

迈达装严〔1〕，螺发偏单而磊落〔2〕；垂忠作态〔3〕，兜鍪比甲而峥嵘〔4〕。

【注】

〔1〕这两句意为：弥勒佛装束整齐，如螺一样的发髻偏向一边；护法喇嘛作出种种姿态，头戴金盔，身披护甲，卓然不凡。迈

达:即迈达尔,弥勒佛。装严:装束整齐。

〔2〕螺发:佛的头发,盘旋曲折如螺纹。偏单:偏向一边。

〔3〕作态:作出各种姿态、表情。

〔4〕比甲:古时一种便于骑射的服装,类似后来的背心。峥嵘(zhēng róng):卓异,不平凡。

雷门䪜䪜其逸响〔1〕,铜角呜呜其长鸣〔2〕。

【注】

〔1〕这两句意为:锣鼓喧天,唢呐高唱。雷门:古代会稽(今浙江绍兴)城门名。因悬有大鼓,声震如雷,故称。䪜(kàn)䪜:击鼓的声音。黄沛翘《西藏图考》卷八《艺文考下·和宁西藏赋注》:"按《字典》:'䪜,音阚,击鼓也。'"逸响:奔放的音乐。

〔2〕铜角:铜制喇叭。

哱啰杂吼〔1〕,梵贝喧声〔2〕。

【注】

〔1〕这两句意为:号角乱吼,法螺喧闹。哱啰(bō luō):古代军中的一种号角,用海螺壳做成。

〔2〕梵贝:佛教名词,意译为"赞叹",指僧人以短偈形式赞唱佛、菩萨之颂歌。

杜多拍钹〔1〕,衲子敲钲〔2〕。

【注】

〔1〕这两句意为:僧人们敲锣打鼓。杜多:梵文音译,也译作"头陀"。玄应《一切经音义》卷二十三:"杜多……谓去其衣服、饮食、住处三种欲贪也。旧言头陀者,讹也。"钹(bó):打击乐器,由一对金属圆盘组成。其种类繁多,大小不一,一般称大者为钹,中小型者为钗。

〔2〕衲子:僧人。钲:行军时用的一种铜制打击乐器,形如铃,有柄可执。

干松吐瑞于凭霄[1],辟邪称贺[2];方帛纷披于拉木[3],大壤群赓[4]。攒招佛事毕则出大小喇嘛。迈达尔佛即弥勒佛。载以四轮车,数百人曳之,垂仲装束为之先导,绕大招一匝,番人争挂哈达。汉名转寺。

【注】

〔1〕这两句意为:青松凌空,呈现瑞兆,神兽祝贺;哈达献给神像,祈求丰年。吐瑞:呈现瑞应。凭霄:凌空,高空。

〔2〕辟邪:古代传说中的神兽。似鹿而长尾,有两角。称贺:犹道贺,祝贺。

〔3〕方帛:方形丝帛,这里借指哈达。纷披:盛多、散乱的样子。

〔4〕大壤:即大穰,大丰收。赓(gēng):继续。

乃有克马魔王,厥号罗公甲布[1]。

【注】

〔1〕此段叙藏历二月二十九日传小召法会结束时驱鬼情景。这两句意为:有驱瘟神活动,瘟神名叫罗公甲布。厥:其,他的。罗公甲布:也作吕公、吕公杰布,意为瘟神。《番僧源流考》附录二《西藏宗教节日单》:"二月二十七日,逐老工甲布。乃蛮人装扮鬼形,将黑白色涂面,充作鬼头、如京内谓之打鬼送祟之类。众喇嘛在大招寺前,派一喇嘛扮作达赖喇嘛念经做法事毕。鬼头与所扮达赖喇嘛掷骰赌赛,鬼头所掷俱系幺三,负不能赢,始才逐之于桑野地方。"徐珂《清稗类钞·时令类·西藏岁时纪略》:"二月二十九日,送瘟神,又名打牛魔王。相传西藏为瘟神托足之地,达赖坐床,乃始逐之。故历年预雇一人扮瘟神,向番官商民敛钱,可得千金。自大招逐出,即起解,营官护送,悉以王爷称之。解至山南,安置之于桑叶寺石洞。洞在寺之大殿旁,幽深而寒栗,体健者,年馀辄死。然瘟神入洞数日即潜回,不至丧命。是日,大招前之官兵,均如扬武状,一人扮达赖喇嘛,与瘟神先后至招。旛帜不一色,击鼓吹笳,亦如前状。有花衣黑帽者十数人,帽各插鬼头,衣之前后悉绣鬼形,在招前跳舞诵经。扮达赖者,铺垫坐招前,与一戴鬼头之法师对坐。须臾,瘟神出,面涂黑白,与达赖相诘难,词屈。复掷骰以赌胜负,达赖之骰以象牙为之,面面皆六,三掷皆卢;瘟神之骰以木为之,面面皆枭,三掷皆枭,负而色赧,意欲别斗法术。达赖与法师及揭谛神明斥其非,瘟神负隅不行,即遣五雷逐之,众喇嘛诵经送至河下,焚草堆如前。"

鲜毒龙之技，角抵触而虚骄；乏醉象之能，鼻拗转而不悟[1]。

【注】

〔1〕这两句意为：牛魔王没有毒龙、醉象的本领，还要恃力争强。鲜，鲜有，少。毒龙之技、醉象之能：比喻强大的实力。《全唐文》卷十九唐睿宗《大宝积经序》："毒龙惧其威光，醉象惮其神力。"抵触：撞击，顶撞。虚骄：无相应的才能或力量而盲目地自傲。拗(niù)转：扭转。拗，同"拗"。

弃田庐之讹寝[1]，欲登摩竭之城[2]；逞狼虎之鸱张[3]，思斫菩提之树[4]。

【注】

〔1〕这两句意为：牛魔王不肯安稳地呆在自己家乡，反而要来争夺布达拉宫；卖弄着虎狼一样的凶样，想要砍倒神圣的菩提树。田庐：田地和房屋，借指家乡。讹寝：谓或动或卧。《诗经·小雅·无羊》："或寝或讹。"毛传："讹，动也。"

〔2〕摩竭之城：借指罗公甲布与达赖喇嘛所争夺的布达拉宫。

〔3〕逞：显示，卖弄。鸱(chī)张：像鸱鸟张翼一样，比喻嚣张，凶暴。

〔4〕斫：砍伐。菩提树：树名，释尊于此树下成道，故名菩提树，译曰道树，又云觉树。《酉阳杂俎》："菩提树出摩伽陁国，在

摩诃菩提寺。盖释伽如来成道时树,一名思惟树,茎干黄白,枝叶青翠,经冬不凋。至佛入灭日,变色凋落,过已还生。至此日,国王人民,大作佛事,收叶而归,以为瑞也。树高四百尺,已下有银塔周回绕之。彼国人四时常焚香散花,绕树作礼。唐贞观中,频遣使往,于寺设供,并施袈裟。至显庆五年,于寺立碑,以纪圣德。此树梵名有二:一曰宾拨梨力叉,二曰阿湿曷咃婆力叉。《西域记》谓之卑钵罗,以佛于其下成道,即以道为称,故号菩提婆力叉,汉翻为树。"

昧羊跪之生全〔1〕,《陈书·王固传》〔2〕:"清虚寡欲,居丧以孝闻。又崇信佛法。及丁生母忧,遂终身蔬食,夜则坐禅,昼诵佛经,兼习《成实论》义,而于元言非所长。尝聘于西魏,因宴飨之际,请停杀一羊,羊于固前跪拜。"**枉鹿趋之保护**〔3〕。《梁书·何允传》〔4〕:"至吴,居虎邱西寺讲经论学,复随之。东境守宰经途者,莫不毕至。允尝禁杀,有虞人逐鹿〔5〕,鹿径来趋允,伏而不动。"

【注】

〔1〕这两句意为:不懂得羊跪谢不杀之恩,鹿径寻善人保护的道理。昧:不明白,不懂得。

〔2〕《陈书》:唐姚思廉撰。

〔3〕枉:空,白白地。

〔4〕《梁书》:记载自梁武帝萧衍建国至梁敬帝萧方智亡国

共五十六年间的历史，唐姚察及其子姚思廉撰写完成。

〔5〕虞人：古代掌管山泽苑囿的职官。《左传·昭公二十年》："十二月，齐侯田于沛，招虞人以弓，不进。"杜预注："虞人，掌山泽之官。"

鸡卵呼大士之音〔1〕，《宣室志》〔2〕：唐文宗"命有司诏中外，罢缁徒说佛书义。又有请斥其不修教者。诏命将行，会尚食厨吏修御膳，以鼎烹鸡卵。方燃火于其下，忽闻鼎中有声，极微，如人言。迫而听之，乃群卵呼观世音菩萨也。吏异之，具以闻。翼日，敕尚食吏无以鸡卵为膳。因颁诏州郡，各于精舍中塑观世音菩萨像。"**雀巢避金刚之塑**〔3〕。《洛阳伽蓝记》〔4〕："修梵寺有金刚像，鸠鸽不入，鸟鹊不巢。菩提达摩云：得其真相也。"

【注】

〔1〕这两句意为：尚未孵出的小鸡都知道呼叫观世音菩萨，鸟雀筑巢都知道避开寺中的佛像。鸡卵：鸡蛋。大士：即观世音菩萨。

〔2〕《宣室志》：唐张读撰，传奇小说集，集中纂录仙鬼灵异之事，往往宣扬戒杀放生、因果报应等佛家思想。汉文帝曾在宣室召见贾谊，问询鬼神之事，故取以为书名。

〔3〕金刚：佛教护法神名，因其手执金刚杵而得名。塑：塑像。

〔4〕《洛阳伽蓝记》：北魏杨衒之撰，记载了洛阳佛寺的盛

况。

投之六花皆赤〔1〕**，卓锡如飞**〔2〕**；答以再掷全么**〔3〕**，输山不住。**二月下旬，送罗公甲布。相传牛魔王作祟，与达赖喇嘛争布达拉。是日，一人扮作达赖喇嘛坐于大招门前，一人扮作牛魔王，众喇嘛扮诸佛，环跳诵经。牛魔王服羊裘，反衣作不服状，乃与达赖喇嘛赌掷骰子。达赖喇嘛一掷成六，牛魔王一掷成么，再掷又么，为输却布达拉乃逃走。

【注】

〔1〕这两句意为：达赖喇嘛与牛魔王掷骰子决胜负，输者退出布达拉宫，结果达赖喇嘛掷出的是六点，牛魔王连掷两次都是一点。六花皆赤：这里指掷出的骰子为六点。骰子六点为红色，最大。

〔2〕卓锡：卓，直立。锡，锡杖，僧人外出所用。

〔3〕么：数字一的别称，这里指掷出的骰子为一点，最小。

观者齐手揶揄〔1〕**，力者合声攫捕**〔2〕**。**

【注】

〔1〕这两句意为：围观的人齐声嘲笑，叫唤着合力捉拿牛魔王。齐手：联手，一起。揶揄(yé yú)：嘲笑。

〔2〕合声：犹齐声，一起喊号子，协调动作。攫(jué)捕：捕

捉，捉拿。

无患之棒若林[1]，《古今注》[2]："拾櫨[一]木，一名无槵木，昔有神巫名宝眊，能符劾[二]百鬼，得鬼以此棒杀之。世人以此木为鬼所畏，故名无患也。"**无孔之椎如注**。《语录》：古禅师曰无心即是道，如寒灰死火，枯木石头，又似一个无孔铁椎，始得，莫学佛法，但是休心。

【校】

〔一〕櫨，榕园本作"攄"，当误。

〔二〕劾，榕园本作"刻"，当误。

【注】

〔1〕这两句意为：众人举起无患棒，如同树林一般；拿起无孔锥，像是流水一样。无患棒、无孔锥：泛指驱鬼时的法器、兵器。

〔2〕《古今注》：三卷，晋崔豹撰。是一部对古代和当时各类事物进行解说诠释的著作。

雷轰轰兮火炮冲霄[1]，**尘壓壓兮童山隐雾**[2]。于是雷公驱逐牛魔王，喇嘛诵经，施放鸟枪，番众随之送过藏河，逃至南山乃止。

【注】

〔1〕这两句意为：火炮冲销，炮声震震，尘土漫天，高山隐于

尘雾。雷轰轰:形容雷声阵阵,连续不断。兮:语气词。

〔2〕塺(méi)塺:尘土弥漫的样子。汉王褒《九怀·陶壅》:"浮云郁兮昼昏,霾土忽兮塺塺。"童山:无草木的山。

尔乃香阜清宁〔1〕,苍生安稳〔2〕。

【注】

〔1〕此段叙展佛、亮宝盛事。这两句意为:佛寺清净庄严,百姓生活安稳。尔乃:语气词。香阜:佛寺的别名。明·王志坚《表异录·佛乘》:"佛寺曰仙陀,又曰仁祠,又曰宝坊,又曰香阜,又曰柰园。"清宁:时世清明太平。

〔2〕苍生:众生,老百姓。

挂三禅之绣佛〔1〕,日慧云慈;现十丈之金身〔2〕,风行草偃〔3〕。

【注】

〔1〕这两句意为:挂出唐卡佛像,现出十丈金身,太阳云彩一片慈慧,风过草低。挂三禅:即展佛。《番僧源流考》附录二《西藏宗教节日单》:"三月初一日,挂大佛像。众喇嘛装扮各样故事,其佛像自布达拉寺山上垂下,高数丈、膀臂宽丈许,大像两轴皆彩锻镶成,远观如画。考其从来,乃观音菩萨现像处有三:一在西域额讷特珂克之南海中山上,有石天官观自在菩萨游舍,乃是真普陀;一在浙江定海县海中,谓善才第二十参观音菩萨说

法处；一在图伯忒，即今番名布达拉山。今时之挂大佛像者，效昔日之花现金身也。”三禅，佛教谓色界之第三禅天，此天名定生喜乐地。绣佛：用彩色丝线绣成的佛像。

〔2〕金身：黄金色之身，谓佛身。《法华经·安乐品》曰：“诸佛身金色，百福相庄严。”

〔3〕风行草偃：《论语·颜渊》：“君子之德风，小人之德草。草上之风，必偃。”何晏集解引孔安国曰：“加草以风，无不仆者，犹民之化于上。”比喻庶民被德教感化而顺从君上。后以“风行草偃”比喻有声望者的言行影响世态俗情。

陈宝丛林〔1〕，献花翠巘〔2〕。

【注】

〔1〕这两句意为：在丛林中陈列各种珍宝，在高山上贡献鲜花。陈宝：陈列宝物。传小召法会结束时，一大早，来自哲蚌寺、色拉寺、甘丹寺等寺院的千馀名僧人以及古装仪仗队，在手提香炉的僧官引导下，高举旗、幡、伞、幢等仪仗，演奏着各种宗教法器，在拉萨城巡游。巡游队伍中间则是官员们高捧大昭寺珍藏的各种宝物。巡游队伍从大昭寺出发，绕八廓街一周，穿过宇妥琉璃桥，最后到达布达拉下面，向布达拉挂出的两幅唐卡佛像朝拜。朝拜结束后，巡游队伍绕布达拉一周，返回大昭寺，点验交接各种仪仗和宝物。

〔2〕翠巘（yǎn）：青翠的山峰。

毕切齐〔1〕，能书记者。**滴金壶之墨**〔2〕**，纪胜会于龙华**〔3〕；**朱尔亥**，晓时宪者。**衍玉氈之文**〔4〕**，卜法游于鹿苑**〔5〕。三月初一日，布达拉悬挂大佛二轴，悉以彩缎堆成者，长十馀丈。又尽出大招库贮、宝供、乐器、幡幢，奇形怪状，鼓吹绕行布达拉，谓之亮宝。一春佛事乃毕也。

【注】

〔1〕这两句意为：擅长书写的人，蘸着金壶的墨汁，在龙华树下记下这次盛大的聚会；通晓历法的人，开始占卜法驾巡游的吉日。

〔2〕金壶：铜壶的美称。

〔3〕纪：纪录，记载。胜会：犹盛会，这里指法会。龙华：即龙华树，弥勒菩萨曾在龙华树下开法会三次济度世人，分初会、二会、三会，称“龙华三会”。

〔4〕玉氈：指僧衣。

〔5〕卜：选择。法游：法驾巡游，这里指宗教巡游。鹿苑：即鹿野苑，在中印度的波罗奈国，是佛最初说四谛法、度五比丘的地方。

爰修祓禊〔1〕**，厥兆初秋**〔2〕。

【注】

〔1〕此段叙沐浴节的盛事。这两句意为：初秋开始的时候，举行沐浴。修：整治，举行。祓禊（fú xì）：古代民俗，三月上巳日到水滨洗濯，洗去宿垢，称“祓禊”。这里借指西藏拉萨民间

传统节日沐浴节,藏语谓“嘎玛日吉”,一般在藏历七月六日至十二日举行。过节时,男女老少都到河边过沐浴节,或洗濯,或沐浴,或水中嬉戏。

〔2〕兆:开始。

南依江涘[1],北望山陬[2]。

【注】

〔1〕这两句意为:南到江边,北眺山坳。江涘(sì):江边。

〔2〕山陬(zōu):山坳。

担夯行脚[1],匒合前驺[2]。

【注】

〔1〕这两句意为:担着东西的仆从一队接一队。担夯(hāng):指肩负重物。夯,用力抬举物件。行脚:行走,走路。

〔2〕匒(dá)合:也作匒匌,重叠的样子。黄沛翘《西藏图考》卷八《艺文考下·和宁西藏赋注》:“按匒,《字典》:音答。匒合,重叠也。”前驺:指古代官吏出行时在前边开路的侍役。

拂庐星布[1],支炷云稠[2]。

【注】

〔1〕这两句意为:帐篷密如繁星,炉灶相连成云。拂庐:吐

蕃贵族所居住的毡帐。《唐会要》卷九十七《吐蕃》:其君长“有小城而不居,坐大毡帐,张大拂庐,其大可容数百人。”星布:如天上的星星一样密布。

〔2〕支烓(wēi):支起火炉。烓,《康熙字典》:“《玉篇》:行灶也。”行灶为可以移动的炉灶,指烧水煮饭用的简易炉灶。

盈箱麦豆〔1〕,比栉维娄〔2〕。

【注】

〔1〕这两句意为:麦子、豆子等装满箱子,牛马等一匹挨着一匹。

〔2〕比栉(zhì):犹栉比,形容密接相连,犹如梳齿一样排列。栉,梳篦的总称。维娄:系缚,羁縻,这里借指牛马。《公羊传·昭公二十五年》:“且夫牛马维娄,委己者也,而柔焉。”何休注:“系马曰维,系牛曰娄。”

严更夜警〔1〕,称娖外游〔2〕。

【注】

〔1〕这两句意为:夜间严格警戒,排队在外巡逻。严更:警夜行的更鼓。夜警:夜间警戒。

〔2〕称娖(chuò):行列齐整的样子。《后汉书·中山简王焉传》:“今五国各官骑百人,称娖前行。”李贤注:“称娖,犹齐整也。”

祇园精舍[1]，大士瀛洲[2]；帛和挂锡[3]，乞士巢鸠[4]。

【注】

〔1〕这两句意为：佛所住的祇园精舍，大士住的仙岛瀛洲，游方僧投宿寺院，乞士借住的庙宇。祇园精舍：祇陀园林须达精舍的略称，泛指寺院。《涅槃经》卷二十九：“时须达长者白舍利弗：‘大德！此大城（指舍卫城）外何处有地，不近不远，多饶泉池，有好林树，花果蔚茂，清净闲豫，我当于中为佛世尊及比丘僧造立精舍。’舍利弗曰：‘祇陀（太子名）园林，不近不远，……此处最胜，可安立精舍云云。’”精舍，寺院的别名，为精行者所居，故曰精舍。

〔2〕大士：菩萨的通称，或以名声闻及佛。士为凡夫的通称，区别于凡夫而称为大。瀛洲：传说中的仙山。《列子·汤问》：“渤海之东，不知几亿万里……其中有五山焉，一曰岱舆，二曰员峤，三曰方壶，四曰瀛洲，五曰蓬莱……所居之人，皆仙圣之种。”

〔3〕挂锡：游方僧投宿寺院，因投宿时把衣钵锡杖挂在僧堂钩上，故称。

〔4〕乞士：比丘三义之一。比丘绝一切生业，乞食于人，以资色身，故曰乞士。《智度论》卷三：“比丘名乞士，清净活命，故名为乞士。”巢鸠：《诗经·召南·鹊巢》：“维鹊有巢，维鸠居之。”朱熹集传：“鹊善为巢，其巢最为完固。鸠性拙不能为巢，或有居鹊之成巢者。”

霞天绣幄[1],锦地花沟。

【注】

〔1〕这两句意为:绣花的帐幕张开如同彩霞满天,地上铺着锦缎,沟旁摆满鲜花。幄:形如房屋的大帐幕。

清凉入榭[1],大愿维舟[2]。

【注】

〔1〕这两句意为:清风习习,吹入凉台,众生登上大愿船。榭(xiè):建在高土台或水面上或临水的木屋。

〔2〕大愿维舟:佛之本愿譬如船也。《净土传》:"菩萨乘大愿船,住生死海,就此世界,呼引众生上大愿船。如是送至西方,如有往者,无不得生。"大愿,愿众生成佛之心,佛愿救众生之心。维舟,古代诸侯所乘之船。维连四船,使不动摇,故称。《尔雅·释水》:"天子造舟,诸侯维舟。"郭璞注:"维连四船。"

意树心花[1],岁进佛桑之供[2];《异名记》:佛桑其花丹,重敷柔泽,叶如桑,花五六出,大如蜀葵,有蕊一条,长如花叶,上缀金屑,日光所烁,凝为焰,朝生暮落。**喜园忍草[3],人欣衣影之留[4]**。《伽蓝记》:"水东有佛晒衣石。初,如来在乌场国行化,龙王瞋怒,兴大风雨。佛僧迦梨表里通湿。雨止,佛在石下东面而坐,晒袈裟。年岁虽久,彪炳若新,其影非直条缝明见,至于细缕亦彰。假令剖削,其文转明真也。”

【注】

〔1〕这两句意为:善男善女秉持意念慧心,每年都要进贡佛桑花;处处都是欢喜园、忍辱草,人人都欢欣佛祖留下的衣影。意树:佛教认为一切善果、恶果皆由意念所生,故以意树喻意念。梁萧统《讲解将毕赋三十韵》:“意树登空花,心莲吐轻馥。”《法苑珠林》卷十三:“不生意树,未启心灯。”心花:比喻慧心。

〔2〕岁进:每年都要进贡、供奉。佛桑:即扶桑,又名朱槿、朱槿牡丹等,属锦葵科,木槿属,在我国栽培历史悠久。唐段成式《酉阳杂俎续集·支植上》:“闽中多佛桑树。树枝叶如桑,唯条上勾。花房如桐,花含长一寸馀,似重台状。花亦有浅红者。”

〔3〕喜园:即喜林苑,也作欢喜园,帝释天四苑之一。《俱舍论》卷七曰:“城外四面四苑庄严,是彼诸天共游戏处:一众车苑,二粗恶苑,三杂林苑,四喜林苑。此为外饰庄严大城。四苑四边有四妙池,中间各去苑二十逾缮那。是彼诸天胜游戏处,诸天于彼捔胜欢娱。”忍草:即忍辱草,生于雪山之上。《涅槃经》卷二十七:“雪山有草,名为忍辱,牛若食者,则出醍醐。”

〔4〕欣:喜悦,高兴。

即此悟因〔1〕**,处泥滓而不染**〔2〕;《楞严经》十六开士白佛,言我等于浴僧时忽悟水因,既不洗尘,亦不洗体,中间安然,得无所有。**本来无垢**〔3〕**,入浊水以何**

求[4]。襄州鹫岭善本禅师，因入浴室，有僧问：和尚是离垢人，为什么却洗？师曰：空水莹然彻，浴此无垢人。苏东坡《海会寺僧浴[一]堂》诗云："本来无垢洗更轻。"

【校】

〔一〕浴，榕园本作"玉"，误。

【注】

〔1〕这两句意为：在这里彻悟因果，即使身处污泥中也不会被污染；本来就没有各种俗念，在污浊的水里洗浴又能怎么样。即此：就此。悟因：顿悟因果。

〔2〕泥滓(zǐ)：泥渣，污泥。

〔3〕本来无垢：《东坡诗集注》卷二十三《宿海会寺》："本来无垢洗更轻。"王十朋注："尧卿，襄州鹫岭善本禅师，因入浴室，有僧问：'和尚是离垢底人，为什么却浴？'师曰：'定水湛然满，浴此无垢人，'"垢，污垢，烦恼的异名，妄惑垢心性，故名垢。

〔4〕浊水：污浊的水，比喻世俗的水。

一指头禅灌顶心[1]**，则渊源彻底**[2]；《高僧传》：有僧过天龙，天龙竖一指，僧大悟。后示寂曰：吾得天龙一指头禅，一生受用不尽。**四大海水入毛孔，则宇宙浮沤**[3]。《维摩经》以四大海水入一毛孔中，不挠鱼鳖，而彼本相大海如故。○唐古特俗，夏秋之交，无论男女，群浴于藏布江之汜[一][4]，以祓除厉疫，乃古所谓秋禊也。布达拉西南十五里名罗卜岭冈，藏布江北岸，密树周阿[5]，绿苔曲径，中有方池石甃[6]，引江水注之。达赖喇嘛每岁下山澡浴于此，群僧诵经于外。居然一元阴池也[7]。又有平楼敞榭，画舫花台。信宿约二十馀日，始还山。

【校】

〔一〕汜，元尚居本、图考本作"氾"，当误。

【注】

〔1〕这两句意为：一指头禅醍醐灌顶，大彻大悟；四大海水涌入毛孔，宇宙如同水面的泡沫。一指头禅：即一指禅，比喻万法归一。《景德传灯录》卷十一《婺州金华山俱胝和尚》："初住庵，有尼名实际，到庵戴笠子执锡绕师三匝云：'道得即拈下笠子。'三问，师皆无对。尼便去。师曰：'日势稍晚，且留一宿。'尼曰：'道得即宿。'师又无对。尼去后叹曰：'我虽处丈夫之形，而无丈夫之气。'拟弃庵往诸方参寻。其夜山神告曰：'不须离此山。将有大菩萨来为和尚说法也。'果旬日天龙和尚到庵，师乃迎礼具陈前事，天龙竖一指而示之。师当下大悟。自此凡有参学僧到，师唯举一指无别提唱……师将顺世，谓众曰：'吾得天龙一指头禅，一生用不尽。'言讫示灭。"灌顶心：即灌顶，佛教密宗仪式，凡弟子入门，都须先经本师以水或醍醐灌洒头顶。灌

谓灌持，明诸佛之护念；顶谓头顶，表佛行之崇高。

〔2〕渊源：本指水源，借指事物的本源。

〔3〕浮沤：水面上的泡沫。因其易生易灭，常比喻变化无常的世事和短暂的生命。

〔4〕汜(sì)：水边。

〔5〕周阿：谓庭殿之隅。《文选》班固《西都赋》："珊瑚碧树，周阿而生。"刘良注："阿，曲也。言生于庭曲。"

〔6〕石甃(zhòu)：石砌的井。

〔7〕元阴池：即玄阴池。《太平广记》卷四百七十六引《宣室志》：有石宪者，其籍编太原，以商为业，常货于代北。长庆二年夏中，雁门关行道中，时暑方盛，因偃大木下。忽梦一僧，蜂目披褐衲，其状奇异，来宪前，谓宪曰："我庐于五台山之南，有穷林积水，出尘俗甚远，实群僧清暑之地，檀越幸偕我而游乎。即不能，吾见檀越病热且死，得无悔其心耶？"宪以时暑方盛，僧且以祸福语相动。因谓僧曰："愿与师偕去。"于是其僧引宪西去，且数里，果有穷林积水。见群僧在水中，宪怪而问之。僧曰："此玄阴池，故我徒浴于中，且以荡炎燠。"于是引宪环池行，宪独怪群僧在水中，又其状貌无一异者。已而天暮，有一僧曰："檀越可听吾徒之梵音也。"于是宪立池上，群僧即于水中合声而噪。仅食顷，有一僧挈手曰："檀越与吾偕浴于玄阴池，慎无畏。"宪即随僧入池中，忽觉一身尽冷噤而战，由是惊悟。见已卧于大木下，衣尽湿，而寒栗且甚。时已日暮，即抵村舍中。至明日，病稍愈，因行于道，闻道中有蛙鸣，甚类群僧之梵音，于是径往寻之。行数里，穷林积水，有蛙甚多，其水果谓玄阴池者，其僧乃群蛙。而宪曰："此蛙能易形以感于人，岂非怪尤者乎？"于

是尽杀之。

其设官也[1]**，商上统僧众之宗**[2]，布达拉一切收纳、度支、办事之公所名曰商上。**噶厦驭蛮疆之广**[3]。噶布伦等办理通藏事务公所名曰噶厦[4]。

【注】

〔1〕此段叙西藏政教合一时期的官制。这两句意为：其官职设置中，商上管理僧俗事务，噶厦管理疆域地方。设官：设置治理政事的机构和官职。黄沛翘《西藏图考》卷六《藏事续考·人事类》："西藏委用头人，由驻藏大臣、达赖喇嘛选择，亦取才品及家道殷实者。"

〔2〕统：统领。宗：宗崇，地位高。

〔3〕噶厦：全称为噶伦厦伦杰，其办公地点在大昭寺南门楼上，为西藏地方行政机构，总管西藏事务。康熙六十年(1721)，清兵分三路进藏，收复拉萨，驱逐准噶尔兵出藏。为消除蒙古诸部首领在西藏的角逐以及蒙、藏上层之间的斗争，加强对西藏地方的直接管理，清廷废除了由蒙古汗王和达赖喇嘛的第巴在西藏联合掌政的体制，建立了由僧俗贵族联合掌政的噶伦制，并由清朝中央规定西藏各级官员，从而结束了蒙古人对西藏长达八十年的统治。清朝中央封康济鼐为首席噶伦，阿尔布巴、隆布鼐、扎尔鼐、颇罗鼐为噶伦，与康济鼐共同管理西藏地方事务。但五大噶伦结成两大派系，明争暗斗，诸事掣肘。雍正五年(1727)，阿尔布巴等噶伦诱杀了首席噶伦康济鼐，随即颇罗鼐

集结后藏、阿里军队征讨阿尔布巴，爆发“卫藏战争”。第二年，颇罗鼐率军进入拉萨，擒获阿尔布巴，平定了内乱。清朝中央一方面承认颇罗鼐建政拉萨，总理全藏政务；一方面设立钦差驻藏大臣衙门，安戢藏地，督导颇罗鼐总理藏务。颇罗鼐很快便将噶伦会议变为自己的执行机构，减少了噶伦之间的争权掣肘，同时采取了一系列调整措施，缓和社会矛盾。乾隆五年(1740)，因颇罗鼐主办藏事有功，晋封为郡王，赋予西藏地方最高行政权力。十二年(1747)，颇罗鼐病逝，次子珠尔默特那木扎承袭郡王，总理西藏政务。随着颇罗鼐及其子独掌大权，与达赖喇嘛的矛盾日益突出。十四年(1749)，珠尔默特那木扎袭杀其兄珠尔默特策布登，占据阿里，暗通准噶尔，欲图脱离驻藏大臣的羁绊。十五年(1750)，驻藏大臣傅清、拉布敦设计在驻藏大臣衙门诱杀了珠尔默特那木扎，而其党羽也杀死了驻藏大臣。达赖喇嘛闻讯后，立即派僧众救援，平定了拉萨局面。四川总督策楞率兵入藏，处理善后事宜。十六年(1751)，珠尔默特那木扎事件后，拟定了“西藏善后章程十三条”，废除郡王掌政制度，正式建立噶厦制度。噶厦内设三俗一僧四名噶伦，秉承驻藏大臣和达赖喇嘛的指示，共同处理西藏地方政务。驭：驾驭，管理。

〔4〕噶布伦：藏语音译，简称噶伦，噶厦政府中主管行政事务的官员。

噶布伦领四方之政治〔1〕，权居岳牧之尊〔2〕；噶布伦四名，总理通藏〔3〕。钱谷、刑名、兵马及升调大小番目悉禀于钦差衙门〔4〕，以定行止。乾隆五十八年《钦定章

程》:内外番目议给三品至七品顶戴[5]。噶布伦系三品衔,岁支俸银、缎匹,由京理藩院按年支领[6]。**仓储巴综五库之藏储[7],职等金仓之掌[8]**。商卓特巴俗名仓储巴,系四品衔,管理商上及大[一]招库藏。

【校】

〔一〕大,图考本作"太",误。

【注】

〔1〕这两句意为:噶伦掌管四方政治,在僧俗官员中地位最高;仓储巴管理五库的储藏,职权等同于仓库总管。

〔2〕岳牧:尧舜时四岳十二牧的省称,泛指封疆大吏。《尚书·周官》:"唐虞稽古,建官惟百。内有百揆四岳,外有州、牧、侯伯。"《史记》卷六十一《伯夷列传》:"尧将逊位,让于虞舜,舜禹之间,岳牧咸荐,乃试之于位,典职数十年。"尊:地位最高。

〔3〕总理:全面管理。通藏:全藏,整个西藏。

〔4〕钱谷:钱币和谷物,借指赋税。刑名:刑事事务,诉讼。番目:这里指藏族僧俗官员。禀:禀告,报告。钦差衙门:即钦差驻藏办事大臣衙门。

〔5〕钦定章程:即《钦定藏内善后章程二十九条》。顶戴:也称"顶子"、"顶带",清代用以区别官员等级的帽饰。依顶珠品质、颜色的不同而区分官阶大小。

〔6〕理藩院:清代官署名,管理蒙古、新疆、西藏等少数民族事务,设尚书、左右侍郎、额外侍郎各一人。

〔7〕仓储巴：商上办事官员。黄沛翘《西藏图考》卷六《藏事续考·人事类》："仓储巴数名，专司钱粮。"姚莹《康輶纪行》卷一《乍雅两呼图克图缘起》："分设仓储巴以统其众。仓储巴者，管地方刑名钱粮之大蕃目也。呼图克图统主僧俗而以讲经习静教众寺院剌麻为业，地方事务皆仓储巴为之。"五库：古代贮藏材料的五种仓库，即车库、兵库、祭器库、乐库和宴器库。

〔8〕金仓之掌：即户部下属金部、仓部的职掌，金部掌管库藏、金宝、货物、权衡、度量等事，仓部掌管粮食收藏、发放等事。

希约第巴秸粟征科〔1〕**，**即硕第巴，系五品衔，管理地方征收钱粮，其办事之公所名曰〔一〕硕里。**业尔仓巴廪糈给养**〔2〕。亦系五品衔，管理支给各僧众口粮。

【校】

〔一〕曰，榕园本作"口"，误。

【注】

〔1〕这两句意为：希约第巴负责钱粮赋税的征收，业尔仓巴管理支给僧众口粮。希约第巴：也作硕第巴、雪第巴、雪尼尔，负责管理布达拉宫一带百姓。秸粟征科：征收粮草赋税。秸，秸秆，农作物收割以后残留的颈干，为牛马的饲料。粟，泛指粮食。征科，课税，征税。

〔2〕业尔仓巴：管粮之官。姚莹《康輶纪行》卷一《乍雅两

呼图克图缘起》:“乃分设仓储巴……其次曰业尔仓巴,为呼图克图及仓储巴管理杂事。”廪糈(lǐn xǔ):储藏的粮食。廪,粮仓,借指储藏的粮食。糈,粮食。给养:供给生活。

浪孜辖稽市井之奇衺[1],亦系五品衔,管理拉萨地面及刑名。**协尔邦听闾阎之直枉**[2]。亦系五品衔,听番民词讼。

【注】

〔1〕这两句意为:浪孜辖稽查拉萨市面上的不法行为,协尔邦负责分辨左右邻居间的是非曲直。浪孜辖:也作浪仔辖,拉萨市政管理机构。黄沛翘《西藏图考》卷六《藏事续考·人事类》:“浪子沙数名,分理刑名,并供给差役。”稽:考核,检查。市井:古代城邑中群众集中进行买卖的地方,引申为城镇。奇衺(xié):亦作“奇邪”,诡诈,邪伪不正。

〔2〕协尔邦:也作协尔帮,管理诉讼,打官司等事务。听:处理,判断。闾阎:里巷内外的门,后多借指里巷,泛指民间。直枉:也作枉直,直与曲,比喻是非、好坏。

卓尼奔走[1],**凫侣维勤**[2];系六品衔,供杂职事。**孜琫会要**[3],**漆书无爽**[4]。系四品衔,掌库藏出纳簿籍。

【注】

〔1〕这两句意为:卓尼尔来回奔波,像野鸭一样勤勉;孜琫

负责账目往来，簿籍文书没有一点差错。卓尼：即卓尼尔，噶厦专门负责接待来客的办事官员。

〔2〕凫：野鸭。维：语气词。

〔3〕孜琫：也作孜本，孜康负责人，共四名，负责管理地方财政等事务。会要：总计，会计。《周礼·天官·小宰》："听出入以要会。"注："月计曰要，岁计曰会。"

〔4〕漆书：用漆书写的竹简。这里借指官府簿籍文书。爽：差错，错误。

密本司版户之登〔1〕**，**系五品衔，掌番民户口册。〔2〕**达本任马闲之长。**系六品衔，管理马厩。

【注】

〔1〕这两句意为：密本掌管户籍名册，达本负责马厩的事情。版户：名册户籍。登：记载。

〔2〕马闲：即马厩，马厂。

第巴分治于外寨〔1〕**，厥品维三**〔2〕**；**分管各寨落地方事务，即营官也〔3〕，分大、中、小三等缺。大第巴五品，中第巴六品，小第巴七品，俱依次升调。**中译书记于公衙**〔4〕**，其阶有两**〔5〕。司书写计算者，大中译六品衔，小中译七品衔。

【注】

〔1〕这两句意为：第巴负责管理外寨的事务，分为三个等

级;中译在衙门里负责书写记录,分为两个等级。第巴:原为西藏部落或地方首领的称号,清初用以称总理西藏地方事务的官员,后又以指西藏地方政府所委派的地方官及中下级执事官。外寨:指拉萨以外的各宗。

〔2〕品:品级。

〔3〕营官:即宗本。

〔4〕中译:也作“仲译”,官职名称,相当于现在的秘书。书记:书写纪录。

〔5〕阶:品阶,品级。

其治兵也〔1〕,古创轨里连乡之制〔2〕,今有戴如甲定之名〔3〕。

【注】

〔1〕这两句意为:其兵制,古代创设有在家为民、出则为兵的轨里连乡制度,今有戴琫、茹琫、甲琫、定琫的名号。治兵:泛指练兵或治军。

〔2〕轨里连乡:古代的一种户口编制制度。《管子·小匡》:“制五家为轨,轨有长;十轨为里,里有司;四里为连,连有长;十连为乡,乡有良人;三乡一帅。”《国语·齐语》:“五家为轨,故五人为伍,轨长帅之。”注:“居则为轨,出则为伍。”

〔3〕戴如甲定,藏军职官名,即戴琫、如琫、甲琫、定琫。

壮獠科头〔1〕,团三千之劲旅〔2〕;瞎巴嚅矢〔3〕,分五

百之屯营[4]。

【注】

〔1〕这两句意为:不戴帽子的獠人,组成三千劲旅;勇猛的巴中士兵装备响箭,五百人为一伍。壮獠(liáo):强壮的獠人。科头:谓不戴冠帽,裸露头髻。

〔2〕团:会合在一起。劲旅:精锐的队伍。

〔3〕瞎巴:勇猛的巴中士兵。瞎,谓目无敌人。《魏书》卷七十九《董绍传》:"萧宝夤反于长安也,绍上书求击之,云:'臣当出瞎巴三千,生啖蜀子!'肃宗谓黄门徐纥曰:'此巴真瞎也?'纥曰:'此是绍之壮辞。云巴人劲勇,见敌无所畏惧,非实瞎也。'帝大笑,敕绍速行,又加平西将军。"嚆(hāo)矢:响箭。《庄子·在宥》:"焉知曾、史之不为桀跖嚆矢也。"成玄英疏:"嚆,箭镞有吼猛声也。"

〔4〕屯营:扎营。

习之以步伐齐止[1],表之以旟旐旌旌[2]。

【注】

〔1〕这两句意为:训练他们步伐整齐,标志以各种旗帜。习:训练。齐止:谓动作协调一致。

〔2〕旟旐(yú zhào)旌旌:泛指旌旗。旟,古代画着鸟隼的军旗。旐,上面画着龟蛇的旗帜。

刃锻矛砺[1]，干比戈称[2]。

【注】

〔1〕这两句意为：锻炼磨砺刀刃矛头，长枪高高举起，盾牌一个挨着一个。刃：刀刃。锻：锤炼。砺：磨，磨砺。

〔2〕干：盾牌。比：一个挨着一个。戈：古代的一种兵器，横刃，用青铜或铁制成，装有长柄。称：举，举起。

射侯破的[1]，长垛飞堋[2]。

【注】

〔1〕这两句意为：远近靶子都是百发百中。射侯：用箭射靶。侯，用兽皮或布做成的靶子。破的：射中靶子。的，箭靶的中心。

〔2〕长垛：远距离的箭靶，借指远射。飞堋（péng）：谓箭垛被射到。堋，本指射击瞄准用的土墙，这里借指箭垛。

一鼓两甄[1]，江涛卷浪；五花九子[2]，火阵连城[3]。

【注】

〔1〕这两句意为：鼓声一起，两翼士兵奔出，如同江水汹涌而来；排出火枪阵，火光连城。一鼓：击鼓一次，引申谓一举，一战。《左传·庄公十年》："一鼓作气，再而衰，三而竭。"两甄

(zhēn):两翼,侧翼部队。《晋书》卷五十八《周访传》:“将军李恒督左甄,许朝督右甄,访自领中军,高张旗帜。曾果畏访,先攻左右甄。曾勇冠三军,访甚恶之,自于阵后射雉以安众心。令其众曰:‘一甄败,鸣三鼓;两甄败,鸣六鼓。’赵胤领其父馀兵属左甄,力战,败而复合。胤驰马告访,访怒,叱令更进。胤号哭还战,自旦至申,两甄皆败。”

〔2〕五花:即五行阵。清洪栋园《后南柯·伐檀》:“只要五花应节,四正相维,八阵非常,物情相制本阴阳,垤鸣雨至占卦象。”九子:火枪名。清松筠《丁巳秋阅吟·定日阅操》:“连环本健锐,九子准鸣鼓。”自注:“京都健锐营,习九进连环神火,卫藏依法教演,三进连环及九子枪,无不准鼓而发,足招威重。”

〔3〕火阵:古代用火攻的军阵。这里指九进连环神火阵。

奈国提陀作一夫当关之气〔1〕**,仁祠菩萨备百年不用之兵**〔2〕。乾隆五十八年《钦定章程》:戴琫四品,管兵五百名;如琫五品,管兵二百五十名;甲琫六品,管兵一百二十五名;定琫七品,管兵二十五名。共额设番兵三千名。前藏驻扎一千,后藏驻扎一千,江孜五百〔3〕,定日五百〔4〕,俱隶绿营〔5〕。将备随时,一律操演。

【注】

〔1〕这两句意为:佛国的僧侣也能守住要隘,吃斋的活佛准备下军队以备不虞。一夫当关:一人把守关隘。《淮南子·兵略训》:“一人守隘,而千人弗敢过也。”

〔2〕仁祠:《后汉书》卷四十二《光武十王列传·楚王英》:“诏报曰:‘楚王诵黄老之微言,尚浮屠之仁祠,洁斋三月,与神为誓。’”祠是祭祀。祠佛即供养佛,用花、果、香、灯明,不用牺牲的血祭,所以说“仁祠”。

〔3〕江孜:即今西藏江孜县。

〔4〕定日:即今西藏定日县。

〔5〕隶:隶属。绿营:清代由汉人编成的分驻在地方的武装力量,用绿旗做标志。

其人民疆域之殊也[1],图伯特其旧名,唐古特其今号。

【注】

〔1〕此段叙四方疆域。这两句意为:其百姓、四方疆域多有不同,图伯特是他原来的名字,唐古特是他现在的称号。

地辟坤兑之隅[1],疆拓西南之奥[2]。

【注】

〔1〕这两句意为:开疆拓土在西南一隅。地辟:即辟地,开拓疆土。兑:八卦之一,象征沼泽。

〔2〕疆拓:拓展疆域。

其西锅拉纳、都毕纳[1],石藟森森[2];自札什伦布西行,由拉孜、协噶尔、定日、宗喀、萨喀通狭巴岭山、锅拉纳山、都毕纳山一带,均设立鄂博[3],此内为唐古特境,此外为洛敏汤、作木朗二部落境[4]。**热索桥、铁索桥**[5]**,江流澳澳**[6]。自宗喀通济咙,至热索桥设立鄂博,此内为唐古特境,此外为廓尔喀境。自定日通聂拉木,至铁索桥设立鄂博,此内为唐古特境,此外为廓尔喀境也。

【注】

〔1〕这两句意为:西边有锅拉纳山、都毕纳山,山峰陡峭;热索桥、铁索桥,桥下江水千回百转。

〔2〕石菑(zī):堵塞决口立楗时所用的臿石。《汉书》卷二十九《沟洫志》:"隤林竹兮揵石菑,宣防塞兮万福来。"颜师古注:"石菑者谓臿石立之,然后以土就填塞也。"这里用来形容山峰耸立陡峭。森森:形容繁密众多。

〔3〕拉孜:今西藏拉孜县,在萨迦县西。协噶尔:也作胁噶尔、胁格尔,曾为协噶尔宗,1960 年并入定日县。宗喀:曾为宗喀宗,后并入吉隆县。萨喀:也作桑喀、撒喀、撒噶、萨噶,曾为萨喀宗,1960 年设萨噶县。鄂博:蒙古语译音,意为石堆,这里指界碑。游牧民族地区用土石垒成高堆,插上旗杆,作为路标或界标,叫做"鄂博"。有些用作界限的山河,也叫"鄂博"。《清史稿·兵志八》:"鄂博者,华言石堆也。其制有二:以垒为鄂博,以山河为鄂博。"

〔4〕洛敏汤:也作落敏汤。松筠《丁巳秋阅吟·还宿衮达》

自注:“落敏汤,系边外一小部落,地在济咙、宗喀西北……该部长名旺结多尔济,今闻巡阅,遣使行六日至衮达,具禀请安。”“该部长世与唐古忒通好,固为疆外保障。”房建昌《中尼边界洛敏汤考》谓洛敏汤位于今日尼泊尔与西藏仲巴县、萨噶县毗邻的地区,以木斯塘为中心的地区,毕都纳山口外、喀利干达基河谷地。“木斯塘原为藏属,1794年时,清朝及西藏的上层官僚因昧于洛敏汤的历史,以致妄送国土于廓尔喀。因1794年前,洛敏汤与西藏的关系比尼泊尔密切,且洛敏汤的主要居民为藏族。”作木朗:松筠《西招纪行诗》:“北接阿里阳。”自注:阿里“南与廓尔喀、作木朗等处交界,……皆与唐古忒和好,惟作木朗一部,渐被廓尔喀侵占殆尽。”房建昌《近代中印西段边界史略》:“作木朗乃位于今尼泊尔久木拉县一带的与西藏毗邻的一古国名,乾隆以来的藏汉文献多有记载。乾隆末年被廓尔喀吞并。”

〔5〕热索桥:即日索桥,在吉隆县扎乡,吉隆藏布河峡谷(吉隆沟)内,为中尼边境的国门桥。乾隆五十七年(1792)六月底,福康安大军收复吉隆,进至热索桥北。廓尔喀军队退至桥南,撤去桥板,凭借石卡,临河拒抗。福康安遂正面佯攻,密遣阿满泰等将领率兵翻越峨绿大山,在上游潜渡,绕至守桥廓军后侧袭击。正面佯攻官兵乘势发动攻击,抢搭桥板,迅速过桥,一举攻入廓尔喀境内。杨揆《热索桥》诗云:“热索桥高两崖耸,热索桥深万波涌。高不容鸟深无舠,连臂渡涧愁生猱。危桥横亘计以寸,阻隘能令一军顿。将军夜半斫贼营,壮士毋那飞而行。惊湍巨石互摩戛,不用军声乱鹅鸭。如此风波尚可意,宁论滟滪瞿塘峡。桥头逐队驱旌旄,回流呜咽争磨刀。将军磨刀我磨墨。欲记此间曾杀贼。”铁索桥:在聂拉木外札木地方,即今樟木口岸,

交廓尔喀。乾隆五十七年(1792年),第二次廓尔喀战争后以铁索桥为界,设立界碑。

〔6〕江流:江水。澳澳:水边弯曲的地方。

丈结雅纳之巅〔1〕,波底羊玛之隩〔2〕。自甘坝至丈结山顶〔3〕,设立鄂博,此内为唐古特境,此外为哲孟雄境〔4〕。自拉孜至绒辖〔5〕,通坡底山顶,设立鄂博,此内为唐古特境,此外为哲孟雄境。自定结至萨热喀山一带〔6〕,羊玛山顶设立鄂博,此内为唐古特境,此外为哲孟雄境也。

【注】

〔1〕这两句意为:在丈结山、雅纳山、波底山、羊玛山的山顶都设有鄂博。丈结:山名,在今西藏岗巴县。

〔2〕隩:水岸向内弯曲的地方。

〔3〕甘坝:曾为岗巴宗,1960年改为康巴区,归属定结县。1962年析置岗巴县,1964年并入定结县,1965年复设岗巴县。

〔4〕哲孟雄:锡金的藏语音译。

〔5〕绒辖:也作绒峡、绒夏、绒协尔、绒辖尔,曾为绒辖宗,后并入定日县。

〔6〕定结:今西藏定结县。

臧猛谷〔1〕,帕里独经〔2〕;日纳宗〔3〕,竹巴同好〔4〕。帕克里俗名帕里,自帕克里至支木山一带〔5〕,臧猛谷、日纳宗官寨,此内为唐古特境,此外为哲孟雄境。其东为布噜克巴境,俗名竹巴云。

【注】

〔1〕这两句意为:前往臧猛谷只有经过帕里,日纳宗与竹巴向来交好。

〔2〕帕里:也作裴利、裴里、帕克里、帕尔宗,后并入亚东县。

〔3〕日纳宗:在今印度噶伦堡东北。

〔4〕竹巴:即布噜克巴,也作布鲁克巴,不丹王国的古称。

〔5〕支木山,山名,即今亚东西南支莫挚山。

其西南帕尔、结隆、业朗〔1〕**,鸟道难通;**西南至布噜克巴、廓尔喀二部落为界。一由纳格尔行八日至帕尔〔2〕,与布噜克巴交界,山川险阻,难以出入;一由业尔奇木搽纳山业朗地方至结隆,与哲孟雄宗里口交界;一由业尔斯卡禄纳山业朗塞尔交廓尔喀界,亦甚险阻。**咱义、阿布、澜沧**〔3〕**,人烟可到。**西南又自怒江北咱义、桑昂却宗、澜沧各处至阿布拉〔4〕,通南墩大道。

【注】

〔1〕这两句意为:西南帕尔、结隆、业朗等地,道路崎岖险阻难以通过;咱义、阿布、澜沧等地,渐有人烟。

〔2〕纳格尔:也作浪卡子、纳噶尔、浪卡、浪噶子、浪噶则、郎噶子、郎噶孜、拉噶子、南噶子、那则、那孜、那戛子、那戛尔,曾为

浪卡子宗,1960年与白地宗合并,改设浪卡子县。

〔3〕咱义:也作杂夷、杂榆、杂隅、杂瑜、咱貐,曾为桑阿曲宗,1913年改设桑昂曲县,后改为科麦县,1950年改置桑昂曲宗,1960年复为桑昂曲县,1966年更名为察隅县。澜沧:即澜沧江,发源于青海唐古拉山,流经西藏,在云南省西双版纳南部出境,改称湄公河,为老挝、缅甸的界河,并流经柬埔寨,在越南南部入南海。

〔4〕怒江:发源于唐古拉山南麓,流经青海、云南,流入缅甸后称萨尔温江,流入孟加拉湾。桑昂却宗:也作三岩、山崖、三暗、萨安巴、桑岩、桑昂邦,曾为三岩宗,1960年与贡觉宗合并为贡觉县。

其南猓貐茹巴〔1〕,食人犵猪〔2〕;札拉噶押〔一〕,天险怒江。南至猓貐、茹巴、怒江为界,又名老卡契,番名罗喀卜占。由前藏南行一日,过锅噶拉大山至松布堡〔3〕,过宋〔二〕噶拉大山至押噶,交藏江至怒江〔4〕,其地广阔无垠〔5〕,不能悉载〔6〕。怒江之水不知其源,江阔数里,两岸石壁峭立〔7〕,中流湍急,不可以舟楫〔8〕。其地名工布〔9〕。

【校】

〔一〕噶押,图考本作"押噶",和宁自注亦作"押噶",当是。

〔二〕宋,《西藏通志》卷二作"宗"。

【注】

〔1〕这两句意为：南边有狢猃、茹巴和犵狫人，有扎拉山、嘎押山和怒江等天险。狢猃：也作貉貐、珞瑜、珞渝、洛域、珞域，传统地域名，位于西藏东南部，在门隅以东，察隅以西，南至喜马拉雅山南坡，北邻藏族地区。《西藏图考》附录程凤翔《喀木西南群说辨异》引《旧志》说："珞瑜野人，古名罗喀布占国，在藏地西南数千里。"《西藏图考》卷四：怒江"北一带即工布，南即珞瑜，珞瑜乃野人，名老卡止。"

〔2〕犵狫(gē lǎo)：即仡佬，我国西南地区少数民族名。魏源《圣武记》卷七："土蛮者号犵狫，故土司遗民也。"

〔3〕锅噶拉：也作各噶拉、郭喀拉，位于西藏扎囊县，是拉萨与山南的分界。

〔4〕藏江：即雅鲁藏布江。

〔5〕无垠：广阔无边。

〔6〕悉：全部。

〔7〕峭立：陡立，直立。

〔8〕舟楫：船和桨，借指摆渡。

〔9〕工布：传统地域名，在西藏东南尼洋河流域，包括工布江达、米林、林芝等地。

其东南春奔边卡〔1〕**，古树金塘。**东南由前藏朗陆山转出达克孜〔2〕，经珠贡寺及沙金塘草地、古树边卡〔3〕，至春奔色〔4〕，入类伍齐〔5〕，番部境内可通察木多大道。

【注】

〔1〕这两句意为：东南有春奔色、古树边卡、沙金塘等地。

〔2〕达克孜：也作打则、打孜、打者、达格泽、澎波达孜、巴达克泽，曾为达孜宗，1960年与邦堆溪、拉木溪、德庆宗合并为达孜县。

〔3〕珠贡寺：即止贡寺，也作直孔寺，在拉萨河边。塘：藏语意为平原。

〔4〕春奔色：即察隆松多。

〔5〕类伍齐：也作内乌齐、内五旗、锐乌齐、锐乌杞、类伍齐，曾为类乌齐宗，1960年改设类乌齐县。

其东南墩分界〔1〕**，宁静朝阳**〔2〕。东至巴塘之南墩宁静山为界〔3〕。雍正三年，松潘镇总兵官周瑛堪定界址〔4〕，于南墩宁静山岭上建立界碑。自前藏至南墩，跬步皆山〔5〕，崎岖险仄〔6〕，计行程三千五百里。

【注】

〔1〕这两句意为：南墩、宁静是东边的界限。

〔2〕宁静：山名，即芒康山，在西藏芒康县东北，滨临金沙江，山顶平坦，宽四十里，山脉绵亘于布垒楚河及澜沧江之间南延至云南而为云岭山脉。《西藏通志》卷三《山川》："宁静山，在巴塘西南，山顶平坦，四十馀里。山中立界，山以东为内地，属巴塘；山以西为外地，属西藏。"

〔3〕巴塘，即今四川巴塘县，位于四川甘孜藏族自治州西

部，金沙江东岸，邻接云南、西藏。自古以来既为川滇藏客商聚集交易之地，也是由川入藏的主要门户。元世祖时，在巴塘置招讨司。清康熙五十八年（1719），封巴塘土司扎什彭措为宣慰司。乾隆十三年（1748）在巴塘置都司、千总、把总各一员和粮务委员管理。

〔4〕松潘：即今四川阿坝藏族自治州松潘县。《清史稿》卷六十九《地理志·四川》："松潘直隶厅：要，冲，繁，难。旧隶成绵龙茂道。明，松潘卫，隶四川都司。顺治初，仍明制为卫，属龙安府。雍正九年，裁卫置厅。乾隆二十五年，升直隶厅。旧隶成绵龙茂道。松潘镇总兵驻。"堪定界址：雍正三年（1725），川陕总督岳钟琪上奏称："察木多之外洛隆宗、察哇、坐尔刚、桑噶吹宗部落，虽非达赖喇嘛所管地方，但洛隆宗离打箭炉甚远，若并归内地，难以遥制，应将原系内地土司所属之中甸、里塘、巴塘，再沿近之得尔格特、瓦舒霍尔地方，俱归内地，择其头目，给与土司官衔，令其管辖。其洛隆宗等部落，请赏给达赖喇嘛管理。"此项建议很快得到清中央的批准，五年（1727），副都统鄂齐、内阁学士班第、四川提督松潘镇总兵周瑛前往巴塘察木多一带，指授赏给达赖喇嘛地方疆界。五月，抵巴塘，会堪巴塘、邦木与赏给达赖喇嘛之南墩，在南墩宁静山岭上建立界碑。

〔5〕跬步：半步。

〔6〕险仄：崎岖而狭窄。

其东北南称巴延之边[1]**，西宁草地；木鲁乌苏之渡**[2]**，玉树冰冈**[3]。东北至西宁所属之那木称、巴延番族为界。由前藏北行十五里,向色拉山之东,过锅拉山至浪荡[4],由隆竹松过彭多河[5],有铁索桥由脚孜拉山呼正寺僧顶工至木鲁乌苏,通青海西宁大道。又由玉树接西宁、松潘、泰宁三处大道[6]。又通洛隆宗、类伍齐[7]。

【注】

〔1〕这两句意为:东北直到南称巴延的边上,西宁所属的草地;渡过木鲁乌苏,可以到达冰天雪地的玉树。南称、巴延:借指青海所属四十族。

〔2〕木鲁乌苏:河名,也称尕尔曲。

〔3〕玉树:即今青海玉树藏族自治州玉树县,为青海入藏的咽喉要道。

〔4〕浪荡:也作朗唐、朗当、郎当、朗塘,后并入林周县。

〔5〕彭多河:即旁多河,流经林周县。

〔6〕泰宁:即今四川甘孜藏族自治州道孚县。

〔7〕洛隆:即洛隆县。

其北羊八井、噶勒丹、噶尔藏骨坌[1],乃青海属番之界;前藏西北行出羊八井口,至新桥平川,西通后藏,东接噶勒丹,北行草地至木鲁乌苏、噶尔藏骨坌,交青海界。**其西北克里野、纳克产、腾格里诺尔[2],乃达木游牧之场[3]。**西北俱系草地,有克里野大山、纳克产隘口,北通哈真得卜特尔,其东接玉树界。又由羊八井至桑托罗海〔一〕，越红塔尔小山，过拉纳根山即腾格里诺尔，蒙古语天池也，乃达木蒙古游牧之处。又由吉札布至僧格物角隘口，东北至噶勒藏骨坌、阿勒坦诺尔一带皆塔斯头难行。经沙雅尔小回城〔4〕，过木苏尔达巴罕，通准噶尔境〔5〕。又由后藏西北至阿里城〔6〕，交拉达克罕、库努特外番界，可通和阗及叶尔羌、新疆〔7〕，其路有半月，戈壁〔二〕，无水草。

【校】

〔一〕罗海，榕园本作"海罗"，当误。

〔二〕壁，原作"壁"，榕园本、元尚居本、八旗本、图考本皆作"壁"，据改。

【注】

〔1〕这四句意为：北边有羊八井、噶勒丹、噶尔藏骨坌，是西藏与青海的分界；西北有克里野、纳克产、腾格里诺尔，是蒙古族的游牧之地。羊八井：宗豁名，也作羊井、杨八景、阳巴尖、阳巴井、秧巴建、羊经宗，1960年与当雄宗、宁中宗合并为当雄县，在当雄县城西南。

〔2〕纳克产：传统地域名，也作那仓、纳克仓，即今西藏申扎县、尼玛县及双湖特别区一带。腾格里诺尔：湖名，也作腾格里池、腾格里海、腾格里尔，即纳木错。

〔3〕达木：即达木蒙古八旗。明崇祯十五年(1642)，和硕特蒙古部固始汗消灭藏巴汗政权后，成为西藏统治者汗王，其将

卫、藏地区行政事务委任于达赖喇嘛的第巴，本人常驻拉萨，并在拉萨北部达木地方驻牧有蒙古骑兵，策应拉萨。固始汗死后，达木由其后裔管理。清时称当雄八部落为蒙古八旗。清乾隆十六年(1751)，清王朝将达木蒙古八旗划归驻藏大臣直接管辖，每年派士兵八十三名到拉萨供驻藏大臣差遣和护卫达赖喇嘛。每旗设协领、佐领、骁骑校各一员管理。达木，意为挑选的草滩，即今西藏当雄及班戈南部。

〔4〕沙雅尔小回城：归库车大臣管辖。

〔5〕准噶尔：清卫拉特蒙古四部之一，原游牧于天山北路塔尔巴哈台东和博克河、萨里山一带，后以伊犁为中心兼并其他三部势力扩大到天山南路。固始汗曾联合准噶尔部共同消灭青海却图汗，后来准噶尔觊觎西藏，曾一度进占拉萨，清政府派大军入藏驱逐准噶尔，退回新疆。

〔6〕阿里：西藏西部及其以西一些地区的统称。

〔7〕和阗：即新疆和田。叶尔羌：在新疆南部，即汉代莎车国，东汉并入于阗，后复立，清代置莎车府，1913年改为莎车县。

左通准噶尔〔1〕，西达叶尔羌也。以上总叙西藏所属八方界址〔一〕。

【校】

〔一〕址，榕园本、元尚居本作“趾”，当误。

【注】

〔1〕这两句意为：向左通达准噶尔，向西直达叶尔羌。

其风俗政令之殊也〔1〕**，减凶辰而闰日**〔2〕**，戥历真奇**〔3〕；藏中朱尔亥如初一、初二、初三，初二日凶，则减去初二日，闰初三日，故无小建〔4〕。○《十六国春秋》有赵戥传，河西炖煌人，善天文算数，据云传自西域。**别正朔以为年，梵书考最**〔5〕。其正朔与中国不同，止有八大节。其交节之日亦前后差数日。三年置闰，亦与中国异。考旧说西藏〔一〕用地支而不用天干，非也。今见藏中纪年，如甲子年则云木鼠，乙丑年则云木牛，丙寅火虎，丁卯火兔，戊辰土龙，己巳土蛇，庚午铁马，辛未铁羊，壬申水猴，癸酉水鸡，以此推之，亦六十甲子，仍用天干也。

【校】

〔一〕旧说西藏，榕园本无“说西”二字，元尚居本无“说”字，图考本无“旧说”二字。

【注】

〔1〕此段叙西藏社会风俗。这两句意为：风俗政令与内地迥异，减去不吉祥的日子用闰日补足，历法令人称奇；正朔与内地不同，在梵书中属于最优秀的。

〔2〕凶辰：不吉利的时辰。

〔3〕戥(fěi)历：即赵戥所制历法。《康熙字典》：“戥，《字汇补》：非尾切。宋元嘉中，赵戥撰申寅元历。《历宗通议》作‘欧’，《北史》及《玉海》作‘戥’，《十六国春秋》作‘戥’，从支，

似误。”这里借指藏历。

〔4〕小建：夏历的小月。清代时宪历每月下例载“某月大（或小），建某某”，建谓斗柄所指，如甲子、乙丑等。后来误将建字连读，因有大建、小建之称。“无小建”实际上是指藏历重望不重朔的特点，以每月的十五为基点。

〔5〕考最：政绩考列上等，这里引申为优秀。

理绝人区〔1〕，事由天外〔2〕。

【注】

〔1〕这两句意为：道理不同于人间，做事全听上天安排。人区：人居住的地方，借指人间。

〔2〕天外：上天。

贵少贱老〔1〕，沿成罗汉之名〔2〕；《赤雅》〔3〕：“贵少贱老，染发剃须，喜作罗汉。罗汉者，恶少之称也。”**厌死轻生，误堕〔一〕尸陀之害〔4〕。**西藏人死，弃尸不埋。佛经有尸陀林，又名寒林，今其遗俗。

【校】

〔一〕堕，榕园本作“随”。

【注】

〔1〕这两句意为：尊重年少的，轻贱年老的，沿袭罗汉的名

称;满足于一死,看淡了生命,误堕于佛教造成的危害。贵少贱老:谓重视青壮年,轻视老人。《新唐书·吐蕃传》:吐蕃习俗,"贵壮贱弱,母拜子,子倨父,出入前少后老。"

〔2〕沿成:沿袭相成。

〔3〕《赤雅》:明邝露编撰,三卷,《四库全书总目提要》谓"是书乃露游广西之时,遍历岑、蓝、胡、侯、盘五姓土司,因为猺女云亸娘留掌书记。归而述所见闻,所记山川物产皆词藻简雅,序次典核,不在范成大《桂海虞衡志》下,可称佳本。"

〔4〕厌死轻生两句:谓西藏处置亡者遗体受到佛教影响。尸陀林,亦作尸陁林,梵语音译,意为弃尸之处。

出家则荼毗成灰〔1〕,喇嘛死,用火焚烧,砌石塔藏之。荼〔一〕毗,烧也。东坡诗云:"荼毗一个僧。"烧,又名阇维。**在家则碎封成脍**〔2〕。藏地俗,人死则负尸于野,以刀碎刮其肉,以喂鹰,名曰天葬。以杵捣其骨,以喂犬,名曰地葬。延喇嘛诵经,作好事。无力者弃于水,以为不幸。其俗相沿已久。乾隆五十九年出示严禁之,并刻石于大招前,教之葬埋,其风稍息也。

【校】

〔一〕荼,图考本作"茶",当误。

【注】

〔1〕这两句意为:出家之人死后焚烧成灰,在家之人死后则

切成碎块天葬。荼毗(tú pí):佛教用语,指僧人去世后火化。苏轼《曹溪夜观〈传灯录〉灯花落一僧字上口占》诗谓:“山堂夜岑寂,灯下看传灯。不觉灯花落,荼毗一个僧。”施注:“《释典》:天竺第九祖入灭,众以香油旃檀阇维真体。阇维,即荼毗,焚烧也。”

〔2〕刲(kuī):割,切。脍(kuài):切细的鱼或肉,借指碎块肉。

畏天花而弃子如遗〔1〕,藏地小儿向不出痘,近岁传染甚盛。遇有出痘者,遂弃之荒山僻野,冻馁而死〔2〕,其俗甚惨。自乾隆五十九年劝谕达赖喇嘛〔3〕,捐资于离藏幽僻处所建盖房间,供给糌粑、酥茶,以资抚养。又派妥干番目经理〔4〕。如此数年来,全活甚众〔5〕,藏风稍变。其札什伦布暨察木多照此行之,有效。**信乌鬼而妖言如绘**〔6〕。唐古特俗,多信鬼神、诅咒、镇厌之术。

【注】

〔1〕这两句意为:畏惧出天花,把出天花的孩子抛弃如同扔掉东西一样;信奉鬼神,各种迷信说法绘声绘色。天花:一种急性传染病,俗称出痘。症状为先发高热,全身起红色丘疹,继而变成疱疹,最后成脓疱。十天左右结痂,痂脱后留有疤痕,俗称“麻子”。

〔2〕冻馁(něi):受冻挨饿。

〔3〕劝谕:劝勉晓喻。一般用于上对下。

〔4〕妥干:稳妥干练。经理:管理。

〔5〕全活:保全存活。

〔6〕乌鬼:川俗事奉的鬼神名,或称乌蛮鬼。杜甫《戏作俳谐遣闷》其一:"异俗吁可怪,斯人难并居。家家养乌鬼,顿顿食黄鱼。"仇兆鳌注:"《蔡宽夫诗话》:元微之《江陵》诗:'病赛乌称鬼,巫占瓦代龟。'自注云:'南人染病,竞赛乌鬼,楚巫列肆,悉卖龟卜。'乌鬼之名见于此。巴、楚间,常有杀人祭鬼者,曰乌野七神头,则乌鬼乃所事神名耳。或云'养'字,乃'赛'字之误,理或然也。邵伯温《闻见录》:夔峡之人,岁正月,十百为曹,设牲酒于田间,已而众操兵大噪,谓之养乌鬼。长老言地近乌蛮战场,多与人为厉,用以禳之。《艺苑雌黄》谓乌蛮鬼。"这里泛指各种鬼神。和注:"唐古特俗,多信鬼神、诅咒、镇厌之术。"妖言:怪诞不经的邪说。

三男共女〔1〕**,罔有后先**〔2〕;弟兄两三人共娶一女为妻,为其和也。关中语谓妯娌为先后,见昌黎诗。**十户养僧**〔3〕**,势难沙汰**〔4〕。古人云:十户不能养一僧。此就中国而言耳,若藏地,民户不过十万,喇嘛则有三十万也。

【注】

〔1〕这两句意为:弟兄三人共娶一女,没有妯娌;十户人家供养一个僧人,实在难以淘汰。三男共女:黄沛翘《西藏图考》卷六《藏事续考 · 人事类》:"其俗女强男弱,遇差徭辄派及妇

人。故一家兄弟三四人,或娶一妻。如生子女,兄弟择而分之。其妇人能合三四弟兄同居者,人皆称美,以其能于治家。”

〔2〕罔(wǎng):无,没有。后先:即先后,指妯娌。韩愈《南山诗》:“或齐若友朋,或随若先后。”钱仲联《韩昌黎诗集释》引《方言》:“先后犹娣姒也。”又引《释名》:“以来先后言也。”《尔雅·释亲》:“长妇谓稚妇为娣妇,娣妇谓长妇为姒妇。”郭璞注:“今相呼先后,或云妯娌。”

〔3〕十户养僧:十户人家供养一名僧人。《资治通鉴》卷二百四十九:大中五年,进士孙樵上言:“百姓男耕女织,不自温饱,而群僧安坐华屋,美衣精馔,率以十户不能养一僧。武宗愤其然,发十七万僧,是天下一百七十万户,始得苏息也。陛下即位以来,修复废寺,天下斧斤之声至今不绝,度僧几复其旧矣。陛下纵不能如武宗除积弊,奈何兴之于已废乎!”黄沛翘《西藏图考》卷六《藏事续考·人事类》:“西藏寺庙不可胜计,康卫藏三处上册有名之寺,三千有馀。支粮喇嘛八万四千有馀。其大喇嘛曰胡图克图,禄养皆取于所属地方。”

〔4〕沙汰:淘汰。

饮食不识烹饪〔1〕,疾病不亲萧艾〔2〕。

【注】

〔1〕这两句意为:饮食不知道烹调,有病不吃药草。烹饪:烹调。

〔2〕亲:亲近。萧艾:艾蒿,一种药草,这里借指医药。

优婆夷之锦绣金银[1]，优婆塞之璎珠贝贝[2]。

【注】

〔1〕这两句意为：善男善女们一个个披金戴银，喜用珍珠玉石装饰。

〔2〕璎珠：装饰用的玉珠。贝(yīng)贝：用贝壳连缀做成的项链一类颈饰。黄沛翘《西藏图考》卷八《艺文考下·和宁西藏赋注》："按贝，《字典》：音映，颈饰也。连贝饰颈曰贝，女子饰也。"

生之年[1]，愿干没于僧牢[2]；死之日，尽输将于佛会也[3]。

【注】

〔1〕这两句意为：活着的时候，愿意竭力奉祀寺庙以求保佑；死了之后，把自己的财产全都捐给寺庙作法会。生之年：有生之年，谓活着的时候。

〔2〕干没：竭力。

〔3〕输将：运送，送给，这里捐纳、施舍。黄沛翘《西藏图考》卷六《藏事续考·人事类》："西藏凡人死……延喇嘛诵经。量其贫富，以酥油送大小诏，供佛前点灯之用。并将死者所有物，以半为布施布达拉，以半为延请喇嘛念经，并熬茶及一应施舍之费，即父子夫妇亦不私蓄一物。"佛会：礼佛的法会。

且头会箕敛[1]，累及牛驴[2]；屋粟口钱[3]，祸延妇子[4]。

【注】

〔1〕这两句意为：牛羊驴马和小孩都要征收人头税。头会箕敛：按人数征税，用畚箕装取所征的谷物。这里形容赋税苛刻繁重。

〔2〕累及牛驴：连累到牛驴，谓家畜也要跟人一样计数征税。

〔3〕屋粟、口钱：皆古代税名，这里泛指各种苛捐杂税。《周礼·地官·旅师》："旅师掌聚野之耡粟、屋粟、闲粟。"郑玄注："屋粟，民有田不耕，所罚三夫之税粟。"口钱，古代人口税。《汉书·贡禹传》："禹以为古民亡赋算口钱，起武帝征伐四夷，重赋于民，民产子三岁则出口钱，故民重困，至于生子辄杀，甚可悲痛。宜令儿七岁去齿乃出口钱，年二十乃算。"

〔4〕祸延：灾祸延及，灾祸绵延到。妇子：妻子、儿女。

布帛、粟米、力役[1]，扑地齐征[2]；瘠土、雁户、凶年[3]，弥天追比[4]。藏地赋纳既烦，差徭又重，民多逃散，皆营官、第巴剥削重征所致。乾隆六十年，严明立禁，革除重赋，裁减科徭，招集流亡，俾纾耕作。商上僧众浮食冗费亦量加删节，非不足用也。

【注】

〔1〕这两句意为：布匹、粮食、劳役，遍地征收；贫瘠的土地、

流民、荒年，一样漫天追要赋税。布帛：谓布匹等用品。粟米：谓粮草。力役：谓徭役，劳役。

〔2〕扑地：遍地。齐征：一起征收。

〔3〕秏(hào)土：贫瘠的土地。雁户：流动无定的民户。凶年：荒年。

〔4〕弥天：满天，漫天，到处。追比：官府限令吏役办事，如果不能按期完成，就打板子以示警惩，叫做追比。

税及鹅卵杨花〔1〕，《见闻录》：李主国用不足，民间鹅卵生双子、柳条结絮，皆取税钱。**波逮月华雨水**。唐李茂贞在凤翔榷油〔2〕，城门禁纳松明〔3〕，以其可为炬。或曰：请并明月禁断尤好。〇《江表志》〔4〕："申渐高尝与曲宴，因天久无雨，烈祖曰：四郊之外皆言雨足，惟都城百里之地亢旱，何也？渐高曰：雨怕抽税，不敢入城。异日，市征之令咸有损除。"〇藏地旧俗，扫地割草乌拉折钱征〔5〕，比岁辄数万。嘉庆元年概予删减。

【注】

〔1〕这两句意为：税目繁多，鹅生双黄蛋、杨柳开花都要找个名目收税，乱收赋税都涉及到月亮、雨水了。

〔2〕榷(què)油：官府对油实行征税、管制、专卖的措施。

〔3〕松明：即松油。

〔4〕《江表志》：宋郑文宝撰，三卷。文宝字仲贤，宁化人，南唐镇海节度使彦华之子，初仕为校书郎，入宋举太平兴国八年

进士,历官至陕西转运使、兵部员外郎。始徐铉、汤悦奉诏集李氏事,作《江南录》,多所遗落。文宝因为此编,上卷纪烈祖事,中卷纪元宗事,下卷纪后主事。

〔5〕乌拉:西藏农奴为官府或农奴主所服的劳役。

乃有别蚌行商〔一〕〔1〕,缠〔二〕头居市〔2〕。此两部落番回,常川赴藏贸易〔3〕,藏中亦有安家室者。

【校】

〔一〕商,榕园本作"啇",误。

〔二〕缠,榕园本、八旗本作"躔",误。

【注】

〔1〕这两句意为:巴勒布商人往来贩卖,缠头商人坐市经商。别蚌:即巴勒布。行商:外出经营的流动商人。

〔2〕缠头:指在藏经商的克什米尔人,他们习惯于用白布缠头。居市:即坐商,在固定地点营业的商人。

〔3〕常川:经常,连续不断。

货则珊瑚松石〔1〕,蜜蜡青金〔2〕,蠙珠之奇〔3〕;采玉文贝〔4〕,琉璃玛瑙,象牙之美。

【注】

〔1〕这两句意为:市场的货物有令人惊奇的珊瑚、松石、蜜

蜡、青金、珍珠;有精美的玉石、贝壳、琉璃、玛瑙、象牙。松石:宝石。呈绿色,又称绿松石。

〔2〕蜜蜡:矿物名。与琥珀同类而色淡。也称金珀。青金:铜矿石的一种,色青黑,可为砚。

〔3〕蠙(pín)珠:即蚌珠,珍珠。

〔4〕采玉文贝:泛指有漂亮文采、花纹的玉石、贝壳。

毭㲎毾㲪之精〔1〕,金线花球之绮。

【注】

〔1〕这两句意为:各种精美的毛织品,艳丽的丝线花球。毭㲎毾㲪(dòu fèn tà dēng):皆为毛织物。黄沛翘《西藏图考》卷八《艺文考下·和宁西藏赋注》:"按《字典》:毭,音豆。㲎,音分。毭㲎即氆氇也。毾,音榻。㲪,音登。亦即氆氇也。氆氇,西藏毡毯之属。"

毛罽氍毹〔1〕,毳布麻枲〔2〕。

【注】

〔1〕这两句意为:毡衣地毯,毛布麻片。毛罽(jì):毛毡,亦指毛毡制成的衣、靴。氍毹(qú shū):毛织地毯。

〔2〕麻枲(xǐ):麻布衣服。枲,大麻,特指大麻的雄株。

茶块充闾〔1〕,银钱遍里。藏地行使银钱,向由廓尔喀铸造，贩运至藏，易银而往。乾隆五十八年《钦定章程》令达赖喇嘛自行铸造乾隆宝藏钱文，由四川省派文员监铸。

【注】

〔1〕这两句意为：城乡充斥的是茶块，通行的是银钱。闾里：乡里。

其物产则天藏女池〔1〕**，盐晶泻卤**〔2〕；藏西北阿里地方有盐池，达木蒙古地方亦有盐池。**仙山宝矿，金屑流华**〔3〕。金矿在阿里地方。色拉山亦有之，今封闭。

【注】

〔1〕此段叙西藏物产。这两句意为：物产有盐池出产的晶盐，仙山出产的金矿。天藏：天然之府藏，借指食盐。

〔2〕盐晶泻卤：谓盐粒析出在地面。《隋书》卷八十三《女国传》载："女国在葱岭之南，其国代以女为王……尤多盐，恒将盐向天竺兴贩，其利数倍。"唐代文献中也有不少记载，清代文献中记载尼泊尔北部、英属印度与西藏交界地区、不丹及锡金为藏盐重要输出地。盐在西藏历史上与羊毛和硼砂同属最重要的外贸经济资源，清代时，尼泊尔曾两次以藏盐问题为借口发动了侵略战争。

〔3〕流华：谓流光溢彩，熠熠生辉。

藏香贵盛安贡恰〔1〕**，**盛安贡恰，后藏所属地名。此处所制红黄香最沈速〔2〕。**木椀重札木札鸦**〔3〕。此木纹理坚细，能解毒，故重之。

【注】

〔1〕这两句意为：盛安贡恰的藏香、札木札鸦的木碗最为贵重。藏香：西藏一带所产的一种线香，用檀香、芸香、艾等为原料，用来敬佛。

〔2〕沈速，亦作"沉速"。由沉香和速香合成的香料。这里借指香味浓郁。

〔3〕木椀：即木碗，用木节雕琢而成的碗。

铜铁铅锡〔1〕**，**有自〔一〕云南来，有自甲噶尔来者。**硫磺硇砂**〔2〕。工布产硫磺，巴勒布产硇砂，以色赤者为佳。须磁瓶封贮，风吹即飞。**松脂檀末，苦库唵巴。**苦库，黑香也；唵巴，白香也，皆松脂所为，类芸香。

【校】

〔一〕自，原作"目"，榕园本、八旗本、图考本等皆作"自"，据改。

【注】

〔1〕这两句意为：有铜铁铅锡等金属，有硫磺硼砂等矿物。有松脂檀香，有松脂做的黑香、白香。

〔2〕硇(náo)砂:矿物名。皮壳状或粉块状,无色或白色,间带红褐色,在医药上用途广泛。

草则吉祥书带〔1〕,吉祥草如蓍草而多细杈,直上如穗,深黄色,名曰藏草。蒙古人以之供佛。**紫茜红花;马蔺牛舌**〔2〕,**羊草芦葭**〔3〕。

【注】

〔1〕这两句意为:草有吉祥草、书带草、紫色茜草、藏红花、马蔺草、牛舌草、羊草、芦苇等。书带:草名,《太平寰宇记》卷二十《三齐记》:"郑教授于不期山下,生草大如薤,叶长一尺馀,坚韧异常,土人名曰康成书带。"

〔2〕马蔺(lìn):蠡实的别名,多年生草本植物。根茎粗,叶子线形,花蓝色。叶子富于韧性,可用来捆东西,又可造纸,根可以制刷子。

〔3〕芦葭(jiā):芦苇。

木则松柏珍贵〔1〕,西则济咙,东则工布,多松柏树,他处不植。**杨柳杈枒**〔2〕;杨柳最盛,种类不一。**胡桃结核**〔3〕,**火榴绽葩**〔4〕。山南帕克里多有之。

【注】

〔1〕这两句意为:木材则有珍贵的松柏,参差交错的杨柳,结果的核桃,开花的火石榴。

〔2〕杈枒(chā yá):也作“杈桠”,树的分枝。

〔3〕胡桃:即核桃。

〔4〕火榴:当即火石榴,石榴的一种。明高濂《草花谱》:“火石榴花三种:上盆小株花多,色有红、粉红、白色三种,甚可入目。”清陈淏子《花镜·火石榴》:“火石榴,以其花亦如火而得名,究不外乎榴也。树高不过一、二尺,自能开花结实,以供盆玩。”绽葩:即开花。

花则牡丹傲雪〔1〕**,**牡丹惟白色者甚香。五月开〔一〕亦有紫色者。**桃杏铺霞。**色拉寺、别蚌寺山沟中花最盛。

【校】

〔一〕开,榕园本作“间”。

【注】

〔1〕这两句意为:花则有赛雪的白牡丹,鲜艳的桃花杏花。

剪秋罗〔1〕**,幽芳露滴;**色浅紫,瓣如锯齿,香如桂,番人名缠头花。**虞美人**〔2〕**,妙舞风斜。**此花最盛,有黄、白、红、紫色。

【注】

〔1〕这两句意为:剪秋罗暗香浮动,露珠点点;虞美人迎风

起舞。剪秋罗:草名。又名剪秋纱、汉宫秋。

〔2〕虞美人:一种一年生的罂粟。

罂粟盘,盛玉盂之云子〔1〕**;万寿菊,披金粟之袈裟。**黄色,自五六月开至十月,京师六月菊也。

【注】

〔1〕这两句意为:罂粟盘结状如云子的果实,万寿菊盛开如同披着金黄色的袈裟。云子:一种白色小石,细长而圆,状如饭粒。

石竹映文章之草〔1〕**,**紫、白色俱有,大如钱,五出。**蜀葵开旌节之花。**花大如盘,茎七八尺高,黄色,结子可食,又名向日莲。又有二种大小紫色如旌节者,蜀葵也。又有金盏花,黄色,与内地同。

【注】

〔1〕这两句意为:石竹映照文章,蜀葵花开状如旌节。

果则长生竞掬〔1〕**,**形如小螺,生地中,绛色,番名角玛,汉名长生。蒸熟拌糖,食之甚甘。达赖喇嘛以此果相饷〔一〕。**百合纷拏**〔2〕。似薤头而甘,色白,与内地无异。番人初不知可食,今方掘售焉。**毛桃流液**〔3〕**,酸橘**

软牙[4]**。苹婆似卵**[5]**，哀梨比樝**[6]**。**

【校】

〔一〕饷，图考本作“敌”。

【注】

〔1〕这两句意为：果木则有长生果、纷乱的百合、汁多的毛桃、酸倒牙的橘子、鸡蛋大小的苹果、酸甜的哀家梨。长生：即人参果。

〔2〕纷挐：同“纷拏”，牵持杂乱。

〔3〕流液：谓果汁外流，形容汁水很多。

〔4〕软牙：谓牙被酸倒。

〔5〕苹婆：梵语音译，苹果。

〔6〕哀梨：即哀家梨，相传汉代秣陵人哀仲所种之梨果大而味美，当时人称为“哀家梨”。樝（zhā）：同“楂”，即山楂，酸味果实。

谷则青稞大麦[1]，糌粑俱以青稞面为之，故多种。**籼稻香秔**[2]。稻米产布鲁克巴，山南亦可种。**麻乌米扁**[3]，芝麻多黑色者，山南种之。扁米出廓尔喀。**蚕绿豌䅉**[4]。

【注】

〔1〕这两句意为：谷物则有青稞、大麦、籼稻、芝麻、扁米、绿

色蚕豆、红色豌豆等。

〔2〕籼(xiān)稻：早熟粳稻，米粒细长。香秔(jīng)：即香粳，一种有香味的梗米。

〔3〕麻乌：即黑芝麻。米扁：即扁米。

〔4〕赪(chēng)：红色。

蔬则菠薐夏脆〔1〕，菘叶秋荣〔2〕。王瓜架缀，莴苣畦盈〔3〕。葱挺蒜抱，韭带荽英〔4〕。芹钗茴穗〔5〕，茄〔一〕瘢艽瑛〔6〕。辣冰莱菔，甜玉蔓菁〔7〕。

【校】

〔一〕茄，榕园本作"茹"，误。

【注】

〔1〕这两句意为：蔬菜则有夏天清脆的菠菜，秋天茂盛的菘叶，满架的王瓜，成畦的莴苣，挺拔的葱，抱团的蒜，长叶子的韭菜，开花的芫荽，分叉的芹菜，抽穗的茴香，大个头的茄子，晶莹的秦艽，辣玉一般的萝卜，甜冰似的蔓菁。菠薐：即菠菜。《通志》卷七十五："菠薐菜本出颇陵国，张骞带来，语讹为菠。"

〔2〕菘叶：蔬菜名，叶柄厚而颜色青者为青菜，叶柄薄而颜色淡者为白菜。秋荣：秋天的时候长得茂盛。

〔3〕畦盈：菜畦里到处都是。

〔4〕荽(suī)英：芫荽的嫩细苗。芫荽，俗称香菜。黄沛翘《西藏图考》卷八《艺文考下·和宁西藏赋注》："按《字典》：荽，

音绥,菜名。张骞使西域得胡荽。”

〔5〕芹钗:芹菜分叉。茴穗:茴香抽穗。

〔6〕瑛:玉石的光泽。

〔7〕辣冰、甜玉,当即辣玉、甜冰。清赵翼《野蔌》诗:“辣玉甜冰常馔足,不知世有乳蒸豚。”自注:“杨诚斋以芦菔为辣玉,蔓菁为甜冰。”芦菔,即莱菔,萝卜。

禽则曲水宿鸿〔1〕**,**前藏西南行二日,地名曲水,多暖,雁于冬月在此处避寒。**南山翔鹤。**前藏东四十里南山凹多白鹤。**羊卓鹅凫**〔2〕**,**过巴则岭即羊卓雍错海子,其中多天鹅野鸭。**济咙雕鹗。**济咙山中多鹰鹞。**寺住黄鸳,**似鸭而大,色黄,能高飞,必双翔,水食楼栖,俗名喇嘛鸳鸯。**顶巢鸠鹊。乌鬼号空,**大嘴老乌最多。**鸽王栖阁。**鸽不避人,以其不打牲也。**洋鸡味朱**〔3〕**,**形如小鸟,深青扬赤色,绿胫,长距,朱喙,生泽中。**雪鸡羽皭**〔4〕。鸡大如鹅,白羽如雪,可食,味似野鸡。**象鼻鹰裙,**象鼻鸡,五色羽,形如斗鸡,其鼻连冠,长五六寸,如肉鼻,时紫,时赤,时白。〇鱼鹰扁喙黑羽,纹如鱼鳞,尾如裙,俗名皂裙娘。**雉头鸭脚**〔5〕。雉小而嫩,名半翅子,冬月可食。鸭惟山南帕克里能乳〔6〕。**蛰燕遯藏**〔7〕**,**燕灰色,早秋即蛰于藏江南土崖中。**雄鸡劣弱。**雄鸡育卵,西南以阳微阴盛也。**鹦鹉蛮声,**山南工布一带多有之,但能蛮语耳。**鹧鸪客恶**〔8〕。自四五月飞鸣,至八月止。**林杪听鸠**[9]**，门前罗雀**[10]。

【注】

〔1〕这几句意为：飞禽则有鸿雁、白鹤、天鹅、野鸭、鹰鹞、鸳鸯、斑鸠、喜鹊、乌鸦、鸽子、洋鸡、雪鸡、象鼻鸡、鱼鹰、野鸡、燕子、藏鸡、鹦鹉、鹧鸪等。曲水：也作曲墟、曲宿尔、楚舒尔、楚舒勒、卓可营子，曾为曲水宗，1960年与协荣、聂当等合并为曲水县。松筠《西招纪行诗》“曲水岩疆道”自注：“曲水地名，自前藏西南行，一日宿业党，又行一日宿曲水。曲水者东西双溜纡回湍激，故名。此地东来之水曰藏江，其源出拉萨东北，西来之水曰罗赫达江，其源出冈底斯雪山，二水汇此，曲折东南，由工布入南海。”宿：栖息。

〔2〕羊卓：即羊卓雍错海子、羊卓雍湖，简称羊湖，也称白地湖，在雅鲁藏布江南岸、浪卡子县境内，为西藏三大圣湖之一。湖面海拔4441米，水面700多平方公里。它是高原堰塞湖，大约亿年前因冰川泥石流堵塞河道而形成，历史上曾为外流湖，湖水由墨曲流入雅鲁藏布江。但后来由于湖水退缩，失去出水口，成为内流湖，并分为若干小湖，周围雪山雪水的融化与湖水的蒸发达到一种动态的平衡。湖中山地突兀，有21个小岛，各自独立水面，最大面积约18平方公里，岛上牧草肥美，野鸟成群。凫：野鸭。

〔3〕咮(zhòu)：鸟嘴。

〔4〕羽皭(jiào)：羽毛洁白。

〔5〕雉：野鸡。

〔6〕乳:谓繁殖。

〔7〕蛰(zhé):蛰伏,蛰藏。遯(dùn)藏:即遁藏。

〔8〕鹧鸪(zhè gū)客恶:谓漂泊异乡的人厌恶鹧鸪的鸣叫。因为鹧鸪的鸣叫声为"行不得也,哥哥",徒惹思乡之情。李群玉《九子坡闻鹧鸪》:"落照苍茫秋草明,鹧鸪啼处远人行。"

〔9〕林杪:树梢。

〔10〕罗雀:张网捕雀。

兽则獂羊猘犬〔1〕**,蕃马牦牛。骑驴禅觅,**《传灯录》:参禅有二病,一是骑驴觅驴,一是骑驴不肯下。注:不解即心是佛,真是骑驴觅驴也。**跨骡神留。**藏中护法骡子天王最称灵验。**狼豹为贽**〔2〕**,鹿豕与游**〔3〕。**獐狍猎获**〔4〕**,猞猁生囚**〔5〕。**野饶狐兔,家畜猫猴**〔6〕。**狮闻风于西海,象负法于神州。**狮子出西海外,未之见也。象本甲噶尔所产,廓尔喀两贡于京师。达赖喇嘛、班禅亦各畜其二。

【注】

〔1〕这两句意为:兽类则有獂羊狂犬,蕃马牦牛。骑驴觅禅,护法骡子神迹称灵。狼豹作为礼品,鹿、猪同游。猎获獐狍,活捉猞猁。田野多有狐狸野兔,家中养有猫和猴。狮子风闻于西海,大象传法于神州。獂(huán):同豲,传说中的兽名。《山海经·北山经》:"有兽焉,其状如牛而三足,其名曰獂。"猘(zhì)犬:狂犬,疯狗,这里借指生性凶残的藏獒。

〔2〕贽(zhì):初次拜见尊长时所送的礼物。

〔3〕豕(shǐ):猪。

〔4〕麃(páo):同“狍”。

〔5〕生囚:谓活捉。

〔6〕畜:畜养。

鱼则慈音喷浪[1]**,白小随流。**土鱼如鲇鱼,白鱼似细鳞。

【注】

〔1〕这两句意为:鱼类则慈音鱼在水中喷涌浪花,白鱼随水嬉戏。

虫则蜻蜓闹夏[1]**,斑毛卜秋。**土俗,斑毛虫来者多,岁则大熟[2]。

【注】

〔1〕这两句意为:昆虫则蜻蜓闹夏,斑毛虫占卜秋天的收成。

〔2〕大熟:大丰收。

其部落五百馀户之蒙古[1]**,驻自丹津**[2]**;**青海蒙古王于五辈达赖喇嘛时带领官兵赴藏护卫,留驻五百三十八户在达木地游牧。协领八员,佐领八员,骁骑校八员,听驻藏大臣调遣。丹津,蒙古王之名也。**三十九族之吐蕃**〔3〕**,分从青海**。那木称、巴延等处番民共七十九族。其地为吐蕃之旧属,居四川、西宁、西藏之间,昔为青海奴隶。自罗卜藏变乱之后〔4〕,渐次招抚。雍正九年堪定界址〔一〕,近西宁者四十族,归西宁都统管辖;近西藏者三十九族,归驻藏大臣管辖,设总百户、散百长,岁纳贡马银两。

【校】

〔一〕址,榕园本作"趾",当误。

【注】

〔1〕此段叙西藏部落族群情况。这两句意为:其部落中,五百馀户蒙古人住自固始汗时期,三十九族从青海划分过来。

〔2〕丹津:即丹津却吉杰布,班禅和达赖赠给和硕特蒙古部固始汗的称号,意为护教法王。

〔3〕三十九族:即霍尔三十九族,也称藏北三十九族。雍正时三十九族部落所辖地区范围,北与青海交界,跨那曲与昌都两地,占有聂荣、比如、巴青及丁青、索县、类乌齐、边坝县一小部分。实际上是以唐古拉山为界,山以北划归西宁管辖,山以西的三十九族归西藏管理。划界归西藏后,直接由驻藏大臣管理。

〔4〕罗卜藏:即罗卜藏丹津,清代青海和硕特蒙古贵族首领,固始汗之孙,扎什巴都尔之子。康熙五十三年(1714)承袭其父和硕亲王爵位,成为青海和硕特部蒙古贵族的最高首领。

五十九年(1720),清军驱逐准噶尔后,罗卜藏丹津随清军护送达赖喇嘛入藏。其自认为应继拉藏汗为西藏汗王,对康济鼐等人总理西藏极为不满。同时,清政府又采取分化青海和硕特蒙古部首领的策略,晋封察罕丹津为和硕亲王,牵制罗卜藏丹津。雍正元年(1723),罗卜藏丹津胁迫青海蒙古各部贵族于察罕托罗海会盟,发动武装割据叛乱。川陕总督年羹尧、四川提督岳钟琪等率军镇压,很快将叛乱平定。罗卜藏丹津逃往准噶尔部避难。清政府平定叛乱后,对青海地区的行政建制作了重大改革,使青海完全置于清朝中央政府直接管辖之下。

其西阿咱游手于边陲[1]**,**小西天一部落,名阿咱拉,其喇嘛亦赴藏朝佛。**卡契精心于买卖。**西域回部名克什米尔,又名缠头,又名卡契,以白布缠头,精于贸易。在藏住者有头目三人弹压之[2]。

【注】

〔1〕这两句意为:西部边陲有游手好闲的阿咱拉部落,精心做买卖的缠头回部。游手:空手。边陲:边境。

〔2〕弹压:控制,制服,管理。

布延业楞库木[1]**,巴勒布之三罕;**藏西南行计程月馀,其部名巴勒布,俗名别蚌子,又名白布,其地和暖,产稻谷。本分三部:一曰布延罕,一曰业楞罕,一曰库库木罕。雍正十二年进表贡一次,后为廓尔喀所并。今巴勒布在藏贸易有成家室住数辈者。头目二名管辖。**噶毕诺彦林亲，布噜巴之两解。**藏南行程月馀，其部布噜克巴，其长名诺彦林亲，乃红帽教之传[2]。天气和暖，物产与中国相似。再南行月馀即南天竺交界也。唐时赐与册印，其文曰“唐师国宝之印”六字。又有噶毕一族，为诺彦林亲所分者，日久势渐昌大[3]。后诺彦林亲之呼毕勒罕楚克赖那木札勒至噶毕地方，噶毕羁留不放归[4]。由是两家成隙[5]，互相仇杀。经驻藏大臣遣人和解，雍正十三年噶毕東噜布喇嘛卒，于是土地人民仍归诺彦林亲管辖。呈进奏书贡物。乾隆元年赐与额尔德尼第巴印信。今考布噜克巴为红教喇嘛之地，其掌教札尔萨立布噜克谷济呼毕勒罕与额尔德尼第巴诺彦林亲类拉布齐俱住布噜克巴蚌汤德庆城内，辖百姓四万馀户，大小城五十处，寺庙一百二十座，共喇嘛二万五千馀众。其界址东至绰啰乌噜克图部落，计程八日；正南至额讷特克国为界，计程十日；正西至巴木岭钟为界，计程十日；正北至帕克里城为界，乃西藏属地。

【注】

〔1〕这两句意为：巴勒布一分为三，分别是布延罕、业楞罕、库库木罕；布噜巴首领噶毕、诺彦林亲两相和解。

〔2〕红帽教：即宁玛派，因其僧人头戴红帽，故俗称红教或红帽教。该派为藏传佛教最古老的宗派，“宁玛”为藏文音译，

意为“旧”、“古”，故称旧派。源自藏传佛教前弘期来藏传教的印度僧人莲花生，以修习密法为主，正式形成于11世纪，至今仍有传承。

〔3〕昌大：强大。

〔4〕羁留：羁押，扣留。

〔5〕成隙：有了隔阂、裂痕。

额讷克横行〔1〕**，梵字之源；**额讷特克国，西南海中，大西天也。《楞严经咒》乃额讷特克字译为唐古特文也。**甲噶尔平写**〔2〕**，翻经之楷**〔3〕。甲噶尔部落在南海。贝叶经皆平头垂露文，译出唐古特字也。其地能织金银丝纱缎，产孔雀。明成化时乩伽思兰国进贡，即此地也。乩音伽，又名乩马天国。

【注】

〔1〕这两句意为：额讷克写字成横行，是梵文的源头；甲噶尔平头写字，是翻译经文的楷模。额特克：即额讷特克，印度。横行：文字横着排列。

〔2〕甲噶尔：藏语音译，即印度。平写：即平头，谓每个字的上面对齐。

〔3〕翻经：翻译佛经。楷：楷模，模范。

拜木戎〔1〕**，赛尔之一线才通；**《旧志》：由前藏至后藏赛尔地方，紧走十日，系白木戎交界。由赛尔向西南紧走十八日,到宗里口子,有一崖,高约十五丈,以木搭梯往来行走,马不能通。由宗里紧走八日,到白木戎住处。其王所居屋名曰劳丁宰,俱在山上。其先之王名义多朗结,生一子名局密朗结,承袭所属。百姓种类不一,有一种名曰总依,生子,幼时即五色涂面,成花面;一种名曰纳昂,无论男女俱不穿衣服,下以白布缠之;一种名曰蒙身,穿布衣,不遵佛教,不行善事;一种名曰仍撒,男子止穿中衣,不穿上衣。惟白木戎本地人民皆披藏绸偏单。有大寺二座,一名白马杨青,一名札什顶。小寺十五座。所管地方七处。其方亦呼为小西天也。与布噜克巴连界,中隔大江,名曰巴隆江。南至歪〔一〕物子,西至巴勒布,北至后藏日喀孜。由白木戎再行十日到小西天布尔雅王子住处。从此上船行半月,由海中至大西天矣。相传汉张骞曾至其地。今考西南外番并无白木戎之名。乃知白布缠身者,作木朗也。披藏绸偏单者,巴勒布也。通宗里口子者,哲孟雄也。**哲孟雄,臧曲之千家尚骇**〔2〕。后藏西南边外一小部落。其地今为廓尔喀所侵,尚有臧曲大河北岸迤东三处寨落也。

【校】

〔一〕歪,八旗本作"咼"。

【注】

〔1〕这两句意为:拜木戎与赛尔之间只有一条小路连接;哲

孟雄千馀户人家在臧曲河边上还惊恐不定。

〔2〕臧曲:也作藏曲,即今印度提斯塔河,发源于喜马拉雅山干城章嘉峰的泽母冰川,流经锡金、印度,进入孟加拉国后于奇尔马里附近汇入贾木纳河。松筠《西招纪行诗》"廓番无敢前"自注:"帕克哩为藏地南门,保障西南,界连哲孟雄部落,其部人户无多,向与唐古忒通好,西有大河名藏曲,唐古忒依为险津要隘。先是河西原有哲孟雄所属人户,后经廓尔喀侵占,以河为界,盖因藏曲水深溜急,不能渡船,仅有索桥数绳,廓番无能逾越,是藏曲既为哲孟雄保障,又为帕克哩屏障。"康熙三十九年(1700),廓尔喀军队入侵锡金,攻占锡金当时的首都拉达孜,锡金国王越境逃亡到西藏,在热日宗的春丕谷避难,作为宗主的达赖喇嘛将此地赐给他使用,这也就是后来的亚东。随后,廓尔喀军队继续向西藏推进,一度占领后藏并洗劫班禅喇嘛的驻锡地扎什伦布寺,乾隆皇帝先后两次用兵,最后由福康安和海兰察率军将廓尔喀人全部逐出西藏。廓尔喀请降,从此成为中国的藩属。清军击退廓尔喀后,锡金本欲收复其失土,由于不丹军队突然倒戈攻击锡金,锡金腹背受敌,结果锡金在提斯塔河谷地以西的大片领土仍然沦于廓尔喀之手,而提斯塔河谷地以东的领土则被不丹占领,锡金只保有提斯塔河上游的领土。骇:震惊。

作木朗唇亡齿寒〔1〕,后藏西边外一小部落,在哲孟北界,亦为廓尔喀所并。今与唐古特以热索桥为界。**洛敏汤皮存毛在**〔2〕。作木朗北一小部落,其地为廓尔喀所并。

【注】

〔1〕这两句意为：作木郎、洛敏汤被廓尔喀兼并，西藏则是唇亡齿寒，直接面临廓尔喀的威胁。唇亡齿寒：比喻利害紧密相关。《左传·哀公八年》："夫鲁，齐、晋之唇。唇亡齿寒，君所知也。"

〔2〕皮存毛在：《左传·僖公十四年》："冬，秦饥，使乞籴于晋。晋人弗与。庆郑曰："背施，无亲。幸灾，不仁。贪爱，不祥。怒邻，不义。四德皆失，何以守国?"虢射曰："皮之不存，毛将安傅?"。注："皮以喻所许秦城，毛以喻籴。言既背秦施，为怨以深，虽与之籴，犹无皮而施毛。"

库努屏藩〔1〕，在藏，属阿里地方之西界，其地与甲噶尔、廓尔喀两部落交界。其部长名热咱乌尔古，生嘉庆元年二月，遣人赴藏通好。**拉达邑宰**〔2〕。阿里之西小部落，名拉达克罕。

【注】

〔1〕这两句意为：库努是西藏的屏藩，拉达克罕是西藏的属县。库努：也作库鲁、库呢、库诺。松筠《西招纪行诗》："北接阿里阳。"自注：阿里"西与库诺部落交界。"房建昌《近代中印西段边界史略》："我认为库呢为藏文 Khunu 的音译。《藏汉大辞典》Khu－nu 条释为：'昆仑，库陆。阿里地区一地名。'译为库呢比库陆妥当，因为有文献根据。……库呢当时为阿里西境外一小王国，首领如附近的小王国一样称作 raja。唐以来汉译梵

经旧谐音作罗者，清朝按习惯将西藏边外的属藩首领称作部长，即部落长之意。……当时的库呢国中心地东邻阿里，南邻甲噶尔，东南邻廓尔喀，相当今西藏札达县边外的萨特累季河流域，属印度喜马偕尔邦。”屏藩：屏风和藩篱，比喻边界防御设施。

〔2〕拉达：即拉达克，阿里三围之一，位于喜马拉雅山西段以北，以克什米尔地区列城为中心。邑宰：县邑之长，即县令。

第里巴察〔1〕，人隔重洋〔2〕；西南徼外一大国也。曰噶里噶达，曰披楞，曰阿咱拉，皆其所属。乾隆五十七年，廓尔喀侵犯藏境，求伊助兵。该部长果尔那尔覆云：我国人常在广东作买卖，蒙大皇帝看待，恩典甚厚，岂肯帮汝与唐古特打仗〔一〕，得罪天朝。词严义正。曾通信与达赖喇嘛。**噶里噶达〔3〕，道通近载**。自布噜克巴取道，通各部落，约百日可到。

【校】

〔一〕仗，榕园本作“伏”，误。

【注】

〔1〕这两句意为：第里巴察，远隔重洋；噶里噶达，近年才道路畅通。

〔2〕重洋：远洋，海洋。

〔3〕噶里噶达：即加尔各答。

惟廓尔喀之投诚[1]，乃唐古特之乐恺[2]。后藏西南边外，其地名阳布[3]，乃廓尔喀所并巴勒布之旧城也。天气和暖，产稻谷花果。其王名拉特纳巴都尔。自乾隆五十七年经大将军福康安、参赞大臣海兰察等统师进剿，深入其境。震慑天威，投诚恭顺，每五年一次，遣噶箕头人等赴京，贡进表贡。

【注】

〔1〕这两句意为：廓尔喀的投诚实在是西藏人高兴的事情。投诚：归附，归顺。廓尔喀侵藏，随后被清军驱逐，廓尔喀请降，恭顺朝贡。

〔2〕乐恺：欢乐，和乐。

〔3〕阳布：即今尼泊尔首都加德满都。

其东工布、达布、江达[1]，险凭隘口；前藏东南七百四十里，名工布、达布二隘口，原隶藏属。准噶尔扰藏，时工布人民坚壁防守，敌不能入。康熙五十八年，大兵进取西藏，总统抚绥。工布一带番民始通，酋长帅所属迎师就抚，向导进藏。雍正四年会堪地界，将江达地方仍隶西藏，委第巴二名管辖。其地去成都五千七百三十五里。东至拉里四百五十里。凭山依谷，地气温暖，守险要区也。**波密、拉里、边坝[2]，隶属西招[3]**。工布、江达东南行十五日名上波密，系甘南木第巴管辖；下波密系由藏派营官管辖,乃现在济咙呼图克图之本籍也。拉里在达隆宗西北七百三十里,原隶西藏,委堪布喇嘛掌管寺院兼第巴事务。自准噶尔彻凌敦多布侵占〔一〕西藏,该处黑帽喇嘛附逆助谋,伪称河州喇嘛,迎师向导,阴遣番人截邀军粮。康熙五十八年,定西将军噶勒弼计擒黑帽喇嘛,即行正法,另委堪布管理。其地两山危峻,三水会同,气候恶劣,民情悍野。北通三十九〔二〕族番部。边坝在硕板多之南二百九十里。自拉里大山根至其地,二山横跨,四水环襟,藏东辽阔之区也。

【校】

〔一〕占,榕园本、元尚居本作"估",当误。

〔二〕九,八旗本作"七",误。

【注】

〔1〕这两句意为:东边有工布、达布、江达等地,凭借险要的隘口;波密、拉里、边坝等地,俱隶属于达赖喇嘛管理。工布:也译作工部,西藏传统地域名,为禄马岭以东工藏布流域的总称,在今西藏东南尼洋河流域,包括工布江达、米林、林芝等地。

〔2〕波密:也作波沃、波部,即今波密地区,分为上下两部,上部相当于今墨脱县境地,藏语称波得;下部相当于今波密县境地,藏语称波墨,地处帕隆藏布、易贡藏布流域。边坝:曾为边坝宗,1960 年与沙丁宗合为边坝县,西邻嘉黎,南

邻波密。

〔3〕西招：借指拉萨。

硕板多之么麿[1]，宰桑就获；准噶尔占据西藏，遣陀陀宰桑至硕板多一带剥削僧俗。康熙五十八年，定西将军统师进剿，陀陀宰桑潜回藏。遣外委等追索马郎，擒获送京。雍正四年，将硕板多仍归西藏管理。其地则四山环绕，二水合襟，进藏之要路也。**洛隆宗之孔道[2]，第巴输徭[3]**。类伍齐之西南，原隶西藏，东至察木多五百九〔一〕十里。其地二山对峙，两水〔二〕合流。

【校】

〔一〕九，八旗本作"六"。

〔二〕水，元尚居本作"山"，当误。

【注】

〔1〕这两句意为：硕板多地方不大，陀陀宰桑就在这里被擒获；洛隆是往来的要道，第巴服徭役。硕板多：也作苏班多、说板多、舒班多、学巴多、硕督、硕板督、硕班多、硕般多、鲜朵、学多，1960年与洛隆宗合并为洛隆县。《西藏图考·程站考》："硕般多在洛隆宗之西，地少险隘，惟恶说与春朋接壤，乃西海之捷径也。原属西藏部落，委喇嘛碟巴一名、俗碟巴一名，掌理黄教，钤束地方。后被准噶尔占据，西藏遣陀陀宰桑至硕般多一带剥削僧俗人众。康熙五十八年，定西将军噶尔

弼等统兵进藏,该地碟巴人等迎师投诚,陀陀宰桑潜回西藏,总统遣谙练外委三十名,改饰易服,令该碟巴向导,追至索马郎,擒获陀陀宰桑,送川解部。至雍正四年,会堪疆界,遵旨将硕般多地方赏给达赖喇嘛,复置千总、外委各一员,以资控制焉。其疆域东自洛隆宗擢耻塘界,西至阿南多界六百八十里,南至洛隆宗界,北至达隆宗界。”么麽(mó):微小。《汉书》卷一百上《叙传》:“又况幺麽,尚不及数子,而欲暗奸天位者乎?”注:“么、麽,皆微小之称也。”

〔2〕洛隆:也作洛宗、妥宗、路隆、罗隆,1960年与硕板多宗合并为洛隆县。《西藏图考·程站考》:“洛隆宗在类伍齐西南,其地有嘉裕桥,为藏、炉通津,亦西海进藏之要隘。原隶西藏部属,委碟巴二名管理。康熙五十八年大兵进藏,该地碟巴、番民倾心投诚,采办军粮,挽运无误。雍正四年,将洛隆宗地方遵旨赏给达赖喇嘛。其疆域东至瓦合塘界二百十里,西至擢耻塘界百六十五里,南至类伍齐界,北至达隆宗界。”孔道:通往某处必经的关口。

〔3〕第巴:即碟巴。输徭:服徭役。

类伍齐红帽之流[1]**,土城寺建;**察木多西北草地,进藏之路也。筑土为城,周二百馀丈。内建大寺一座[2],佛像经堂,巍焕整齐。红帽胡图克图居之。雍正年间颁给印信,其印文曰:协理黄教诺们罕之印。乃清字、蒙古字、唐古特字三译篆文。类伍齐亦供应差徭。**察木多三藏之一,喀木名遥。**西至类伍齐二百二十里[3],南至结党[4],北至隆庆[5]。昔属阐教胡图克图掌管。康熙五十八年颁给帕克巴拉胡图克图诺们罕之印[6],亦系三译篆文。其印文曰:阐讲黄教额尔德尼第巴诺们罕之印。其二胡图克图号锡瓦拉,三胡图克图号甲喇克。大小寺院五十座,喇嘛四千五百名,百姓七千六百馀户。其俗崇信浮屠,生子半为喇嘛。其地则层峦叠嶂,怪岫奇峰,乃西藏之门户。古所云康云喀木者,即此。合前后卫藏为三藏,俗名昌都也。其投诚番地隶之者二十处。

【注】

〔1〕这两句意为:类乌齐筑土为城,城内建寺,为红帽教所管理;察木多是三藏之一,喀木的名字源远流长。

〔2〕大寺:即类伍齐寺,位于今类乌齐县城北三十公里处,为藏传佛教白教(噶玛噶举巴)寺庙。

〔3〕西至类伍齐句:《近代康藏重大事件史料选编》第一编上卷第33页注释⑥:"昌都至类伍齐路,循昂曲河而上。旧云一百九十里,即四十里俄落桥,又六十里杓多,又四十里康平多,又五十里类伍齐。和宁云'察木多西至类伍齐三百二十里。'应是传写有误。"

〔4〕结党:也作杰当、结达木、建塘,今云南香格里拉县中心镇一带。

〔5〕隆庆:即隆庆寺,在青海玉树县。

〔6〕帕克巴拉胡图克图:即强巴林寺帕巴拉活佛。强巴林

寺为昌都地区最大的格鲁派寺庙。

乍丫多盗[1]，察木多东五百里，昔为阐教正副胡图克图掌管。康熙五十八年颁给印信，住持乍丫大寺。其地三山环偪，二水交腾，穷僻荒凉。其俗乐劫好斗，婚姻多不由礼。**桑艾为枭**[2]。阿足塘东北江卡塘[3]，正北名桑艾巴，番部，其人凶狠，好劫夺行旅，俗名夹坝云。

【注】

〔1〕这两句意为：乍丫多有盗贼，桑艾的人凶狠。乍丫：也作乍鸦、乍雅、扎克雅布、扎雅，曾为察雅宗，1912 年设县，1915 年复为宗，1960 年改为察雅县。

〔2〕桑艾：地名，也作三岩、三昂，今属西藏贡觉县、芒康县，东临金沙江，由北至南分别为上岩、中岩、下岩，西望宁静山，与江达、察雅相接。枭：勇健。

〔3〕江卡塘：今西藏芒康县，藏语谓麻康、噶托克，清初称为江卡。民国初期，以宁静山在其境内，改称宁静县。

巴塘授宣抚之司[1]，**二山界定**；西为藏界，旧属拉藏罕，有大喇嘛寺一座。达赖喇嘛委大堪布一名掌管黄教，拉藏罕委第巴二名管束地方百姓。康熙五十七年，护军统领温普带领官兵入境宣布圣朝德威。兵至大朔地方[2]，该第巴等赴营投见，愿附版图[3]。五十八年，呈开地方寨落三十三处，头人二十九名，百姓六千九百户，大小喇嘛二千一百名，纳粮承应差徭。五十九年，定西将军至巴塘，番民竭力争趋，随军转运。至雍正四年，会堪界址，分归滇归川归藏疆界。南墩适中有宁静山，于山顶建立界牌。又喜松工山与达[一]拉山两界[4]，山顶亦立界石。山以内均为巴塘所属，山以外为西藏所属。雍正七年，将巴塘土官札什彭楚克授为宣抚司，大头人阿旺林沁授为副。土官颁给印信号纸[5]。有土目二十五名，大小头人四百二十六名，百姓二万八千一百五十户，喇嘛九千四百八十名。每年上纳折银三千二百两零。所管辖安抚司十一名，长官司七名。**里塘属营官之长**[6]**，五寨尘消**[7]。打箭炉之西，六百五十里。西至巴塘，五百二十里。东至雅隆江[8]，交明正司界。西至诺噶里、布察多交瓦述土司界。南至唾杓竹，交云南、中甸界。北至雄热泥，交瞻对界。昔隶青海岱庆和硕齐部属。该处喇嘛寺一座，堪布一名掌管。康熙五十八年，大兵道经里塘，青海差人阴谋把持名达瓦蓝占巴，里塘营官遂有逆意。前锋都统法喇诱达瓦蓝占巴营官二名至营，擒以斩之，革去堪布。头人、百姓等咸凛军威。令其各举所知，素所悦服之人，议立堪布一名，专立黄教；设立正副营官，董率大小寨堡十五处[9]，头人二十名，百姓五千三百二十户，大小喇嘛寺四十五座，喇嘛三千二百七十馀名。附近里塘之瓦述崇喜、毛丫、毛茂丫、长坦、曲登五处酋长各呈户口,上纳粮马。雍正七年,颁给正副营官印信,安奔授为宣抚司,康却嘉木磋授为副。土官瓦述崇喜、毛丫、毛茂丫、长坦、曲登授为土百户,世代承袭,各给印信号纸,其户口六千五百二十九户,喇嘛三千八百四十九名,岁输贡赋。其管辖地方大小三十六处。

【校】

〔一〕达,榕园本作"建"。

【注】

〔1〕这两句意为:巴塘土司受封为宣抚司,巴塘与西藏于山上设分界;里塘属于营官管辖,五寨之间的烟尘顿消。

〔2〕大朔:地名,在今四川理塘县境内。

〔3〕版图:指户口册与疆域图。

〔4〕喜松工山:又名喜松山,在宁静山北。《西藏通志》卷三《山川》:"喜松山,在巴塘西,势甚高峻,上下约四十馀里,亦巴塘、西藏交界。"任乃强《西康图经》第一篇《境域》第五章《界务(上)·喜松工山》:"查巴塘至昌都,计有两道:其一为宁静大路,其一为贡觉小路……所谓小道,系自距巴塘40里之牛古渡分路,渡金沙江,上山行,30里至喜松工,为一小村。自此逾妥拉山,80里至热喜松多,为一牧场。再逾祖拉山,270里,经江卡境,而至贡觉。江卡与巴塘,系以祖拉为界,见科里斯《东部土伯特地图》。清代既以巴塘属川,江卡赏藏,则川藏应以祖拉为

界，非喜松工山也。大抵喜松工之名，为汉人所命。汉人认祖拉、妥拉间之高旷牧场为一山，以其近喜松工村，遂以村名名之。此地原无界碑，官商过此者，约略知此带为川藏界山，又轻其间之无人户，遂漫然谓喜松工山为界。”达拉山：任乃强《西康图经》第一篇《境域》第五章《界务（上）·宁静山以外之界标》：“达拉，在盐井县西南百馀里，高约4500米，为盐井与察哇之界山。亦即澜沧江与怒江之分水岭。《卫藏通志》谓周瑛等请于宁静山立碑界外，喜松工山与达拉山顶亦立界石。查周瑛奏疏无此语，世亦未传此二山有界石也。”

〔5〕印信：即印章，政府大印。号纸：明清时，政府所颁记载土司袭位者职衔及世系、承袭年月的书状。

〔6〕里塘：也作理塘，今四川理塘县，在甘孜藏族自治州中部，理塘河上游，康定西258公里。

〔7〕五寨：即瓦述崇喜、毛丫、毛茂丫、长坦、曲登等五个土司。瓦述崇喜，即瓦述崇喜长官司，康熙六十一年（1722）投诚，本瓦述部，凡300户，驻牧于西俄洛，系今四川甘孜藏族自治州雅江县德差、红龙、柯拉、西俄洛、麻郎错五乡。毛丫，即瓦述毛丫长官司，康熙六十一年（1722）投诚，牧民300户，牧地称毛丫坝。其辖东起火曲，西迄大朔，南至霞坝，西南方至勒日喀，系今四川甘孜藏族自治州理塘县村戈、奔戈、禾尼三乡。毛茂丫，即瓦述毛茂丫土百户，康熙六十一年（1722）投诚，凡74户，牧部，兼有农业，位于毛丫、崇喜之间，其领地主要在毛茂丫地区境内，系今四川甘孜藏族自治州雅江县红龙乡。长坦，即瓦述长坦长官司，其领地从长坦境内四伸，四界不详，系今四川甘孜藏族自治州白玉县昌台地区。曲登，即瓦述曲登长官司，牧民179户，

其领地东至下瞻对，南至毛丫，西至冷卡石，北至长坦。系今四川甘孜藏族自治州理塘县曲登乡。

〔8〕雅隆江：即雅砻江，又名打冲河、小金沙江、金河，藏语称扎曲、尼日曲。源出青海巴颜喀拉山南麓，在石渠县北流入四川，经石渠、甘孜、新龙、理塘、雅江、康定、九龙、木里等地，在攀枝花三堆子入金沙江。

〔9〕董率：亦作董帅，统率，领导。

近瞻对之族〔1〕**，**上、中、下三瞻对，夹坝多出于此。**达中甸之苗**〔2〕。通中甸、云南丽江府，属苗。

【注】

〔1〕这两句意为：与瞻对的百姓接近，通达中甸的苗族地区。瞻对：藏语为"雅龙"，土司名，有上、中、下之分，称三瞻。上瞻对茹长官司，下瞻对安抚司，均清雍正六年（1728 年）置；中瞻对长官司，乾隆十年（1745 年）置。在今四川新龙一带，地处雅砻江上游。辛亥革命后改为怀柔县，不久改瞻化县，1952 年又改新龙县。

〔2〕中甸：今云南迪庆藏族自治州首府，乃滇西北、川南藏区与西藏经济、文化交往的重要通道。

打箭炉雪嶂重开〔1〕**，严四川之门户；明正司衣冠内附，树六诏之风标**〔2〕。昔为南诏地，去成都西南一千二十里，东西〔一〕径六百四十里，南北径八百三十里。东至泸定桥[3],交冷边土司界[4],一百二十里;西至瞻对,抵热泥塘界,五百二十里;南至雅隆江中渡,交里塘界,二百八十里;北至小金川界,五百五十里;东南至冕宁县[5],五百里;西南至喇滚[6],抵澜沧江界,四百八十里。自后汉诸葛武侯征孟获时,遣将郭达在此造箭,故名打箭炉。旧属青海[二]部落,明永乐五年,土目阿旺甲木参向化归诚,授为长河西、鱼通、宁远军民宣慰使司,颁给印信号纸,世代承袭。国朝因之。至康熙三十九年,藏差营官昌策集烈等戕害占据其地。四川提督唐希顺克复河西之猴子坡、扯索咱威杵泥子、牛磨、威杵坝咱里土司烹坝等处,昌策集烈调聚乍丫、工布番兵啸聚牛磨西面大冈处,恃险负嵎,御拒官兵。提督唐希顺大破之,杀昌策集烈,安抚被害汉、土人民。已故宣抚司奢札察巴乏嗣,其妻工喀承袭,即今甲勒参达尔结之外祖母也。管辖十三锅庄番民,约束新附土司及土千、百户五十六员。上纳贡马,征解杂粮。其明正宣慰使司管辖安抚司六,土千户一,土百户四十八名。

【校】

〔一〕西,榕园本作"南",误。

〔二〕海,反约篇本、榕园本作"梅",当误。

【注】

〔1〕这两句意为:打箭炉雪山重叠,严守四川的门户;明正

土司归属清王朝,为六诏竖起了风向标。打箭炉:地名,在今四川康定炉城镇,清代改名为康定,明清时期川藏间商贸重镇。雪嶂:谓雪山。

〔2〕六诏:唐朝时,位于今云南及四川西南的乌蛮六个部落的总称,即蒙雟诏、越析诏、浪穹诏、邆賧诏、施浪诏、蒙舍诏。“诏”意为王或首领。其帅有六,因号“六诏”。唐开元二十六年后,蒙舍诏并吞其他五部,因其在五部南(今巍山县南境),史称南诏。其地在今云南及四川西部。风标:风向标。

〔3〕泸定桥:在四川省泸定县城西大渡河上。又称大渡河铁索桥。始建于康熙四十四年(1705)。桥长100米,宽2.8米,由十三条铁索组成,其中九条并列为桥面,上铺木板;两边各有二条铁索,为扶手。为全国重点文物保护单位。

〔4〕冷边土司:阿坝十八土司之一,位于甘孜州泸定东北。

〔5〕冕宁县:清雍正六年(1728)设冕宁县,即今四川凉山彝族自治州冕宁县。

〔6〕喇滚:喇滚安抚司,清康熙三十九年(1700)投诚,次年授安抚司,管土民970户,其领地东至吹音堡,南至理塘,西至下瞻对,东北至霍尔章谷和革什杂土司地,系今四川甘孜藏族自治州新龙县境内。

其山川[1],冈底斯郁其岧峣兮[2],西条山之祖脉[3];冈底斯者,阿里东北大雪山也。周一百四十馀里,峰峦陡绝,积雪如悬崖,千年不消。山顶百泉聚流,至山麓仍入地中。乃诸山之祖脉。梵书所谓阿耨达山也。远近番民悉以朝礼此山为幸。不能登也。**阿耨达淼其滥漫兮**[4]**，南干水之真源**[5]。阿耨达池相传即王母瑶池也。梵书所云四大水者，此其源也。

【注】

〔1〕此段叙西藏的山河。《清实录》卷二百九十："云南边境，有槟榔江者，其源发自阿里之冈底斯东。达木朱喀巴卜山，译言马口也。有泉流出，为雅鲁藏布江。从南折东流，经藏危地，过日噶公噶儿城旁，合噶尔诏母伦江。又南流经公布部落地，入云南古勇州，为槟榔江。出铁壁关入缅国。而冈底斯之南，有山名郎千喀巴卜，译言象口也。有泉流出，入马皮木达赖，又流入郎嘎脑儿。两河之水西流至桑南地。冈底斯之北有山名僧格喀巴卜，译言狮子口也。有泉流出西行，亦至桑南地。二水合而南行，又折东行，至那克拉苏母多地，与冈底斯西，马卜家喀巴卜山所出之水会。马卜家喀巴卜者，译言孔雀口也。其水南行，至那克拉苏母多地，会东行之水，南流至厄纳忒可克国，为冈噶母伦江，即佛法所谓恒河也。《佛国记》载魏法显顺恒河入南海，至山东之渤海入口，应即此水矣。梵书言四大水，出于阿耨达山，下有阿耨达池。以今考之；意即冈底斯，是。唐古特称冈底斯者，犹云众山水之根，与释典之言相合。冈底斯之前，有二湖连接，土人相传为西王母瑶池，意即阿耨达池。"这两句意为：冈底斯山陡峭高峻，是西部群山的祖脉所在；阿耨达池水势汹涌，是南岸诸水的真正源头。

〔2〕冈底斯：山名，"冈"为藏语，"底斯"为梵语，意思皆为

“雪”,在西藏阿里普兰县,冈底斯山脉的西段。主峰为冈仁波齐峰,海拔6656米,山顶终年积雪,云雾缭绕,山脚为天然牧场,是佛教、印度教、苯教、耆那教等共同信仰的中心,为著名神山,每年来自藏区、印度、尼泊尔等地的朝拜者络绎不绝。岧峣(tiáo yáo):高峻,高耸。

〔3〕西条:西部。祖脉:祖先和血脉,借指源头。

〔4〕阿耨(nòu)达:即玛旁雍错,意为不败碧玉湖,在普兰县境内,海拔4588米,内陆淡水湖,西藏著名圣湖,佛教圣地之一。《大唐西域记》卷一:“赡部洲之中地者,阿那婆答多池也(唐言无热恼。旧曰阿耨达池,讹也)。在香山之南,大雪山之北,周八百里矣。金、银、琉璃、颇胝,饰其岸焉。金沙弥漫,清波皎镜。八地菩萨以愿力故,化为龙王,于中潜宅。出清泠水,给赡部洲。是以池东面银牛口,流出殑伽河(旧曰恒河,又曰恒伽,讹也)。绕池一匝,入东南海;池南面金象口,流出信度河(旧曰辛头河,讹也)。绕池一匝,入西南海;池西面琉璃马口,流出缚刍河(旧曰博叉河,讹也)。绕池一匝,入西北海;池北面颇胝师子口,流出徙多河(旧曰私陀河,讹也)。绕池一匝,入东北海,或曰潜流地下,出积石山,即徙多河之流,为中国之河源云。”《佛祖历代统载》卷一:“向北度九黑山,有大雪山,名具吉祥。其山北边有香醉山,是二山间有大龙王名曰无热,所居之池曰阿耨达。”淼:水势广阔。滥漫:胡乱,无节制。

〔5〕南干:南岸。干,河岸。

达木珠而朗卜切兮[1],象与马之番语;冈底斯之东

有泉流出，名达木珠喀巴普。达木珠者，马王也。喀者，口也。巴普者，盛糌粑木盒也。以山形似马口，故名。冈底斯之南有泉流出，名朗卜切喀巴普。朗卜切者，象也。以山形似象，故名。此东南二大水之源也。**僧格喀而玛卜伽兮[2]，狮孔雀其译言。**冈底斯之北有泉流出，名僧格喀巴普。僧格者，狮子也，以山形似狮名也。冈底斯之西有泉流出，名玛卜伽喀巴普。玛卜伽者，孔雀，以山形似孔雀名也。此西北二大水之源也。

【注】

〔1〕这两句意为：达木珠和朗卜切是藏语象和马的意思，僧格喀和玛卜伽是藏语狮子和孔雀的音译。达木珠：即达木珠喀巴普，今称马泉河，也称当却藏布，在西藏仲巴县，穿行在喜马拉雅山和冈底斯山之间，为雅鲁藏布江的源头。朗卜切：即朗卜切喀巴普，今称象泉河，也称朗钦藏布，流经西藏普兰、札达、噶尔等县，流入印度后称萨特累季河，为印度河的重要支流。象泉河在西边，和宁当是误记其方位。

〔2〕僧格喀：即僧格喀巴普，今称狮泉河，也称森格藏布、申格藏布、森凯藏布、桑格藏布，发源于冈仁波齐峰北侧，流经西藏革吉、噶尔等县，在扎西岗与支流噶尔藏布汇合，出境进入克什米尔后称印度河。玛卜伽：即玛卜伽喀巴普，今称孔雀河，也称马甲藏布、马甲喀布，发源于西藏普兰喜马拉雅山南麓，流入尼泊尔后称呼那卡那里河，恒河的主要支流。孔雀河在南边，和宁当是误记其方位。

通拉之罡风烈烈兮[1]**,弥勒之神通具现**[2];第里浪古又名定日[3],后藏西南行十二日。又自定日西行二十馀里,上通拉大山。其山巅风劲异常,怪石陡崖,偏[一]坡溜沙[4],长百馀里。相传弥勒与达摩在此山绝顶斗法。**帕甲之石洞杳杳兮**[5]**,达摩之骭迹犹存**[6]。通拉山迤西,聂拉木境内名帕甲岭,有喇嘛寺,寺旁有石洞,洞上一[二]隙透光,内有达摩坐像,乃面壁处也。

【校】

〔一〕偏,榕园本、元尚居本作"徧",当误。

〔二〕一,榕园本作"之"。

【注】

〔1〕这两句意为:通拉山上寒风烈烈,弥勒佛曾在此山展现神通;帕甲岭上石洞隐约可见,达摩在此修行的痕迹尚存。通拉:山名,在定日县东巴乡、聂拉木县亚来乡境内,海拔5550米,山体东西走向,为定日通聂拉木大道必经之地。罡风:道家称天空极高处的风,也用来指强烈的风。烈烈:象声词。

〔2〕神通:佛教指神佛所具有的神奇能力。

〔3〕定日:也作定日谿、定日宗,1960年与协噶尔宗合并为定日县。

〔4〕偏坡:斜坡,陡坡。溜沙:即流沙。

〔5〕帕甲:帕甲岭,也作帕嘉岭。杳杳:依稀隐约。

〔6〕骭(gàn):肋骨。

紫日、彭楚[1]，经协噶尔而环绕[2]；紫日山、彭楚河在协噶尔。**达结、佳纳，窎聂拉木而洀桓[3]**。达尔结岭、佳纳山俱在聂拉木。

【注】

〔1〕这两句意为：紫日山、彭楚河，环绕着协噶尔；达尔结岭、佳纳山徘徊在聂拉木。紫日山：在定日县境内。彭楚河：即朋曲河，也作彭曲、喷曲、朋出藏布江，意为"花瓶河"、"净水壶河"，发源于西藏聂拉木县希夏邦马峰北坡的野博康加勒冰川，由西到南流经聂拉木、定日、定结三县，是西藏第六大外流河。在定结县城西边与西宁藏布交汇，急转南下，形成南北向河段。流入尼泊尔后称阿润河，与孙科西河汇合后称柯西河，为恒河支流。

〔2〕协噶尔：也作胁噶尔、胁格尔，曾为协噶尔宗，1960 年并入定日县。

〔3〕窎(diào)：长，远。聂拉木：也作尼雅拉木、尼牙拉木、聂拉、聂浪、聂郎，意为颈道，曾为聂拉木宗，1960 年改设聂拉木县。洀(pán)桓：徘徊。洀，通"盘"。

纳汝克喀袤其连冈兮[1]，维定日之保障[2]；定日沿边山名纳汝克卡。**杏撒热卡嵚其叠嶂兮[3]，乃定结之屏藩[4]**。自定结通杏撒热卡山，此外为哲孟雄境。

【注】

〔1〕这两句意为：纳汝克喀南北连绵不绝，是定日的保护屏

障；杳撒热卡山群山重叠，高耸入云，是定结的外部防御。袤(mào)：长，特指南北距离。连冈：山峰连绵。

〔2〕保障：保护。

〔3〕嵚(qīn)：高峻的样子。叠嶂：重叠的山峰。

〔4〕定结：也作丁结、丁洁、丁吉、丁吉牙、丁鸡、坦克伊宗、定结宗，1960年与康巴宗、金龙谿以及孔马地区合并为定结县。

甘坝登洛纳而雪消兮〔1〕，定日之南名甘坝，通洛纳山，地气稍暖，亦哲孟雄境。**帕里上支木而日暄**〔一〕。甘坝之东名帕克里，天和地暖，产稻谷花果，通支木山、臧猛谷，此外亦哲孟雄境。

【校】

〔一〕暄，原作"喧"，据榕园本改。

【注】

〔1〕这两句意为：从甘坝登上洛纳山，山顶积雪全消；从帕克里到支木山，太阳越来越暖和。甘坝：也作康巴、干坝、戛木霸、冈巴、冈马、干木坝、甘巴、岗巴，曾为岗巴宗，今西藏岗巴县。

擦木卡之煦妪兮〔1〕，**暖谷人烟簇簇**〔2〕；滚达、卓党适中之地有卡名擦木，有长桥三座，为藏界保障。由此西行，山明水秀，其瀑布更胜于打箭炉之头道水，林木参天，直抵济咙。天时温暖，稻畦遍野，一岁再熟〔3〕。由济咙西南行计程十日,可抵廓尔喀之阳布城也。**甲错岭之浒泼兮**[4]**,炎天雪瘴昏昏**[5]。过拉孜一跕[一]至甲错岭[6],五六月间,重裘寒噤,雹雪时至,风尤劲烈,瘴烟偪气,令人作喘。约百二十里,东望积雪插空,忽闻雷声,乃雪块消落也。

【校】

〔一〕跕,图考本作"站",当是。

【注】

〔1〕这两句意为:擦木卡气候温暖,山谷中人口众多;甲错岭气候寒冷,夏天也是雪雾迷茫。煦妪(xù yù):亦作"煦妪",温暖,暖和。

〔2〕暖谷:向阳的山谷。人烟簇簇:形容人口众多。

〔3〕一岁再熟:谓一年两熟。

〔4〕浒(bì)泼:风寒,寒冷。

〔5〕炎天:炎热的天气,夏天。雪瘴:雪汽,雪雾。昏昏:昏暗,阴暗。

〔6〕拉孜:也作纳改、拉兹、章拉则、拉则宗、拉孜宗,1960年与彭错林宗合并为拉孜县。

巩汤、萨尔、江纳、常桑之迤逦兮[1]**,由宗喀之元仗**[2];巩汤[一]拉山在宗喀,萨尔山赴萨迦沟大道,江纳山在汤谷,常桑山在常桑。**浪卡、日蚌、拉古、硕布之络**

绎兮[3]**，周后藏之四垠**[4]。札什伦布之西及北有浪卡山、日蚌山、拉古隆古山、硕布巴拉山，皆围后藏也。

【校】

〔一〕汤，榕园本作"阳"。

【注】

〔1〕这两句意为：从宗喀发端的巩汤拉山、萨尔山、江纳山、常桑山连绵不绝，浪卡山、日蚌山、拉古隆古山、硕布巴拉山环绕在扎什伦布的四周。巩汤：巩汤拉，山名，也作贡塘山、工汤拉山、工倘拉大山、贡塘拉，在西藏吉隆县境内，佩错湖北面。迤逦(yǐ lǐ)：曲折延绵。

〔2〕元仗：即玄仗，道路的意思。《淮南子·原道训》："登高临下，无失所秉；履危行险，无忘玄仗。"高诱注："玄仗，道也。"仗：一本作伏。

〔3〕络绎：连续不断。

〔4〕周：环绕。四垠：四境，四边。

冈坚兮天王剑跃[1]，冈坚山由札什伦布西行一日，山阳有冈坚寺[2]，内供骡子天王像。相传天王除藏中妖贼时，手剑一挥，千人头尽落，成神于此，至今奉为护法。**拉耳兮罗汉经翻**[3]。札什伦布西行三十里，山根有拉耳塘寺，内供弥勒佛、十八罗汉像，收贮全藏经板。又有小铜塔，内藏舍利，斜长寸许，如牙黄色。又有古铜钵,径尺馀,以手摩之,声如长号。又有水晶拄杖、罗汉履,云古罗汉所遗。又刻罗汉足印,以金妆之。

【注】

〔1〕这两句意为:冈坚山上,骡子天王的宝剑跃动;拉耳塘寺内,十八罗汉翻阅经书。冈坚:山名,位于西藏萨迦县。

〔2〕冈坚寺:也作冈坚曲培寺、康坚寺,位于萨迦县扯休乡冈坚村,明正统七年(1442),班钦桑布扎西创建,是藏传佛教格鲁派寺庙,主供强巴佛。

〔3〕拉耳:即拉耳塘寺,也作纳塘寺、拿塘、拉当,今称那当寺,在日喀则市西南。建于南宋绍兴二十三年(1153),是藏族地区三大印经院中最早的一座,以编订、刻印藏文《大藏经》而闻名。

札什纳雅之踔踸兮〔1〕**,彭错岭之险奇鹦鹉**;札什冈、纳雅山,赴彭错岭大道,岭极险峻,偪仄临河。有名鹦鹉〔一〕嘴者,五处尤险。**札洞日洞之拱伏兮**〔2〕**,甘布拉之名著昆仑**〔3〕。札克洞山、日洞山,赴巴则岭大道,曲水过河,上甘布拉,古称西昆仑。

【校】

〔一〕鹉,图考本作"鹉"。

【注】

〔1〕这两句意为:札什冈、纳雅山难以翻越,彭错岭的鹦鹉

嘴奇险无比；札克洞山、日洞山令人叹服，甘不拉古称西昆仑。札什：即札什冈，豁卡名，也作扎西冈，在今拉孜县扎西冈乡。踔跇（chuō yì）：超越，越过。

〔2〕拱伏：敬服，拱卫。

〔3〕甘布拉：山口名，也作噶木巴拉岭、甘不拉、康巴拉、冈巴拉、甘巴拉、甘坝岭、西昆仑，在今西藏贡嘎县县城西边，为通往浪卡子县的必经之路。山麓北侧为雅鲁藏布江，南侧有羊卓雍湖。

噶如路转于宜椒兮〔1〕**，望多尔济帕姆之寺**〔2〕**；**噶如山，出宜椒东沟口。望多尔济帕姆宫，在海子东岸山麓。世有女胡图克图居之。其海子名曰洋卓雍错海。**甘坝岭踰于巴则兮，直洋卓雍错海之门**〔3〕。此海本名雅木鲁克玉木楚海，广四百五六十里，周岸行四十八日。其中有三大山：一曰密纳巴，一曰鸦波士，一曰桑里。其水时白时黑，或成〔一〕五彩。过甘布拉岭，沿海岸经白地亚喜、浪噶孜始进宜椒山口二百馀里〔4〕，仅其西北角耳。

【校】

〔一〕成，榕园本作“承”，当误。

【注】

〔1〕这两句意为：转过宜椒便是噶如山，山下有多尔济帕姆寺；甘坝领高于巴则岭，正对着羊卓雍错湖的大门。

〔2〕多尔济帕姆：即女活佛多吉帕姆主持的桑丁寺，也称撒本寺、桑顶寺、桑定寺、贡巴、棍巴、商定棍巴。14世纪中叶，香巴噶举派传人旬奴珠在羊卓雍错西岸兴建，为藏传佛教噶举派寺庙。多吉帕姆女活佛为西藏唯一女活佛，被认为是印度金刚亥母的肉身再现，备受信徒敬仰。该活佛现已传承12世，现为多吉帕姆德庆曲珍。

〔3〕直：同“值”，当，对着。

〔4〕白地亚喜：谿名，曾为白地宗，1960年与郎噶孜宗合并为浪卡子县，其地在羊卓雍错西岸。

嘛里噶布之拗折兮〔1〕，聂党之西，山极峭峻，江水环流其下。**巴图鄂色之高扪**〔2〕。登龙冈之西，为前藏西屏。

【注】

〔1〕这两句意为：嘛里噶布山势曲折，巴图鄂色山势高峻。拗折：弯曲。

〔2〕高扪：向高空抚摸，比喻直插云霄。

墨羽拉兮雪窖〔1〕，前藏之西，积雪冬夏不消。**克里野兮沙屯**。前藏西北，途长淤沙积雪，烟瘴逼〔一〕人。由羊巴井至草地，过巴延图河，皆大山难行。克里野者，乌雅〔二〕也，蒙古语。其地多大觜乌鸦〔三〕，故名。

【校】

〔一〕逼,榕园本、元尚居本、八旗本、图考本作“偪”。

〔二〕雅,图考本作“鸦”,当是。

〔三〕鸦,八旗本作“雅”,当误。

【注】

〔1〕这两句意为:墨羽拉终年积雪如同雪窖,克里野黄沙屯积。

沙羽克冈兮[1]**,连喇根拉之北障;**皆前藏北大山。**乳牛郎路兮,接噶勒丹而东奔**[2]。乳牛山、郎路山,皆前藏东北山也。噶勒丹山俗名甘丹山,前藏正东噶勒丹寺之后山也。

【注】

〔1〕这两句意为:沙羽克冈连着喇根拉山,是藏北的屏障;乳牛山、郎路山连接着噶勒丹山一直向东。

〔2〕噶勒丹山:也作甘丹山,即拉萨东面达孜县境内的旺古尔山。

札洋宗兮札古[1]**,**前藏山南行二日,山名札洋宗,上建多尔济札古寺。附近桑鸢寺在札羊宗山顶,寺内有洞高二千馀丈,梯木而上。洞内有石莲花佛座,座前有石几,盒内有白土,可食,味如糌粑,次日复生。其洞须燃火可入。座后有一大海。唐古特人云作恶之人至此，必失足堕海中。由是僧俗畏惮。**锅噶拉兮奈园**〔2〕。前藏南山，在桑鸢寺背后，南路要道。

【注】

〔1〕这两句意为：札洋宗山上建有多尔济札古寺，锅嘎拉山前面有桑耶寺。札洋宗：山名，也作札羊宗、扎央宗、查央宗，在西藏贡嘎县境内，山上建有多杰扎寺。

〔2〕奈园：《艺林伐山》卷五："寺称柰园者，白马寺有柰林也。"

盐池兮浩浩〔1〕，阿里、达木，两处皆有。**陆海兮沄沄**〔2〕。自札什伦布西至阿里，夏月随地皆水，故俗曰陆海。

【注】

〔1〕这两句意为：盐池水面辽阔，陆海水势汹涌。浩浩：水面辽阔。

〔2〕沄沄：水流汹涌的样子。

澎湃澄泓兮凹渟海淀〔1〕，唐古特凡渟水处皆曰海子，凡泉皆曰海眼。一曰洋卓雍错海，在甘布拉南；一曰纳错海，过定日一站〔一〕；一曰补泥海，在宗喀赴萨迦沟大道；一曰甲木海，在热咙；一曰廓拉海，在星克宗；一曰春艮诺尔〔2〕，在前藏北九日。**氤氲沸燠兮野突泉温**〔3〕。

唐古特谓温泉曰热水塘。一在前藏山南，一在羊八井，一在拉孜东南萨珈沟之咱拉普，一在热咙，一在拉里，一在巴塘东。惟里塘之温泉有三：一在里塘西十里，一在里塘南二十里，一在喇嘛丫热水塘汛。三泉之水，四时常温。内有红虫，长二三寸。有患疮疾者，浴之即愈。彼处番人珍重之。一在打箭炉东南五十里榆林工地方，水性温暖，能除积疾。

【校】

〔一〕跕，图考本作"站"，当是。

【注】

〔1〕这两句意为：湖水很深而且水势汹涌，温泉中热气蒸腾。澎湃：波涛相击。澄泓（chéng hóng）：水清而深。凹渟（tíng）：死水坑。渟，水停滞不动。海淀：湖泊。

〔2〕春艮诺尔：即纳木错。

〔3〕氤氲（yīn yūn）：云雾弥漫。沸燠（yù）：暖，滚烫。泉温：即温泉。

尔其卓书特之西鄙兮[1]，大金沙之神泷[2]，衍达木楚克之派兮[3]，成雅鲁藏布之江[4]。旧卓书特部落在阿里北。大金沙江，唐古特名雅鲁藏布江，源出冈底斯，即达木珠喀巴普也。受库木冈前山水、受伽木苏拉水、受查尔河水、受阿拉楮河水、受那乌克藏布河水、受郭雍河水、受尼雅陆冈前山水、受萨楮河水、受矡楮河水、受式尔底河之水、受满楮藏布河水、受冈里洼甘山水、受牛拉岭水、受萨噶藏布河水、受嘉木磋池水、受爪查岭水、受雅噶鲁山水、受隆左池、受莽噶拉河水、受钟里山水、受鄂尼楮河水、受婆色那木山水、受特楮河水、受达克碑彭楚河水、受萨布河水，东径日喀则城，在拉萨西南班禅之所住也。又东受年楮河水、受商河水、受乌两克河水、受龙前河水、受聂木河水、受噶尔招木伦江水、受噶勒丹庙德庆西水〔5〕，曲曲流拉萨南。至西南，又受羊八井河水。径萨木陀庙布东城，受巴楮河水。径桑里城、野尔库城、鄂克达城，受亭里麻楮河水。径察木哈庙，受萨木陆岭水。径森达麻庙，南流入罗喀布占国，会冈布藏江、彭楚藏布江〔6〕，西南流入额讷特克国，归南海。

【注】

〔1〕这两句意为：达木楚克众多支流汇聚成的雅鲁藏布江，在卓书特的最西边。尔其：连词，表承接，辞赋中常用作更端之词，犹言至于，至如。鄙：西边。

〔2〕泷：湍急的流水。

〔3〕衍：水循河道流汇于海。达木楚克：即达木楚克哈巴布山。派：水的支流。

〔4〕雅鲁藏布江：也称藏波、藏普、臧博楚、雅隆藏布、亚龙

藏波、央恰布藏布、羊确藏布、藏江、藏河，自西向东沿着喜马拉雅山和冈底斯山脉之间的狭长谷地横贯西藏南部，流经朗县后折向东北，在南迦巴瓦峰处急转南流，于巴昔卡出境，穿越印度，流经孟加拉国与恒河汇合，由孟加拉湾注入印度洋。流经桑木张后与库比藏布汇合后称马泉河，自仲巴县里孜以下称雅鲁藏布江，流入印度后改称布拉马普特拉河。其源头，和宁谓即马泉河；《卫藏通志》等谓三源并发；1975 年，中国科学院组织青藏高原综合科学考察队进入河源区考察，认为其源头为仲巴县喜马拉雅山北麓的杰马央宗冰川。

〔5〕年楮河：即年楚河，也作娘曲、酿曲、年楚、年曲河、羊曲河，发源于西藏康马县境内的喜马拉雅山良冈冈日峰北坡的冲巴湖，向北流经康马、江孜、白朗，在日喀则市附近汇入雅鲁藏布江，为雅鲁藏布江中上游第二大支流。《卫藏通志》卷三《山川 · 大金沙江》："江水又东，有年楚河自南来会，水有二源，一出珠母拉木山，东北流；一出其东顺拉岭，池泉数十，汇为一水，北流，二源合，曰章鲁河。又东北，至娘娘庙前，有八水从东北喀鲁岭诸山，又南，札木长山社山来合而西南流注之。折西北，过江则城西，又西北，过向满城西，又西北，与南来一水合，又北，与西来二水合，又北，曰年楚河，过日喀则城东南得苏木嘉石桥，桥长七十丈，十九洞，又北，入藏布江。"聂木河：即尼木河，也作尼木玛曲、尼木曲，在尼木县境内。《卫藏通志》卷三《山川 · 大金沙江》："江水又东北，有捏木河自西北来会，水源出拖巴山。"噶尔招木伦江：即拉萨河。

〔6〕冈布藏江：即易贡藏布，详下。彭楚藏布江：即朋曲，详下。

受东西南北之源源兮[1]，会冈布彭楚之双双[2]。冈布藏江自拉里庙会察拉岭水、努工拉岭水、章阿拉山水、尼楮河水、牛楮河水，径地雅尔山，入冈[一]布部落，俗名康巴也。又受博藏布河水[3]，又呼为噶克布河。径贡拉冈里山，南入罗喀布占国界，入雅鲁藏布江。○彭楚藏布江在萨喀东南，有三源，一西出舒尔穆藏拉山，一东出锡尔仲麻，一东出爪查岭。又受罗楮河、罗卜藏河、牛楮藏布河、帕克里藏布河、札木珠河水，东南径珠拉来部落，入额讷特克国界，入雅鲁藏布江。

【校】

〔一〕冈，反约篇本、榕园本、元尚居本作“江”。

【注】

〔1〕这两句意为：接受东西南北源源不断的流水，会同冈布藏布和彭楚藏布。

〔2〕冈布：即易贡藏布，发源于嘉黎西北的念青唐古拉山脉南麓，河流由西向东流，流经嘉黎、波密等县，在通麦大峡谷与帕隆藏布汇合，急转向南，在林芝县觉东附近雅鲁藏布江大拐弯处汇入雅鲁藏布江，是雅鲁藏布江的第一大支流。彭楚：即朋曲河，也作彭曲、喷曲、朋出藏布江，意为“花瓶河”、“净水壶河”，发源于西藏聂拉木县希夏邦马峰北坡的野博康加勒冰川，由西到南流经聂拉木、定日、定结三县，是西藏第六大外流河。在定结县城西边与西宁藏布交汇，急转南下，形成南北向河段。流入

尼泊尔后称阿润河，与孙科西河汇合后称柯西河，为恒河支流。

〔3〕博藏布河：也作噶克布河，即帕隆藏布，雅鲁藏布江支流。发源于阿扎贡拉冰川，源流称玉树藏布，玉树藏布自河源呈东西向，先后流经安贡错、然乌错二个湖泊，至忠坝始称帕隆藏布。

绕班禅之法座兮〔1〕，环达赖之禅幢。

【注】

〔1〕这两句意为：雅鲁藏布江流经后藏、前藏，环绕班禅居住的札什伦布寺、达赖居住的布达拉宫。

纳百川兮径罗喀布占之界〔1〕，入南海兮由额讷特克之邦。雅鲁藏布江自达木楚克环回往复，达前、后藏，几及万里而入南海。

【注】

〔1〕这两句意为：雅鲁藏布江汇聚百川，流经罗喀布占，从额讷特克注入南海。

有冈噶之漭沺兮〔1〕，出阿里之崆峣〔2〕。发达赖而浮湍兮〔3〕，合麻楮而始洚〔4〕。乃达克喇之分支兮，经作木朗而流淙〔5〕。冈噶江源出冈底斯山东南，名朗布切喀巴普山，汇诸水为玛木匹达赖池。池南北百五十里，东西百里,受狼楮河水,又受拉楮河水。拉楮河者,乃僧格喀巴普山所出也。又受西北大雪山所出水。又西南径毕底城,为阿里极西界。又受玛楮河水。玛楮河者,乃玛布伽喀巴普山所出。会狼河,又会拉河、玛河。水势盛大,名冈噶江也。江水东南流出阿里界,径玛木巴、作木朗部落至额讷特克国,入南海。今考此河至作木朗南流,应即为臧曲大河,为卫藏边界之西条水也。

【注】

〔1〕这几句意为:冈噶江水面广阔,出自阿里的高山。发端于玛木匹达赖池而水势汹涌,汇合麻楮河后水势更大。流经作木朗而成为达克喇河的一条支流,水流淙淙。冈噶江:即象泉河,今称朗钦藏布,在冈底斯山南麓,为印度河最大支流萨特累季河的上源。漭澒(mǎng hòng):广阔无边。

〔2〕崆岘(kōng):山石高峻的样子。

〔3〕浮湍:水势湍急。

〔4〕洚(jiàng):大水泛滥。

〔5〕流淙:水流淙淙。

喀喇乌苏兮[1]**,流沙之黑水;布哈鄂模兮,雍望之嘉湖**[2]。喀喇乌苏自前藏东北行十日,皮船可渡,乃蒙古语黑水。《禹贡》:导黑水至于三危,即此。为潞江上游[3]。番名鄂尼尔楮。其源出萨喀,北有巨泽[4],名布哈鄂模，在流沙之东，广二百馀里。其西南隔山即腾格里诺尔，乃蒙古语天池也。布哈鄂模，布哈者，鹿也。其水东南流，又成一泽，曰额尔济根鄂模，广百馀里。东南流，又成一泽，曰伊达鄂模，广亦百馀里。又东南为喀喇池，广百二十里，其水色黑，即古雍望之嘉湖也。又受布伦河水、喀拉河水、鱼克河水，又受骇拉河水、沙克河水、布克河水、库兰河水。东北始入察木多境，受索克占旦索河水，东南得索克萨玛木桥，又东南折西南流，始名鄂尼尔楮河也。其径洛隆宗东南，得札木雅萨木巴桥，东南径喀朔图庙，西又受鄂楮河水。又东南径密纳隆境。又东南入怒夷界，名曰怒江。又南流入云南丽江府界，名曰潞江也。

【注】

〔1〕这两句意为：喀喇乌苏便是蒙古语所说的黑水，布哈鄂模东南流汇聚成黑色的喀喇池，正是古代雍州的美丽湖泊。喀喇乌苏：即那曲，怒江上游段，也作喀拉乌苏、喀剌乌苏、哈喇乌苏、黑河、哈拉乌苏。发源于唐古拉山南麓的吉热拍格，雪水聚集成溪，溪流相汇成河，向东流入他念他翁山和伯舒拉岭之间的峡谷，流出西藏比如县后始称怒江。

〔2〕雍望：雍州所在的位置。雍州为古代九州之一。嘉湖：美丽的湖泊。

〔3〕潞江：即怒江，藏语称鄂尼尔楮，也作鄂宜尔楚河、敖楚

河。怒江流经西藏昌都地区后，自云南贡县入云南，在潞西县内端出国境，进入缅甸后称萨尔温江，最后在仰光东侧注入印度洋安达曼海。

〔4〕巨泽：大湖。

溯澜沧之上游兮[1]，古鹿石之名区[2]；会鄂木楮而水盛兮，绕察木多而流纡[3]。澜沧江番名杂楮河。有二源，一出察木多之杂坐里冈城西北格尔噶那山，即古和甸之鹿石也，其水东南受库克噶巴山水，又受大小三池水，始名杂楮河，东南折苏噶莽城，西南径察木多庙东境，又西南而与鄂木楮河水会。二水既合，统名杂楮河也。至察木多庙，名墨楮河。西南得札什达克咱木桥，乃喀木地方之大桥也。又受孜楮河水。又南得札什达萨玛桥。又西南径察哈罗巴西。又受雅尔玛山水，又受噶塔噶里布岭水。东南径曲崇第滚庙，径蒙番怒夷界，又东南至云南塔城关，入丽江境，曰澜沧江。此察木多境由北向东南流之大川也。

【注】

〔1〕这两句意为：澜沧江的上游在古代著名的鹿石山上，汇合鄂木楮河后水势盛大，流经察木多后河道曲折。溯：逆水而上。澜沧江：藏语称扎曲，也作杂曲、匝楚河、杂楚、杂楮河、拉曲、拉楚河，上源扎曲源出青海省杂多县境唐古拉山北麓查加日

玛的西侧，南流在西藏昌都县附近与昂曲汇合后称澜沧江，向东南流入云南西部至西双版纳傣族自治州南部，流出国境称湄公河，经缅甸、老挝、泰国、柬埔寨，在越南南部入南海。《西藏通志》卷三《山川》："澜沧江，番名杂楮必拉，有二源：一出喀木之杂坐裹冈城西北格尔济杂噶那山，即古和甸之鹿石也……有一源曰普陀戎他拉，自西南大山南流曲曲，合巴里哈达水来会。又屈曲折东南流，经察木多庙之西，而与杂楮必拉合。二源既合，亦统名杂楮必拉也。……至云南塔城关西，入丽江府，曰澜沧江。"

〔2〕鹿石：即古和甸鹿石。齐召南《水道提纲》卷二十一《云南南出之水》："澜沧江即古兰苍水，疑即《禹贡》黑水，番名拉楚河。有二源，一出西藏喀木之匝坐黑冈城西北千馀里格尔吉匝噶那山，名匝楚河，即古鹿石山也。"朱鹤龄《尚书埤传》卷六《禹贡》："导黑水至于三危，入于南海。"注："今按《一统志》：澜沧江源出雍州南吐蕃鹿石山，本名鹿沧江，后讹澜沧。"名区：指有名的地方。

〔3〕流纡：谓河流曲折。

金沙兮木鲁乌苏[1]**，色楮兮俄隆拜图**。金沙江，番名色楮河，亦名犁牛河，古丽江也。番名木鲁乌苏，蒙古语也。源出巴萨通拉木山东麓，山形高广，形似犁牛，故名。其西麓水名雅尔嘉藏布河，西流入卡契国者是也。东麓水为金沙江，亦曰布伦楮河，亦曰色楮河。东北流与西北源合。其水出巴萨通拉木山之数百里，又东北与南源合。其水出拜图岭,曰拜图河。三源既合水,受阿克达木河,又受托克托乃乌兰木伦河。自此山绵亘而东,绕木鲁乌苏之北,数千里皆称巴延喀喇山。其阴乃黄河重源也。江水北折而东,受波罗河水,又受洞布伦山水。又东,径那木唐隆山、古尔般波罗吉山,受图虎河水,东南受乌聂河水,又受那木齐图乌兰木伦河水。又东,受库库乌苏河水。又南,径殷得勒图西勒图山及特们乌珠山之西南麓,受古尔般托罗海山水。又南流,受伊克库库色河水。又东南,受巴罕库库色河水。又东南,受尼林哈喇乌苏水。又东,受齐齐尔哈纳库库乌苏水,又受特墨图水。又南,受足兰达租山水。又东南,受杂巴延喀喇山水。此水隔山,东北即雅龙江之源也。又南,受角克池水。又东南,入察木多境,始名布伦楮河也。又东,径仲果庙。又西南折流,至里木山西南,受拉都格巴水。折西南,至巴塘西境。江水至此亦有巴塘河之称也。东南,又受敦楮、马楮、索楮三河水。江水又东南,入云南丽江府西北塔城关,名曰金沙江。今考《旧志》言金沙江源出俄隆拜图,乃鄂伦巴都尔山也,流数千里至巴塘琫孜勒,入丽江,历宁番、凉山,会雅龙江,总汇于四川叙州府。大江出夔州府巫峡,为三江之上游。其巴塘渡口名竹巴笼,乃通西藏之大道也。

【注】

〔1〕这两句意为:金沙江蒙古语称木鲁乌苏,藏语称色楮

河，发源于俄隆拜图。金沙：即长江上游源头。《西藏通志》卷三《山川》："金沙江，番名色楮河。《旧志》载源出俄洛木拜图，流入木鲁乌苏等处，至巴塘琫子勒，入丽江。历宁番、凉山，合雅龙江，会于叙州府大河。此江渡口甚多，惟春科工、妥楮卡、牛苟、竹巴笼系官商大道，修造木船以渡，其馀俱系皮船。按：金沙江亦名犁牛河，古丽江也，番名木鲁乌苏，源出巴萨通拉木山东麓，山形高广，形似犁牛，其西麓水曰雅尔嘉藏布河，西流入喀齐国者是也。……又东南，入云南丽江府西北塔城关，曰金沙江。"

雅龙之三渡兮[1]，中渡界乎川炉[2]；叙府之大江兮[3]，宁番入于马湖[4]。《旧志》载雅龙江在里塘，源出青海之酿磋地方，流入霍尔咱地方，用牛皮船渡，通林聪安抚司。至甘孜，用木船渡，通德尔格部落，直达察木多。至上、中、下闸坝，亦用皮船渡，通里塘，通会盐营之木里土司及云南中甸地。由宁番会金沙江，入马湖，历叙州府，归川江。今考：金沙江，《汉书·地理志》之绳水也，雅龙江则若水也。源出巴延喀喇山，其山在里塘西北，杂佛洛巴延喀喇山之东南，有东西[一]二源：一曰杂楮河，一曰齐齐尔哈那河。又东南受巴延图呼木达巴罕山水。又受玛木齐齐尔哈那河水。又南受协楮河水。又折西南。又西南受鄂楚尔古河水。折西，又受噶义格拉岭水。又西南，济渡曰伊尔玛珠苏木渡，即中渡也，在打箭炉西界二百馀里。通里塘、巴塘、察木多大道自此而南。江东为四川境,江西为西番境也。

【校】

〔一〕东西,八旗本作“西南”,当误。

【注】

〔1〕这两句意为:雅龙江上有三个渡口,中间渡口是四川与打箭炉的边界;在宁番注入长江,穿过叙州府。雅龙:发源于青海省巴颜喀拉山南麓,流经四川省、青海省、云南省三省29个县市,至四川省攀枝花市裸果注入金沙江。雅龙江干流全长1637公里。三渡:即雅龙江上上、中、下三个渡口。中渡在今四川雅江县境内,清末明初赵尔丰在此筹建了铁桥。

〔2〕川炉:即四川与打箭炉。

〔3〕叙府:即叙州府,今四川宜宾。

〔4〕宁番:今四川冕宁县。马湖:即马湖江,金沙江下游的别名,在今四川屏山县,岷江由此汇入长江。

若夫喇里险滑〔1〕,喇里大山在大寺西〔2〕,上下五十里,极险滑,积雪四时不消。北接玉树,乃通青海要道。**濯拉峥嵘**〔3〕。瓦子山,番人呼为濯拉山,层层石片,状如瓦,故名。上下五十里,积雪崎岖。距江塘二日程。

【注】

〔1〕这两句意为:喇里大山道路艰险滑溜,濯拉山高峻难

走。喇里:即拉里大山,也作门达拉、奔达拉、班达拉、班达山口、拉里大雪山,今作边达拉,在今西藏嘉黎县境内。《西藏通志》卷三《山川》:"拉里大山,在大寺西,山势如龙形,上下五十里,极险峻,四时积雪,下至拉里,北接玉树,乃青海要津。"又卷四《程站》:"拉里由沟复上大山,危峰耸峙,冰雪四时不消,巉岩海岸,风起雪拥,险滑难行。"

〔2〕大寺:即拉里寺。

〔3〕濯拉:山口名,也作瓦子山、瓦子雪山、濯拉、戳拉、错拉、宁多错拉,今作楚拉,在今西藏嘉黎县境内,与工布江达交界。《卫藏通志》卷三《山川》:"瓦子山,番人呼为濯拉山,层层顽石,状如瓦片,故名。上下约五十里,多积雪,崎岖难行,离江达二日。"峥嵘:形容高峻。

鲁工雪顶〔1〕**,**多洞塘率水浒而上〔2〕,大山雪凌险滑〔3〕,长百馀里,东与沙贡拉相连〔4〕,去拉里一日。**丹达冰城**。本名沙贡拉。由边坝至丹达塘六十里,上丹达山,颇侧难行,俯临雪窖,西望峭壁摩空,门通一线,乃冰雪堆成也。行人蜿蜒而上,过阎王编,凛冽刺肌夺目,无风乃可过也。丹达塘有丹达神庙,相传云南某参军于康熙年间押解军饷至此,没于雪窖中,屡著灵异,土人祀焉。过此山者须虔诚礼祷,乃得平稳云。

【注】

〔1〕这两句意为:鲁工山白雪封顶,丹达山仿佛冰城。鲁

工：山口名，即路工拉大雪山，也作鲁喇山、鲁共拉、鲁工拉、鲁贡喇、努布冈拉、努康拉、鲁卜公拉岭、努卜公拉岭，今称鲁贡拉，在西藏嘉黎县。《卫藏通志》卷三《山川》："鲁工拉山，与沙工拉相连，山势平衍，长百馀里，冬春积雪不消，离拉里一日。"又卷四《程站》："多洞塘附近水边，率水浒而上，二十里上大山，山峰峭立，雪凌险滑，视丹达无异，即鲁工拉山也。"

〔2〕率：沿着。水浒：水边。

〔3〕雪凌：即冰锥。

〔4〕沙贡拉：即沙贡拉山，也作斜贡拉、丹达山、单达山、虾工拉、霞公拉、沙工喇山、沙工拉、沙尔冈拉，今称夏贡拉，在西藏边坝县。《卫藏通志》卷三《山川》："沙工拉山，一名丹达山，过丹达塘十五里，上山颇侧难行，俯临雪窖，西望峭壁摩空，中一小沟，蜿蜒而上，凛冽冰城，刺肌夺目，少有微风，断不可过。有丹达神庙，必虔诚祈祷，乃得平静。见寺庙门。鲁工拉山，与沙工拉相连，山势平衍，长百馀里，冬春积雪不消，离拉里一日。"又卷四《程站》："丹达之麓有庙，相传云南某参军解饷过此，殁于王事，屡著灵异，土人祀焉，过山者必祷之。十五里上沙贡拉山，峭壁摩空，蜿蜒而上，过阎王碥，夏则泥滑难行，冬春冰雪成城，一槽逼仄，行人拄杖鱼贯而进，此赴藏第一险阻也。""多洞塘附近水边，率水浒而上，二十里上大山，山峰峭立，雪凌险滑，视丹达无异，即鲁工拉山也。"《西藏地方志资料集成》（第一集）任乃强《西藏的自然区划·丹达山脉与康区》："丹达山，藏名斜贡拉，义为东雪山口。其西三日程，尚有较低山口曰鲁贡拉，义为西雪山口。两山各出小水会于阿兰多（A－la－do），穿长峡入博藏布……以此，称其水为中水（Dbus－Chu），而山为东西雪

山。其后汉人经此,因东山之东侧台站地名丹达,遂呼丹达山也。此山在康藏大道中,为最高峻险恶……此山脉向东南斜行,为怒江与雅鲁藏布之大分水岭。中经八宿胡图克图地界,故我国旧地图有作伯舒拉岭者(八宿拉)。”

朔马风烈〔1〕,巴里郎进沟三十里,上赛瓦合山。《通志》作朔马拉山。边风猎猎,乱山皆童。二十五里至索马郎寨,又四十五里至拉孜。多溜沙,足却难行。**铁凹霄撑**〔2〕。洛隆宗慢坡上山,陡险。九十里过铁凹大山,二十里至曲齿,又名紫驼。

【注】

〔1〕这两句意为:朔马拉山边风烈烈,铁凹大山直插云霄。朔马:《卫藏通志》卷三《山川》:“朔马拉山,一名赛瓦合山,在硕板多西,边风猎猎,乱山皆童,逾二十馀里,至索马郎。”卷四《程站》:“巴里郎进沟三十里,上赛瓦合山,《通志》作朔马拉山,边风猎猎,乱山皆童,二十五里至索马郎。又四十五里至拉子,沿山绕河而行,地多溜沙,足却不前,其地有塘铺,头人给役,柴草价昂,盖山兀地荒,致此不易耳。”

〔2〕铁凹:当为得噶拉山。《卫藏通志》卷四《程站》:“洛隆宗西南行,经漫坡,上坡山路陡险,九十里过铁凹塘,大山壁立,有塘铺。顺沟而行,路稍平坦,二十里至曲齿,又名紫驼,有大喇嘛寺等。”卷三《山川》:“得噶拉山,在洛隆宗西,山路陡险,九十里,过铁凹塘,交硕板多界。”《西藏地方志资料集成》(第二集)

刘赞廷《硕督县志略·山川》:"本县西由嘉黎县之扎拉岭入境……名丹达山,转向东伸,名昂多山,至曲且,名拭贡山,绵亘东南,转入科麦县。……由昂多山北伸一支,经索马郎,名赛瓦合山,峭壁崇峰,东西环绕,北至江边,名牧童山。……县治东部,由拭贡山北伸分为二支:一支经迭哇塘,名铁凹山,西绕名章喇山,巍峨盘旋,高入云汉,西与牧童山斜峙。"霄撑:直插云霄。

鼻奔足窘〔1〕,嘉裕桥西南行〔2〕,上得贡拉山〔3〕,山势陡峻,上下约二十五里。过桥至鼻奔山根。**瓦合魂惊**〔4〕。恩达寨西二十里过恩达塘,二十里过喇贡山,二十里至牛粪沟,过瓦合山,高峻百折,上有海子,雪瘴迷离。设望竿堆三百六十五,合周天度数,至大雪时藉以向导。过此,戒勿出声,违则雪雹立至。山中鸟兽不栖止,四时严寒。上下百九十里无炊烟草木。过肐膊岭,至瓦合塘。下山又二十里,至瓦合寨,有类伍齐番目供役。

【注】

〔1〕这两句意为:鼻奔山崎岖难行,瓦合山令人胆战心惊。鼻奔:山名。《卫藏通志》卷四《程站》:"嘉裕桥西南行,上得贡拉山,山势陡峻,上下二十五里,诘屈如蛇形,有松林,路悉险窄,多溜沙地。五里过桥至鼻奔山根。五十里至洛隆宗。"《西藏地方志资料集成》(第二集)刘赞廷《硕督县志略·山川》:"本县西由嘉黎县之扎拉岭入境……名丹达山,转向东伸,名昂多山,至

曲且,名拭贡山,绵亘东南,转入科麦县。……县治东部,由拭贡山北伸分为二支:……一支北行,至洛隆宗,名鼻奔山根,沿江北行,名贡喇山,以东为怒江。”足窘:脚步窘迫,形容山路崎岖难行。

〔2〕嘉裕桥:怒江上大桥名,在今西藏洛隆县境内,也作加玉桥、晓叶桑巴、撒叶三巴、响叶桑巴、三坝桥、三巴桥、假夷桥、嘉玉桥,为川藏间重要桥梁。《卫藏通志》卷四《程站》:“瓦合寨西南行四十里,至麻利……十里过山,山势高耸,下山,绕河西行,偏桥叠见,三十里至嘉裕桥,番名三坝桥,有碉房、柴草。两山环抱一水中流,天气暄和,地土饶美,有塘铺。”

〔3〕得贡拉山:《卫藏通志》卷三《山川》:“得贡拉山,在洛隆宗东,山势陡峭,上下约三十里,至嘉裕桥。”

〔4〕瓦合:山名,在今西藏洛隆县境东北、类乌齐县境西南。《卫藏通志》卷三《山川》:“瓦合大山,在类乌齐西南,山大而峻,路险难行,四山相接。绵亘一百六十里,四时积雪,有数十丈之窖,行其上,愁云瘴雾,日色惨淡,立有望竿堆,合周天三百六十之数,藉为乡导,戒勿出声,违则冰雹骤至。”又卷四《程站》:“恩达寨二十里过达塘,有塘铺。二十里过喇贡山,二十里至牛粪沟,二十里过瓦合山,高峻且百折。山上有海子,烟雾迷离,设望竿堆三百六十,合周天数,如大雪封山时,藉以为向导。过此,戒勿出声,违则冰雹骤至。山之中鸟兽不栖,四时俱冷,逾百里无炊烟。二十里过胳膊岭,下山,三十里过瓦合塘,有塘铺。又二十里至瓦合寨,隶类伍齐,有头人供役焉。”

乍丫雨撒〔1〕**，寒瘴交并**〔一〕；洛隆〔二〕宗沿沟而上，傍山狭侧，多偏桥。四十里至俄伦多，又四十里至乍丫庙，石径梗塞，过大雪山，甚陡险，积雪如银。烟岚瘴气，中人往往作病。**阿足石板**〔2〕**，夹坝狰狞**〔3〕。石板沟过雪山二座，八十里至阿足。其地多劫道，番名夹坝也。

【校】

〔一〕并，榕园本作“井”，误。

〔二〕洛隆，《卫藏通志》卷四《程站》作“落加”。

【注】

〔1〕这两句意为：乍丫、雨撒等地寒气、瘴气交相并起，阿足、石板沟的劫匪凶狠可怕。乍丫：也作乍雅、乍鸦、察雅，在今西藏察雅县。《卫藏通志》卷四《程站》：“洛加宗沿沟而上，傍山行，路纡曲稍平，第逼仄多偏桥。四十里过木桥，至俄伦多，有柴草、人户。复西南行四十里至乍丫，有寺院，即会典图注之札雅庙也。”“乍丫顺沟行，石径蚕从，多梗塞，三十五里至雨撒，有人户、柴草。复西行，过大雪山，路甚陡险，积雪如银，烟岚之气，中人作病。上下六十里，至昂地。”雨撒：即雨撒塘。

〔2〕阿足石板：《卫藏通志》卷四《程站》：“石板沟至阿足塘宿，计程八十里。石板沟西南行，过大雪山二座，寒辉腾耀，射目迷离，上下无可驻足，行人裹粮而至。阿足塘乍丫属，蛮性狡猾……阿足塘至歌二塘尖，洛加宗宿，计程一百里。”

〔3〕狰狞（zhēng níng）：凶恶可怕。

黎树江卡[1]**，恶跕**[一]**吞声**[2]；江卡西四十里至渌河，又十里上大雪山，又七十里至黎树沟。番民犷狎，勾通夹坝。**古树莽里**[3]**，毒阱岩坑**。莽里过新龙山[二]，春夏积雪不消。八十里至南墩，又四十里至古树，云雾四垂，亦多瘴疠。四十里至普拉宿。

【校】

〔一〕跕，疑当作"站"。

〔二〕新龙山，《西藏通志》作"龙新山"。

【注】

〔1〕这两句意为：黎树沟、江卡，都是非常恶劣的驿站；古树、莽里到处都是毒阱陷坑。黎树、江卡：《卫藏通志》卷四《程站》："江卡行四十里，至渌河，十里至山根，上大雪山，终年积雪，盛夏亦凉飙刺骨。复越小山，上下七十里。自黎树至王卡，称为恶八站。"

〔2〕吞声：即忍气吞声。

〔3〕古树莽里：《卫藏通志》卷四《程站》："莽里过龙新山，春冬多积雪，三十里过邦木，有碉房、柴草，有塘铺。中有宁静山，勒有与西藏分界碣石。南行经大山，五十里至南墩，有汉人寺，……过山，四十里至古树。""古树过漫山，山路云雾四垂，间有瘴疠，道路亦复崎岖。四十里至普拉。"

大朔鬼哭[1]**，三坝山鸣**。大朔山即古度朔山[一]，其地多鬼。进沟三十里,上大雪山,巅峭异常,冷瘴弥漫。踉跄而下,至琫擦木。又立登三坝,乱石如林,风雪博空,瑟瑟有声,不闻鸟雀。五十里至松林口,则万树参天,千崖蔽日。又五十里至大朔塘。

【校】

〔一〕山,榕园本作"内",误。

【注】

〔1〕这两句意为:大朔山上有鬼哭的声音,三坝地方大山能够鸣叫。大朔、三坝:《卫藏通志》卷四《程站》:"喇嘛丫……行五十五里,至二郎湾,……过著东塔,五十五里至立登三坝。有塘铺、柴草。巴里二塘交界也。""由三坝行,乱石纵横,青松蔽日。过巴山,有海子,下山,枯树参横,绝不闻鸟雀声。五十里至松林口,下沟,路平,五十里过巴隆达河,至大朔塘。地居沟口,有塘铺、碉房、柴草。""大朔进沟,上大雪山,三十里至巅,高险非常,雪凌弥漫。越山而下,六十里,至崩擦木。"立登三坝,位于理塘土司、巴塘土司之间,清末改流设三坝厅,民国时期改为义敦县,1978年撤销义敦县,辖区划入理塘县、巴塘县。

阿拉柏桑〔1〕**,银海迷盲。**里塘西南行三十里,过大桥,上阿拉柏桑山,雪日射目,须用青丝罩眼。二十里至厄凹奔松。**折多提茹**〔2〕**,药气如醒**〔3〕。打箭炉出南门十里,至贡竹卡。四十里,至折多山麓。药瘴逼人,气候殊常，令人喘哽。五十里至提茹山，大黄熏塞尤甚，过此山顶，回首望，成云海。下山，坡水尽西流。

【注】

〔1〕这两句意为：阿拉柏桑山上积雪如银，耀人眼目；折多山、提茹山药气弥漫，如同酒香。阿拉柏桑：《卫藏通志》卷四《程站》："里塘西南行三十里，过大木桥，上阿喇柏桑山，峻岭层岩，日色与雪光交灿，二十里至头塘，即贡撒塘，番名额凹奔松。"

〔2〕折多：藏语为折拉卡，位于四川甘孜藏族自治州东部，康定县西北部，是大渡河与雅龙江水系的分水岭，历来为康定通西藏的要道，也是关内、关外的界山。提茹：也作"提茹尖"。

〔3〕酲(chéng)：本义指酒醉，这里借指酒香。

飞越穿云〔1〕**，筇笮悬霙**〔2〕。飞越岭，雅州府属。唐置飞越县，旋废。山势陡峭，懒云下垂，内地第一险阻也。筇笮山名相公岭，诸葛武侯屯军于此，故名。山顶冰澌木介如兜罗绵〔3〕，冬夏不消，极称险滑也。○以上自成都至藏，奇险怪俗，不能殚述也〔4〕。

【注】

〔1〕这两句意为：飞越岭直插云霄，筇笮山终年飘雪。飞越：在今四川汉源县，为汉源至打箭炉的必经之地。姚莹《康辅纪行》卷一："唐于岭下置飞越县，未几即废，今犹以名岭。《图

识》云：山势陡峻，怪石巉岩，逼人面起。终年积霜雪，懒云下垂山足，行旅如在层霄。此内地第一险阻。”

〔2〕筇笮（qióng zuó）：即大相岭，在今四川汉源县。霙（yīng）：雪花。

〔3〕木介：即木冰，雨雪霜沾附于树木遇寒而凝结成冰。因木冰如树枝披戴介胄的样子，故名木介。兜罗绵：梵语棉。亦为草木花絮的总称。

〔4〕殚：全部。

此皆赴三藏之要路〔1〕，骇孤旅之前旌〔2〕。一自鱼凫通鹿马〔3〕，万重山里万重程也。

【注】

〔1〕这两句意为：这些都是通向西藏的必经之路，足以让孤独的旅客胆战心惊。自从古蜀国的鱼凫开通与内地的交通后，便来往不断，万重大山里有万重行程。要路：重要的道路。

〔2〕孤旅：孤立无援的军队。前旌：借指前导、前军。

〔3〕鱼凫：传说中古蜀国帝王名。

时嘉庆二年，岁次丁巳五月，卫藏使者太菴和宁著。

附录一:《西藏赋》评论资料

◎李光廷《〈西藏赋〉跋》,《反约篇》丛书《西藏赋》

……右《西藏赋》一卷,和宁撰。公号太庵,蒙古镶黄旗人。乾隆中翰林,官至礼部尚书,卒,谥简勤。此书成于嘉庆二年,结衔称"卫藏使者",则任驻藏大臣时作也。……此篇总赋西藏,凡佛教寺庙、官制风俗、物产地界无一不详,而山水尤晰。魏默深《圣武记》作于道光,犹以雅鲁藏布江为金沙江源,贻讥有识。此书在嘉庆之世已能探源析委,并图经之舛亦为正明,则以身居此土,访查较易也。《赋》不仿《京都》,而文采烂如,足供讽诵。注尤详晰,虽中间以三藏为三危、为东天竺,俱不免于传会,然百瑜一瑕,不累大体。言西藏者,此其职志耳。……余在都,与公曾孙锡佩韦卿同事吏部者数年,不知公有著作。此本为陈兰甫买自书肆,举以寄增者,而韦卿已卒于川东道任矣。因抄丛书,亟以著录焉。同治甲戌八月番禺李光廷识。

◎俞浩《西域考古录》卷十七《蒙古源流书后三》

和简勤公《西招记事》及《西藏赋》,叙述大半无稽,所引经簿一书,盖亦《元秘史》之类,多不可信。

◎张维屏《国朝诗人征略》卷五十六《潘有度》

（潘有度）有《西洋杂咏》写海外风土，蔡生甫太史谓可与和泰庵尚书《西藏赋》颉颃。

◎张丙瑛《钞本西藏赋跋》，复旦大学图书馆藏澄清堂钞本

缉僸佅兜离之音，成黄绢幼妇之词。风物列眉，疆域指掌，今人神游佛国，身到西天矣。喇嘛原委顿得晓畅而于竺书亦多印证，洵不可无一，不能有二之作也。

◎姚莹《东溟文集·文外集》卷二《陈息帆康邮小草序》

自打箭炉外悉设台站邮使，岁时不绝，而文人殊少吟咏。乾隆末，和泰庵尚书有《西藏赋》。

◎姚莹《康辅纪行》卷八《〈西藏赋〉言疆域》

……右和太庵为驻藏大臣撰〈西藏赋〉，复自为之注，时在乾隆之末。嘉庆初元，廓尔喀平后，其于藏中山川风俗制度，言之甚详，而疆域要隘，通诸外藩形势，尤为讲边务者所当留意，不仅供学人文士之披寻也，故摘录之于此。

◎姚莹《康辅纪行》卷八《中外四大水源》

赋注又云：冈底斯之东有泉流出，名达木珠喀巴普。达木珠者，马王也，喀者，口也，巴普者，盛糌粑木盒也。以山形似马口，故名。岗冈底斯之南有泉流出，名朗卜切喀巴普。朗卜切者，象也，以山形似象，故名。此东南二大水之源也。冈底斯之北有泉

流出，名僧格喀巴普。僧格者，狮子也，以山形似狮名也。冈底斯之西有泉流出，名玛卜伽喀巴普。玛卜伽者，孔雀，以山形似孔雀名也。此西北二大水之源也。余按：此言四山名与《图识》音同字异。杨升庵云：阿耨达池一名卜叉，从琉璃马口出。似亦闻此说而未得其详也。

◎黄沛翘《西藏图考》卷八《和宁〈西藏赋注〉》

公号泰安，改名瑛，乾隆五十九年驻藏。此赋刊于嘉庆二年，川省有赋无注，屡访不获，拟注亦不果。适文大臣硕奉命驻藏，道出成都，与谈甚洽，出此见示，亟录以伏梓。注内间有增减，一是集已载，即不重出；一原注有未详者，兹引佛经字典增注之，非敢臆断也。……

◎徐世昌《晚晴簃诗汇》卷九十四《和瑛小传》

（和瑛）出为驻藏大臣，尝撰《西藏赋》，山川风土源流沿革，采摭綦详。

◎杨钟义《雪桥诗话》卷十

泰庵尚书和瑛（初名和宁），额尔德特氏，嘉庆二年任驻藏大臣，作《西藏赋》一卷，凡佛教寺庙，官制风俗，物产地界，考核綦详审。魏默深《圣武记》作于道光，犹误以雅鲁藏布江为金沙江源。此书于山川探源析委，并图经之外亦为正明。虽中间以三藏为三危，为东天竺，不累其大体也。

◎丁实存《驻藏大臣考》，蒙藏委员会 1943 年 10 月印行，第

76页

和宁"在藏著《西藏赋》一篇，于西藏之地理、历史、气候、物产、风俗等均有叙述，加以丰富之注释，中具不经见之材料甚多，于嘉庆二年刊行。"

◎赵尔巽等《清史稿》列传一百四十《和瑛传》，中华书局，1977年8月

和瑛，原名和宁，避宣宗讳改，字太葊，额勒德特氏，蒙古镶黄旗人。乾隆三十六年进士，授户部主事，历员外郎。出为安徽太平知府，调颍州。五十二年，擢庐凤道，历四川按察使，安徽、四川、陕西布政使。五十八年，予副都统衔，充西藏办事大臣。寻授内阁学士，仍留藏办事。和瑛在藏八年，著西藏赋，博采地形、民俗、物产，自为之注。

嘉庆五年，召为理籓院侍郎，历工部、户部，出为山东巡抚。七年，金乡皂役之孙张敬礼冒考被控，知县汪廷楷置不问，学政刘凤诰以闻，下和瑛提鞫，误听济南知府德生言诬断，为给事中汪镛所纠。上以和瑛日事文墨，废弛政务，即解职，命镛从侍郎祖之望往按，得实，褫和瑛职，又以匿蝗灾事觉，谴戍乌鲁木齐。寻予蓝翎侍卫，充叶尔羌帮办大臣，调喀什噶尔参赞大臣。

九年，授理籓院侍郎，仍留边任。疏言："喀什噶尔、英吉沙尔仓储足供军食，请减运伊犁布疋，改征杂粮四千石，减价出粜，且请嗣后折收制钱，以免运费。"允之。劾喀喇沙尔历任办事大臣私以库款贷与军民，及土尔扈特、回子取息钱入己，降革治罪有差。十一年，召还京为吏部侍郎，调仓场。未几，复出为乌鲁

木齐都统。十三年,塔尔巴哈台参赞大臣爱星阿欲调玛纳斯戍兵四百人番上屯田,和瑛谓玛纳斯处极边,戍兵专事操防,不谙耕作,咨驳以闻,上韪之。

十四年,授陕甘总督。坐前在仓场失察盗米,降大理寺少卿。十六年,迁盛京刑部侍郎。复州、宁海、岫岩饥,将军观明以匿灾罢免,授和瑛为将军,廉得边门章京塔清阿等承观明意,讳灾不报,降革有差。寻以误捕屯民张建谟为盗,锻炼成狱,刑部覆讯雪其冤,议革和瑛职,诏宽之,留任。调热河都统,未上,召为礼部尚书,调兵部。坐失察盛京宗室裕瑞强娶有夫民妇为妾,降盛京副都统,迁热河都统。二十一年,授工部尚书。命赴甘肃按仓库亏缺,得总督先福徇庇及贪纵状,治如律。二十二年,调兵部,加太子少保,历礼部、兵部。二十三年,授军机大臣、领侍卫内大臣,充上书房总谙达、文颖馆总裁。逾一岁,调刑部,罢内直。道光元年,卒,赠太子太保,谥简勤。

和瑛娴习掌故,优于文学,著书多不传。久任边职,有惠政。后其子璧昌治回疆,回部犹归心焉。璧昌自有传。

◎赵宗福《历代咏藏诗选·大招寺》,西藏人民出版社,1987年8月

和宁办事干敏,多才多艺。在西藏凡八年,多有作为。其《西藏赋》自著自注,词藻雅丽,著名于世。

◎吴丰培、曾国庆《清代驻藏大臣传略·和宁》,西藏人民出版社,1988年1月版。

(和宁)在藏著《西藏赋》一篇,于西藏之地理、历史、气候、

物产、风俗等均有叙述，加以丰富之注释，嘉庆二年刊行。

◎许结《赋学批评方法论》，《西南师范大学学报》1993 年第 1 期

赋与类书的关系。汉晋赋家如枚乘《七发》“离辞连类”，司马相如《封禅书》“依类托寓”，皇甫谧《三都赋序》“触类而长之”，以“类”状“赋”，喻博物之意。至清人袁枚《历代赋话序》推述已详：“古无志书，又无类书，是以《三都》、《两京》欲叙风土物产之美，……必加穷搜博采，精心致思之功。……盖不徒震其才藻之华，且藏之中笥，作志书、类书读故也。今志书类书，美矣备矣。使班、左生于今日，再作此赋，不过采撷数日，立可成篇，而传抄者亦无有也。”值得补充的是，赋与类书的关系实质上是一种文化现象，其内核仍是赋表才学的特征。也正因如此，二者的关系并不因类书的繁盛而终结，如唐代赋创作繁荣与类书盛行的密切联系，宋代吴淑作《事类赋》、徐晋卿作《春秋类对赋》，变汉人赋代类书而为赋写类书，无不是借赋的特有功能建构宏大的文化工程。而清人徐松的《新疆赋》、和宁的《西藏赋》，对边陲疆域之天文、地理、历史、生产、民俗、人物、建筑、宗教全方位的铺演描绘，既是一篇骋辞大赋，又是一部学术典籍。对这类囊括众物、雄阔富赡的赋创作，很难以“言志”、“缘情”或“形象思维”的标准加以衡量，而宜用文化学的观点开展跨学科研究，以显示赋在艺术史上的特殊地位。

◎叶幼明《元明清辞赋的历史地位》，《中国文学研究》1993 年第 2 期

从记山水名胜和地方风物赋中可以看到各地的风土人情、历史文物。山水名胜，地方风物，向来是辞赋的一大题材，是辞赋作品的重要组成部分。至元明清，此类赋数量更多，描写的范围更广，成为这个时期辞赋的一大特色。而且，这类辞赋与写名山胜水地方风物的诗文均有不同。辞赋不仅详细地描写风光景物，还多涉及重要历史文物。因而不仅具有审美价值，而且具有较高的文献价值。……清人更把注意力转向东北、西北、西南边远之地。如和宁《西藏赋》就描述了西藏的地理位置、气候物产、政治官制、宗教状况、山川道里、民情风俗，可以说是关于西藏的百科全书。尤其所记营官巴第对藏族人民的沉重剥削更是今天研究当时藏族人民生活的珍贵史料：“且头会箕敛，累及牛驴；屋粟口钱，祸延妇子。布帛粟米。力役扑地齐征；蚝土雁户，凶年弥天追比。税及鹅卵杨花，波逮月华流水。”

◎许结《仿古与趋新——明清辞赋艺术流变论》，《江汉论坛》1993年第8期

《清史稿·地理志》载：清王朝经圣祖、世宗到高宗时，版图已“东极三姓所属库页岛，西极新疆疏勒至于葱岭，北极外兴安岭，南极广东琼州之崖山，莫不稽颡内向，诚系本朝。於皇铄哉。汉唐以来未之有也。”与此征服心态和疆土辽阔相适应，清人大赋已不拘于重复前人描摹京都，刻画中原山河，而更多地将审美视野投向辽远边关，既有如全祖望《皇舆图赋》等对王朝地理规模的真实的静态描写，也有乾、嘉之世涌现的如英和《卜魁城赋》、和宁《西藏赋》、徐松《新疆赋》类的对边陲自然地理、人文

景观、历史风俗的动态描述。……可以认为,清代的地舆大赋以雄浑阔大的历史心态阐发征实致用的政治思想,具有不可轻视的时代价值;然就审美价值而言,这类大赋"体国经野,义尚光大","述客主以首引,极声貌以穷文"(刘勰《文心雕龙·诠赋》)的体制、风格,显示出的仍是一种"仿古"的创作选择。

◎云峰《我国北方少数民族汉文古籍评述》,《乌鲁木齐职业大学学报》,1994 年第 1、2 期

松筠、和瑛作为封疆大吏,他们的边疆舆地著作成为研究边政、民族问题的必读书。……和瑛曾任西藏办事大臣、新疆叶尔羌帮办大臣、乌鲁木齐都统等职……《西藏赋》、《回疆通志》、《三州辑略》等详细论说评介了西藏、新疆的方方面面……松筠、和瑛为祖国边疆舆地民族等学科的建设做出了贡献。

◎袁森坡《论清代前期统一的深远影响》,《中国民航学院学报》,1994 年第 2 期

舆地学家和瑛,蒙古镶黄旗人,曾在西藏,南疆、盛京任大臣、将军,所著之……《西藏赋》、《藩疆揽要》、《回部通志》等书,也是研究边疆史地的重要著作。

◎许结《中国辞赋流变全程考察》,《学术月刊》,1994 年第 6 期

清代乾、嘉盛世,有周海山《中山赋》、和宁《西藏赋》、徐松《新疆赋》等地舆大赋,其对边陲疆域岁时、风物、礼俗、物事、人情所作的纤屑毕载而又宏博雄肆的描写,固源自盛清疆域的扩

大和文士"为封疆增色"(徐松为业师英和《卜魁城赋》题跋语)的心态;铺陈盛世文化气象,又得汉、唐大赋体式精神。

◎许结《清代的地理学与疆舆赋》,《中国典籍与文化》,1995年第1期

和宁(蒙古镶黄旗人,官至礼部尚书)的《西藏赋》则是一篇全面反映西藏地理环境、人物风俗、宗教文化的大赋。该赋作于嘉庆二年和宁出任驻藏大臣(卫藏使者)时,正文并自注万馀言,犹如一部西藏地理志和历史文化典籍。全赋分为两大部分,前一部分主要铺叙西藏之山川形势,属自然地理描绘;后一部分主要反映西藏之民俗文化,属人文地理描绘。如写自然状况,作者仿汉赋东西南北之全方位铺陈方式,以展示异域风采。试观其一节……写奇山异水,时生突兀之笔,其回环跌宕、层层深入,又见驰骤之势。而由此西藏外部环境的描写逐渐收束到拉萨城、布达拉官等,从而展开赋笔,为下面人文风俗的铺描拓开境地。据姚莹《康輶纪行》的考证,该赋的记叙不仅迥然有别于文人雅士的虚谈,而对有关西藏历史、地理的论著极多纠谬、辨证,是当时最可靠、翔实的文化科学资料。因此.姚氏在该书卷九指出:"其于藏中山川风俗制度,言之甚详。而疆域要隘,通诸外藩形势,尤为讲边务者所当留意,不仅供文人学上之披寻也。"深明此赋的实用意义和功利性质。

清代统治者在征服中原之初,提出"首崇满洲"治国原则,对汉人施行强硬的政治、文化压迫,对"藩夷"诸少数民族亦以征战屈人,腥风血雨,令人郁怒凄惶。然至清廷初定,

复以武功、文治兼行,高压、怀柔并施,复兴藩域宗教为一明

显政略:其中对藏传佛教(喇嘛教)的保护即系典型。……这种宗教意识,在清人大量的边疆地理著作中论述甚多,而在文学作品中的表达,则以和宁《西藏赋》居先。作者在赋中长篇叙写以拉萨为中心的西藏宗教文化、佛堂寺院、民众信仰等盛况。继而描绘两大宗教领袖达赖与班禅分居之布达拉宫、札什伦布宫……真实叙写,而能情景飞动,精光摇曳。一方面可见作者的文学修养和纵横赋笔,一方面又显示出赋家亲历藏地,考察宗教,对其寺院(活佛布道之地)、金塔(活佛圆寂之所)、教义信仰的熟语与赞美。

◎谭彦翘《清代三朝名臣英和》,《黑龙江史志》,1995 年第 4 期

(英和)成《卜魁城赋》一篇,这是与纪晓岚的《乌鲁木齐赋》、和瑛的《西藏赋》相媲的杰作。

◎许结《和宁》,霍松林主编《辞赋大辞典·辞赋作家》,江苏古籍出版社,1996 年 5 月

和宁:生卒年不详。清代政治家、学者、辞赋家。号太庵。蒙古镶黄旗人。乾隆中翰林,官至礼部尚书。卒谥简勤。嘉庆二年(1797)出任驻藏大臣(卫藏使者)。今存《西藏赋》一卷。姚莹《康辅纪行》以为此赋是有关西藏历史、地理最可靠、翔实之科学资料,并谓“其于藏中山川风俗制度,言之甚详。而疆域要隘,通诸外藩形势,尤为讲边务者所当留意,不仅供学人文士之披寻也。”该赋于光绪九年(1883)与英和《卜魁城赋》、徐松《新疆赋》合斠刊行于世。

◎白传礼《西藏赋》,霍松林主编《辞赋大辞典·辞赋名篇》,江苏古籍出版社,1996年5月

西藏赋:辞赋名篇。清代和宁作。《榕园丛书乙集》见载。和宁是清代大臣,号泰庵(太庵),镶黄旗人,蒙古族,乾隆中翰林,官至礼部尚书,卒谥简勤。此赋为其任驻藏大臣(卫藏使者)时所作。全赋连自注在内长达两万多字,对西藏悠久的历史、雄奇的地貌和独特的宗教文化进行了全面而系统的记叙和描绘,兼顾文献性与文学性,具有多方面的认识价值、教育价值和美学价值。李光廷在跋文中称赞它"总赋西藏,凡佛教、寺庙、官制、风俗、物产、地界,无一不详",并非溢美之辞。

◎陈崇凯《西藏历代方志编纂及要籍选介》,《西藏研究》,1998年第2期

《西藏赋》,汉文。清和宁撰,一卷。和宁后避宣宗讳改名和瑛。此书成于嘉庆二年(1797)故仍用原名。此志为其在驻藏大臣任内所作。仿董越《朝鲜赋》体例,博采西藏土地之沿革、风俗之变异、达赖班禅之世系、职官驻兵之制度,以及山川、人物、畜产、钱币,靡不详载。既访图经地志,更证于文献典籍,参以事实,注释其意,述明原委,多为目击身历,往往为他书所未载,故信而有证,文字优美。又于地志中独具一体。

◎马积高《赋史·再版后记》,上海古籍出版社,1987年第一版,1998年9月第2次印刷。

文学本来就有某种传播知识的作用……汉大赋中的某些作

品大量罗列山川草木之名，甚至还详述某些风俗制度，固是为了表现其主题思想的需要，也未始不包含此目的。然在汉赋中，这只是一种因素，魏晋以后某些描写自然现象的赋，传播知识就成为一种重要目的了；金元时的《天文精义赋》之类，就变为唯一的目的了。描写都邑的赋亦然。汉代扬雄《蜀都》、班固《两都》之类，颇多夸饰，不务征实。自左思提倡征实之后，后人也渐将让读者了解某地的山川、物产、风俗作为一个重要目的了。明清人此类赋最多，大都如此。其写边邑者，如明邱浚之《南溟奇甸赋》、黄佐之《粤会赋》、清英和之《卜魁城赋》、和宁之《西藏赋》、徐松之《新疆赋》；写邻国者，如湛若水之《交南赋》、董越之《朝鲜赋》，尤颇具特色，给人以新鲜之感……然其主要价值，仍在于可增进读者对边邑和异国的了解，除湛赋较空洞外，其他的几可作压缩的方志、国志来读。姚莹在《康辅纪行》中即指出："于藏中山川风俗制度，言之甚详。而疆域要隘，通诸外藩形势，尤为讲边务者所当留意，不仅供学人文士之披寻也。"

◎白·特木尔巴根《论古代蒙古作家汉文创作的文献特点和庋藏形式》，《内蒙古大学学报》，1999 年 5 月，第 31 卷第 3 期

乾嘉间，和瑛任驻藏办事大臣，著有《西藏赋》一部。此赋有两种版本，即有注本和无注本。嘉庆间，四川官署将其视作入藏必读之书予以刊刻。光绪间黄沛翘撰《西藏图考》，将有注本《西藏赋》全文收录于卷八艺文考，由地方官署出资刻行。

和瑛的《西藏赋》、松筠的《西藏巡边记》、《秋阅吟》等有诸多版刻，黄沛翘于光绪年间将这些涉及西藏的创作收入《西藏图考》，由李华廷捐资付梓。

◎荣苏赫、赵永铣等《蒙古族文学史》第三编(下)第十六章《汉文创作》,内蒙古人民出版社,2000年12月

摘要:该书全面介绍了和宁及其《西藏赋》,对《西藏赋》的版本流传、文献价值、文学价值等都有所论及。认为《西藏赋》“不仅仅具有文学鉴赏价值,而且还有裨治边,足备世用的实际价值”。

◎马积高《历代辞赋研究史料概述》上篇《历代辞赋及研究概述》,中华书局,2001年4月

从清康熙帝继位,特别是从他亲政起,到鸦片战争前,是清赋特点形成和发展的时期。……这一时期,歌功颂德的辞赋较多。其中尤以歌颂清帝多次平定边邑的武功和康、乾两帝多次南巡之作最引人注目,成为此时赋中的一个特色。清人的这类赋之佳者,从结构的精工、细节的雅丽来说,都能吸取汉魏大赋之长而避其短。但由于这时的作者已没有汉、唐人那种开拓的精神,故其所达到的境界,实在并不比明代台阁体作者之作高明多少,只是形式上较为精美而已。比较值得注意的,是那些虽然带有歌颂性质,但颇有新鲜内容的作品,如……英和的《卜魁城赋》、和宁的《西藏赋》、徐松的《新疆赋》写边邑山川风物,尤可开拓人们的眼界。

◎龚克昌《中国古代赋体研究总论》,《东方论坛》,2001年第4期

清末富有爱国主义情怀的赋家。其中有反对帝国主义侵略

的，也有歌颂祖国大好河山的。其代表人物和作品有谭宗浚的《览海赋》，胡薇元的《海军赋》，陈蜕的《哀朝鲜赋》，喻长霖的《鸭绿江赋》，章炳麟的《哀山东赋》，杜德舆的《哀辽东赋》，易顺豫的《哀台湾赋》，和宁的《西藏赋》，徐松的《新疆赋》（此赋包括《新疆南路赋》和《新疆北路赋》两篇，类似班固的《两都赋》包括《西都赋》和《东都赋》两篇），王大枢的《天山赋》（此赋或以为欧阳镒所作，待考），纪昀的《乌鲁木齐赋》都是属于这类。……和宁是嘉庆年间驻藏大臣，他的《西藏赋》是一部西藏历史文化宗教地理的实录，又是一篇文采斐然的艺术作品。

◎许结《地齐政俗：中国古代科技文化（二）》，《古典文学知识》，2003 年第 3 期

……致用精神是地学研究的中轴。在为王者分野治国的地理著述固以致用精神支撑，而一些文学化的地学作品，也是如此。比如清人和宁创作《西藏赋》，是一篇全面反映西藏自然地理环境、人文地理风貌的大赋，曾任驻藏使者的姚莹即认为“其于藏中山川风俗制度，言之甚详。而疆域要隘，通诸外藩形势，尤为讲边务者所当留意，不仅供文人学士之披寻也”（《康輶纪行》卷九）。

◎云峰《清代蒙古族汉文创作及其儒学影响》，《中央民族大学学报》，2004 年第 4 期

和瑛（1740？～1821），原名和宁，字润平，号太庵，姓额尔德特氏，蒙古镶黄旗人。乾隆三十六年（1771）进士。历官四川、陕西布政使、西藏办事大臣、乌鲁木齐都统、礼部、兵部、工部

尚书、文颖馆总裁等职。其中在边疆任职多年,如在藏八年,在新疆八年,史称"久任边职,有惠政"(《清史稿》)他提出了自己治理边疆的一些看法和思想。他通经术,娴于掌故,优于文学,曾著……《西藏赋》数万言,以文学手法描写边疆的方方面面,具有一定的思想内容和艺术水平。

◎乌日罕《清代蒙籍汉文诗人——和瑛》,《赤峰学院学报》,2005年第2期

(和宁创作了)《西藏赋》数万言,以文字手法描写边疆的方方面面,具有一定的思想内容和艺术水平。

在和瑛的文学著作中,最先提到的应是《西藏赋》。据诗人传记,其驻藏时在乾隆五十九年(1794),嘉庆二年(1797)著《西藏赋》,并付之刊刻。原赋有两种版本。当时流传于四川者有赋无注,光绪中,黄沛翘撰有《西藏图考》,其卷八艺文考下所收《西藏赋》有注。原著(编者案:当作注)为和瑛所作,黄氏又引佛经字典增注其未详者。盛昱所编《八旗文经》卷四收入附有和瑛自注的《西藏赋》全文。《榕园丛书》亦收有此赋。刊本之外,尚有数种钞本流传于世。如道光二十四年(1884),张丙英曾为一部钞本题跋,同治五年(1866),有一部重订之澄清堂钞本行世。《西藏赋》作为一部文学作品能以多种形式广为流传,这已从一个侧面反映了它的社会影响力和价值。

◎王树森《地理与考据之学影响下的清代都邑赋》,《淮北煤炭师范学院学报》,2009年第1期

肇始于《两都》、《二京》的古代都邑赋发展至清代,又出现

了一批杰构。纪昀《乌鲁木齐赋》、和宁《西藏赋》、英和《卜魁城赋》、徐松《新疆赋》以及晚清民初程先甲的《金陵赋》等就是代表,无论是艺术水准还是认识价值,都足以追步早期的《二京》、《三都》。

……《西藏赋》主要是对以达赖和班禅为中心的西藏社会生活百态的描写,其中包含大量藏民的宗教信仰、生活习俗……

和宁的《西藏赋》、徐松的《新疆赋》、英和的《卜魁城赋》和程先甲的《金陵赋》均附有大段赋注。这些赋注总体上看内容详赡、材料可靠,且不少赋注本身就是精美的说明短文,可读性强,具有独立的审美价值。《西藏赋》赋文只有数千言,而赋注却长达万言。

◎王树森《"赋代志乘"说评议——以都邑赋为中心》,《中国韵文学刊》,2009年第1期

《西藏赋》、《新疆赋》、《卜魁城赋》等的出现,也都有明确的"冀备乘轩之采"(英和《卜魁城赋序》)的意识。

(《西藏赋注》)对于诸多西藏的宗教礼仪、民族风俗以及清廷与达赖、班禅两大宗教领袖在西藏共同施政的若干背景知识予以详细介绍。

◎龚克昌《古代赋的兴起、繁荣、发展及现代辞赋的创作》,《辽东学院学报》,2009年第4期

和宁是嘉庆年间驻藏大臣,其《西藏赋》可说是我国西南边陲西藏历史文化宗教地理的实录,也是一篇富有文采的赋作。

◎青龙《西藏地方传统修志初探》,《中国地方志》,2009年第8期

清和宁撰(和宁又名和瑛),成书于嘉庆二年(1797)。此志为其在驻藏大臣任内仿董越《朝鲜赋》体例,博采西藏土地之沿革、风俗之变异、达赖班禅之世系、职官驻兵之制度以及山川、人物、畜产、钱币等撰写而成。

◎乌日罕《清代西藏社会的百科全书——评和瑛〈西藏赋〉》,内蒙古民族大学硕士学位论文,2006年

提要:该文首次对《西藏赋》进行了全面研究,按照加标点、翻译、诠释韵文内容、分析文体特征的顺序,对《西藏赋》进行了白话翻译和简要分析,肯定了该赋的社会价值和文学价值。

◎池万兴《和宁及其〈西藏赋〉》,《济南大学学报》,2008年第4期

提要:该文简要介绍了《西藏赋》的文献价值和文学价值,认为《西藏赋》是中国文学史上唯一的一篇用赋体文学的形式描绘西藏风光的作品,全赋征实致用的文献价值、导扬盛美的政治思想以及雄阔宏肆的审美心态、奇异的边疆风光描写都具有不可忽视的历史意义。《西藏赋》规模宏大,气势磅礴,知识性与趣味性相统一,以疆舆描写体现了一代大赋之盛,更体现了清代盛世的文化精神,典型地体现了中国大赋独特的文化内涵。

◎孙福海《卫藏方志 雪域奇葩——〈西藏赋〉研究》,西藏

民族学院硕士学位论文,2009年6月

提要:该文对《西藏赋》的版本作了分析,并结合和宁的生平经历及其诗、文、地理方志的创作,分析了《西藏赋》的文献与文学价值。认为《西藏赋》的文献价值在于赋中记录的自然地理与人文地理以及两者相结合以后形成的当地独特的风俗,文学价值在于赋的铺陈手法以及由此手法形成的独特审美特征。

附录二:参考文献

一、工具书

西藏自治区革命委员会测绘局 西藏军区司令部侦察处《西藏地名资料简编(初稿)》(内部资料),1979

谢启晃、李双剑、丹珠昂奔《藏族传统文化辞典》,兰州:甘肃人民出版社1993

中国地名委员会、西藏自治区人民政府《西藏自治区地名志》(内部资料),1993

武振华《西藏地名》,北京:中国藏学出版社1995

丹珠昂奔、周润年、莫福山、李双剑《藏族大辞典》,兰州:甘肃人民出版社2003

陈观胜、安才旦《常见藏语人名地名词典》,北京:外文出版社2004

西藏自治区测绘局《西藏自治区地图》,成都:成都地图出版社2007

《西藏自治区地图册》,成都:成都地图出版社2008

二、著述

〔汉〕司马迁《史记》,北京:中华书局 1959

〔梁〕慧皎著,汤用彤校注《高僧传》,北京:中华书局 1992

〔五代〕刘昫等《旧唐书》,北京:中华书局 1975

〔宋〕欧阳修、宋祁《新唐书》,北京:中华书局 1975

〔宋〕赞宁《宋高僧传》,北京:中华书局 1987

〔明〕郎瑛《七修类稿》,上海:上海书店出版社 2009

〔清〕黄沛翘《西藏图考》,光绪十二年刻本

〔清〕姚莹《康輶纪行》,道光二十七年刻本

〔清〕和宁《易简斋诗钞》,道光三年刻本

〔清〕李桓《国朝耆献类征初编》,光绪十年刻本

《清实录》,北京:中华书局 1985 年

赵尔巽等《清史稿》,北京:中华书局 1977 年

丁实存《驻藏大臣考》,南京:蒙藏委员会印行 1943 年

王忠《新唐书吐蕃传笺证》,北京:科学出版社 1958

刘赞廷《太昭县志》、《嘉黎县志》、《昌都县志》、《察隅县志》、《科麦县志》、《察雅县图志》、《波密县志》、《恩达县志》、《硕督县志》、《宁静县志》,北京:民族文化宫图书馆(油印本) 1960

《西藏志》,台湾:成文出版社 1968

《西藏研究》编辑部《西藏志·卫藏通志》,拉萨:西藏人民出版社 1982

《西藏研究》编辑部《西招图略·西藏图考》,拉萨:西藏人民出版社 1982

《西藏研究》编辑部《番僧源流考·西藏宗教源流考》,拉

萨:西藏人民出版社 1982

中央民族学院《藏族文学史》编写组《藏族文学史》,成都:四川民族出版社 1984

《藏族简史》编写组《藏族简史》,拉萨:西藏人民出版社 1985

西藏自治区文物管理委员会《拉萨文物志》,1985 年内部印刷

吴丰培《川藏游踪汇编》,成都:四川民族出版社 1985

吴丰培、曾国庆《清代驻藏大臣传略》,拉萨:西藏人民出版社 1988

西藏社会科学院西藏学汉文文献编辑室编辑《西藏地方志资料集成(第二集)》,中国藏学出版社 1997

马积高《赋史》,上海:上海古籍出版社 1998

顾祖成《明清治藏史要》,拉萨:西藏人民出版社 济南:齐鲁出版社 1999

西藏社会科学院西藏学汉文文献编辑室编辑《西藏地方志资料集成(第一集)》,中国藏学出版社 1999

赵萍、续文辉《简明西藏地方史》,北京:民族出版社 2000

任乃强《西康图经》,拉萨:西藏古籍出版社 2000

钦则旺布著、刘立千译注《卫藏道场胜迹志》,北京:民族出版社 2000

西藏自治区社会科学院、四川省社会科学院《近代康藏重大事件史料选编(第一编)》,拉萨:西藏古籍出版社 2001

赵志忠《清王朝与西藏》,北京:华文出版社 2001

张羽新《中国西藏及甘青川滇藏区方志汇编》,北京:学苑

出版社 2003

次旦扎西《西藏地方古代史》,拉萨:西藏人民出版社 2004

周毓华、彭陟焱、王玉玲《简明藏族史教程》,北京:民族出版社 2005

宫蒲光、洛松次仁《西藏日喀则》,香港:中国国际图书出版社 2005

赤列曲扎《西藏风土志》,拉萨:西藏人民出版社 2006

廖祖桂、李永昌、李鹏年《〈钦定藏内善后章程二十九条〉版本考略》,北京:中国藏学出版社 2006

次旺俊美《西藏宗教与政治、经济、文化的关系》,拉萨:西藏人民出版社 2008

廖东凡《雪域众神》,北京,中国藏学出版社 2008

廖东凡《节庆四季》,北京,中国藏学出版社 2008

廖东凡《灵山圣境》,北京,中国藏学出版社 2008

三、论文

孙玉溱、陈胜利、高毅江《清代蒙古族作家汉文著作目录》,《内蒙古大学学报》1985 年第 1 期

房建昌《中尼边界洛敏汤考》,《中国边疆史地研究报告》1991 年第 1、2 期

格桑达吉、喜饶尼玛《西藏地区历史地理沿革述略》,《中国边疆史地研究》1994 年第 4 期

房建昌《近代中印西段边界史略》,《历史研究》1997 年第 5 期

丁玲辉《西藏民间的高空滑绳表演》,《西藏民俗》1998 年

第3期

陈庆英《清代金瓶掣签制度的制定及其在西藏的实施》,《西藏民族学院学报》2006年第3期

米彦青《清代蒙古族诗人和瑛与他的〈易简斋诗钞〉》,《内蒙古社会科学》2006年第4期

乌日罕《清代西藏社会的百科全书——评和瑛〈西藏赋〉》,《内蒙古大学硕士学位论文》,2006

池万兴《和宁及其〈西藏赋〉》,《济南大学学报》2008年第4期

孙福海《卫藏方志 雪域奇葩——〈西藏赋〉研究》,《西藏民族学院硕士学位论文》,2009

曹彪林《〈卫藏通志〉作者辨析》,《西藏研究》2009年第4期

后　记

上世纪八十年代我在读硕士研究生期间就对赋——这种中国古代独有的文体——发生了浓厚的兴趣，在导师闫宪康先生的悉心指导下研读汉魏六朝赋，我的硕士学位论文写的就是《魏晋南北朝抒情小赋艺术论》。研究生毕业后在高校工作的一段时间里，一直从事赋的研究工作，发表了三十馀篇赋学论文。九十年代末期出版了《魏晋南北朝小赋概论》的专著，算是对自己赋学研究的一个总结。九十年代中期之后，我开始研究司马迁与《史记》，进入新世纪后又研究《管子》，但在此期间，我对和宁及其《西藏赋》总是不能忘怀，常常萦绕于心，不能释然。

之所以对《西藏赋》不能释然，有三个方面的原因：第一，我深切地感受到，和宁作为一个蒙古人，作为一个少数民族作家，对汉文化有如此高的修养，对赋这种文体能够如此驾轻就熟，得心应手，妙手绘春秋，这是值得研究的。这说明早在清代中叶，少数民族作家就对汉文化具有浓厚的兴趣，尤其是对优秀的传统汉文化具有认同感，不但能够主动学习，而且能够使用汉语进行创作，这是一项了不起的成就。第二，和宁之所以能够创作出《西藏赋》这样优秀的鸿篇巨制，除了他良好的汉文化素养与坚实的赋学功底之外，与他对西藏的熟稔有很大的关系。和宁在西藏生活了八年之久，可以说走遍了西藏的山山水水，对西藏的历史文化、民族宗教、山川地理、物产气候、神话传说、风土人情等都有深刻的了解。加之他良好的文化素养与对西藏的热爱，才能创作出这样的作品。这充分说明"读万卷书，行万里路"对于一个作家的重要意义；同时也说明，作家必须深入生活、了解生活、热爱生活才能创作出不朽的作品。这比那些局促在狭小的生活范围内，咏风月、狎池苑的无病呻吟，比那些关在书斋里，苦思冥想、闭门造车，动不动就唱"我不知道、我不知道"的作家来，不是更值得令人尊重吗！和宁的创作实践再一次证明，深入生活对于一个作家的重要意义。从这一点上来说，和宁的《西藏赋》具有重要的研究价值。第三，虽然我在硕士研究生期间就读过《西藏赋》，并为它的体制、规模、文采所倾倒，但由于对西藏缺乏了解，因此对赋的内容并不能完全理解。硕士毕业后，我主动到西藏高校工作，这就使我有了更多的机会了解西藏。在研究其他领域的同时，我经常能够想到魂牵梦绕的《西藏赋》。我经常在琢磨，像《西藏赋》这样优秀的文学作品、这样具有很高文献价值的巨制，为什么在很长的时间里很少有人关注、很少有人去研究，这肯定不是它本身的问题，而应该有别的原因。后来我请教过不少赋学专家，皆说对西藏不熟悉，因此无法对其进行深入研究。我又请教过西藏社科院的有关藏学专家，他们说对赋这种文体缺乏了解，因此难以判断它的价值。这样，我终于明白：原来研究赋学的学者大多对西藏不熟悉，因此对《西藏赋》所描绘的内容难以作出判断；而研究藏学的专家又对"赋"这种文体及其发展史知之甚少，也难以对《西藏赋》做出一个客观的判断。而我既是研究中国古代文学的，尤其是研究赋的；又在西藏高校工作，因此具有两方面的条件，尽管学识与水平有限，但总要有“先吃螃蟹的人”，总要有人“破冰”，无论水平如何，总要先有大胆的尝试呀！出于这种目的，我们申报了国家民委的科研项目——《西藏赋校注》，荣幸获得国家民委立项，于是我们有了这项成果。

《西藏赋》校注有相当的难度。一是这篇赋的内容十分广泛，既有纵向的铺陈，涉及西藏的历史沿革，疆域演变，官制沿革；又有横向的铺陈，涉及西藏社会生活的方方面面，山山水水，风物人情。涉及许多学科门类，内容庞杂，具有地方志的性质。二是由于作者是蒙古族人，所以《西藏赋》中既有藏语的音译，又有蒙语的音译，这给有些词语的理解与把握带来一定的难度。尤其是有些地名，本来就有古今的变化，加之藏语和蒙语音译的不同，对于一些比较小的、偏僻的地名，不知其所指，所以我们也无法确切地一一注出，但这并不妨碍对赋作本身的理解。三是由于我们对西藏的社会生活及其历史变化的方方面面并不可能都十分熟悉，加之学识有限，所以对于有些问题的注释难免会有纰漏、甚至谬误，恳请有关专家及同行不吝批评、斧正。

本课题的研究历时近四年，期间我们尽可能地参考了前贤时彦的研究成果，限于篇幅、体例，校注中不能一一注明，谨在此表示衷心地感谢。在工作中虽然我们做了大量的努力，但由于条件与眼界的限制，仍然有许多不足之处，所以这项成果的推出只能算作抛砖引玉，希望引起大家对《西藏赋》的关注与研究。

本课题我只是对于编辑体例、校注体例、校注原则、注释方法等方面以及前言部分做了一些工作，收集了一些材料。严寅春同志完成了赋作的注释等工作。在研究工作中,我的研究生孙福海、张瑞芳、姚军、许松等同志帮助进行了大量的资料搜集工作。课题完成之后,承蒙藏学研究专家、西藏民族学院顾祖成教授、索南才让研究员在百忙之中审阅了全部稿件,对于他们的无私帮助和奖掖后学的精神,深表感谢!同时,齐鲁书社的赵发国先生对本书的出版付出了艰辛与热诚,西藏民族学院的领导以及科研处的同志对于本课题的研究给予了大力的支持与关怀,西藏社会科学院的次旺俊美院长、兰州大学博士生导师伏俊连教授等也给予各方面的关怀与帮助,在此一并致谢!

池万兴

2010 年 4 月 13 日于豳音阁